평생교육 프로그램 개발

이론과 실제

윤옥한

YANGSEOWON
양서원

머리말

업무현장에서 어떤 프로그램을 개발하고자 할 때 어디서부터 어떻게 시작해야 하는가? 시작할 수는 있지만 과학적 합리적인 방법인가? 이미 개발된 프로그램은 어떤 절차를 통해, 어떤 이론적 배경을 통해 개발되었는가? 이 책은 이런 고민에서부터 시작되었다.

평생교육 프로그램 개발 강의를 수강하고도 현업에서 독자적으로 프로그램 개발을 맡겼을 때 어디서부터 어떻게 시작해야 할지 고민하는 사람들이 많이 있다. 평생교육사 자격증을 받으려면 분명히 필수과목으로 평생교육 프로그램 개발을 수강했음에도 불구하고 업무현장에서 프로그램 개발을 맡겼을 때 과학적 · 합리적으로 프로그램을 개발하기 쉽지 않다. 학교 · 기업 · 공공기관 현장에서도 마찬가지일 것이다. 일부 전문가를 제외하고 프로그램 개발을 과학적 · 합리적인 방법으로 해 나가는 사람은 많지 않다.

이 책의 특징은 단순성(simple), 실용성(useful), 체계성(systematic)을 추구하였다. 첫째, 단순성이란 책의 내용이 단순하다는 것이다. 너무 어렵지 않고 쉽게 읽을 수 있게 구성하였다. 둘째, 실용성이란 책이 단순하지만 실제 업무현장에서 적용해 볼 수 있는 현장 적용성이 매우 높은 책이다. 셋째, 체계성은 프로그램을 개발할 때 논리적 구조에 합당하게 전개한 것이다. 따라서 이 책 한 권을 읽으면 누가 요구하더라도 평생교육 프로그램을 개발할 수 있도록 하는 데 초점이 맞추어져 있다.

위의 세 가지 요건을 맞추기 위하여 이 책은 첫째, 평생교육 프로그램 개발자에게 필요한 이론과 실제를 함께 다루었다. 산업교육현장에 있는 프로그램 개발자의 경우 이론적인 토대가 약한 편이고 학교현장에 있는 학생들은 현장의 실무지식이 부족한 편이다. 이러한 점에 착안하여 이 책에서는 이론과 실제를 적당하게 안배하여 소개한다. 둘째, 평생교육 프로그램을 개발하는 개발자에게 필요한 핵심내용 중심으로 책을 전개해 나간다. 평생교육 프로그램 개발과 관련된 내용을 다루고자 할 때 더 많은 내용을 전개해 나갈 수 있지만 단순성을 추구하기 위해 많은 내용을 다루지 않고 프로그램 개발에 꼭 필요한 부분만 다루었다. 셋째, 필자가 기업교육 현장에서 체험한 내용 중심으로 실제 프로그램을 개발할 때 어느 부분이 강조되어야 하는가에 초점을 맞추어 프로그램 개발 시 많이 활용되고 꼭 알고 있어야 할 내용들에 대해서는 더 많은 부분을 다루었다.

이 책을 다 읽은 사람들은 언제 어디서든 프로그램 개발을 맡았을 때 전문가 수준에서 프로그램을 개발할 수 있기 바란다.

2017년 3월

넝쿨장미를 좋아하는 윤옥한

차 례

| Part 02 |

평생교육 프로그램 개발의 이론적 기초

| Part 03 |

평생교육 프로그램 개발방법 실제(PD-PADDIE모형)

표 차례

그림 차례

Part 01

평생교육의 이해

개 요

제1부 평생교육의 이해 부분은 평생교육에 대한 기본적인 내용을 다룬다. 평생교육 프로그램 개발 관련 이론이나 절차에 앞서 ① 평생교육이란 무엇이며, ② 평생교육기관에는 어떤 것들이 있으며, ③ 평생교육사는 어떻게 양성되고, ④ 평생학습과 관련된 제도는 어떤 것이 있는지, ⑤ 평생교육의 특징과 역할에 대하여 알아본다. 막연히 평생교육 프로그램을 개발할 것이 아니라 이와 같은 평생교육 전반에 대한 이해가 있어야 평생교육 프로그램 개발에 필요한 눈을 뜰 수 있기 때문이다. 이러한 평생교육에 대한 이해는 평생교육 프로그램 개발 업무를 수행하는 데 있어서 구체적인 나침반을 제공해 줄 것이다.

학습목표

1. 평생교육의 정의를 법적·제도적 정의와 평생교육이념에 바탕을 둔 정의를 구분해서 설명할 수 있다.
2. 평생교육시설에 대하여 준형식 평생교육시설, 비형식 평생교육시설을 구분하며 비형식평생교육시설 중 부설형, 독립형, 전담형, 복합형에 대하여 설명할 수 있다.
3. 평생교육사 양성방법에 대하여 3급, 2급, 1급 자격증 발급 방법에 대하여 설명할 수 있다.
4. 평생교육사 양성제도 중 평생학습계좌제, 학점은행제, 독학학위제에 대하여 구분하여 설명할 수 있다.
5. 형식교육과 비형식교육, 무형식교육을 비교하여 설명할 수 있다.
6. 평생교육의 역할에 대하여 세 가지 이상 설명할 수 있다.

Chapter

01

평생교육 개념

개 요

이 장에서는 평생교육의 등장배경과 평생교육의 개념에 대하여 살펴본다. ① 평생교육은 언제 · 어느 나라에서 · 누구에 의해 주창되었는가? ② 평생교육의 법적 · 제도적 정의와 ③ 평생교육의 이념에 바탕을 둔 정의는 어떻게 구분되는가에 대하여 생각해 본다. 또한 평생교육 개념에 대하여 넓은 의미와 좁은 의미에서 평생교육을 정의할 수 있다. 평생교육이란 용어를 사용하지만 어떤 측면에서 바라보느냐에 따라 개념적 정의가 달라질 수 있다. 이 장에서는 이러한 부분을 명확히 하고자 한다.

학습목표

1. 평생교육의 등장배경을 설명할 수 있다.
2. 평생교육의 법적 · 제도적 정의를 말할 수 있다.
3. 평생교육의 이념에 바탕을 둔 정의를 설명할 수 있다.

1. 평생교육 등장배경

평생교육은 언제, 누구에 의해, 어떤 국가에서, 왜 등장하기 시작했는가?

평생교육의 개념이 등장한 것은 1965년 12월 프랑스 파리에서 개최된 국제연합 교육·과학·문화기구(United Nations Educational, Scientific and Cultural Organization: UNESCO)[1] 성인교육추진 국제위원회에서 발표된 랑그랑(Lengrand)의 'L'education Permanent'라는 보고서에서부터이다. 사실 랑그랑이 소개했던 것은 영속교육(permanent education)이었다. 평생교육에 대한 개념은 학자들의 관점이나 사회·문화·역사적 맥락에 따라 각기 다르게 이해되고 접근되어 왔다. 프랑스어의 영속교육(education permanent)에서 시작되어 영어로는 평생교육(lifelong education), 일본에서는 생애교육(生涯教育)으로 불린다. 우리나라에서는 평생교육(lifelong education)이란 용어를 사용한다. UNESCO에서는 평생교육(lifelong education)을, 경제협력개발기구(Organization for Economic Co-operation and Development: OECD)에서는 순환교육(recurrent education)을, 유럽연합(European Union: EU)에서는 영속교육(permanent education)을 사용하고 있다.

당시 랑그랑은 평생교육에 대하여 다섯 가지를 주장하였다. 첫째, 요람에서 무덤까지 개인의 일생을 통해서 교육의 기회를 제공해야 한다. 둘째, 개인의 발달단계에 따라 필요한 교육이 있으며 발달단계에 맞게 조화롭고 통합된 교육이 이루어

1) 유네스코(www.unesco.org)는 교육·과학·문화 등 지적 활동분야에서의 국제협력을 촉진함으로써 세계 평화와 인류 발전을 증진시키기 위해 만들어진 유엔전문기구이다. 제2차 세계대전 중인 1942년부터 1944년까지 연합국 교육 장관들이 영국 런던에 모여 전쟁으로 황폐해진 교육을 재건하고 교육으로 세계 평화에 기여할 수 있는 방안을 여러 차례 논의한 끝에 교육·과학·문화 분야에서 국제협력을 증진함으로써 세계 평화에 기여하는 국제기구를 창설하기로 뜻을 모았다. 그 결과 1945년 11월 16일 열린 유네스코창설준비위원회에서 37개국 대표들이 영국 런던에 모여 「유네스코 헌장」을 채택함에 따라 유네스코가 창설되었다. 유네스코 헌장은 1946년 11월 4일 20개국의 비준을 얻어 발효되었으며 제1차 유네스코 총회가 1946년 11월 20일 프랑스 파리에서 열리게 되었다. 우리나라는 1954년에 유네스코 한국위원회(www.unesco.or.kr)가 설립되었다.

져야 한다. 셋째, 회사에서는 평생교육의 실현을 위하여 노력해야 한다. 즉, 교육과 문화생활을 할 수 있는 장치가 있어야 한다. 넷째, 초·중·고·대학도 지역사회학교로서의 역할과 지역문화센터로서의 역할을 잘 수행해 나가야 한다. 다섯째, 기존 교육에 대한 생각을 바꾸어 교육 본래의 모습으로 돌아가기 위해 평생교육에 대한 이념을 교육현장에 침투시키기 위해 노력해야 한다(Lengrand, 1989).[2]

평생교육 등장배경에 대한 내용을 정리하면 아래 〈표 1-1〉과 같다.

표 1-1 평생교육 등장 및 발전

등장 및 발전	• 1965년 등장 • 1970년 유네스코 기본교육사업으로 채택 • 1972년 포레 리포트(Faure Report)에서 "모든 선진국과 개발도상국가에서 평생교육을 실시하여야 한다"고 제언 • 1973년 유네스코 한국위원회에서 '평생교육발전을 위한 세미나'를 개최 • 1977년 우리나라 '평생교육과 사회교육법'에 관한 전국 세미나 개최 • 1978년 우리나라 '평생교육 관계 보고서'가 제출되는 등 활발한 연구 진행 • 1982년 사회교육법 제정 • 1995년 5.31 교육개혁'을 계기로 학점은행제, 독학사학위제, 시간제 학생 등록, 사내대학, 원격교육 지원체제 구축 • 1999년 평생교육법 제정 • 2008년 국가 평생교육진흥원 개원 • 2013년 교육부 제3차 평생교육진흥기본계획(2013~2017) 발표 '100세 시대 창조적 평생학습을 통한 국민행복 실현'을 비전 • 2014년 서울시 평생교육진흥원 개원
주창자	P. Lengrand
주창기관	UNESCO, 성인교육추진 국제위원회

2) Lengrand, P. (1989), Lifelong education: growth of the concept, *Lifelong education for adults: an international handbook,* In Colin J. Titmus(Eds.), Oxford: Pergamon Press., London: Croom Helm.

평생교육 명칭	• 프랑스: 영속교육(Permanent Education) • 영어: 평생교육(Lifelong Education) • 일본: 생애교육(生涯教育) • 한국: 평생교육(Lifelong Education) • UNESCO: 평생교육(Lifelong Education) • OECD: 순환교육(Recurrent Education) • EU: 영속교육(Permanent Education)
평생교육 필요성	• 현대사회의 문제 극복 • 학교교육의 한계 극복

위 〈표 1-1〉에서 알 수 있듯이 평생교육의 개념이 등장한 것은 랑그랑의 건의로 1965년 12월 프랑스 파리에서 개최된 국제연합교육 · 과학 · 문화기구(United Nations Educational, Scientific and Cultural Organization: UNESCO) 성인교육추진 국제위원회에서 발표된 랑그랑의 L'education Permanent라는 보고서에서부터이다. 랑그랑이 소개했던 것은 영속교육(Education Permanente)이었다. 1970년 세계교육의 해 기본이념으로 평생교육이 유네스코 기본교육사업으로 채택되었다. 1972년에 교육발전에 관한 국제위원회의 보고서 통칭하여 포레 리포트(Faure Report)에서 "모든 선진국과 개발도상국가에서 평생교육을 실시하여야 한다"고 제언하였다. 우리나라에서는 1973년 유네스코한국위원회에서 '평생교육발전을 위한 세미나'를 개최하였다. 한국에서 사회교육 형태는 일제 강점기 때부터 한글교육이나 성인교육의 형태로 존재하였다. 미 군정기부터 사회교육이 전문용어로서 정책적으로 실시되었으며 이 시기를 한국 사회교육의 시작으로 볼 수 있다(최운실, 백은순, 최돈민, 1993). 그 이후 1973년 유네스코 한국위원회 주최로 '평생교육발전세미나'가 개최되었다. 이 시점이 한국 평생교육사의 한 획을 구분하는 계기가 되었다. 이 세미나에서 'lifelong education'이 '평생교육'으로 번역되어 공식적으로 평생교육이란 용어를 사용하기 시작하였다. 1977년에는 한국사회교육협회 주최의 '평생교육과 사회교육법'에 관한 전국 세미나 개최, 1978년에는 문교부 정책연구과제로 '평생교육 관계 보고서'가 제출되는 등 활발한 연구가 진행되었다(윤옥한, 2015).

1982년 제정된 사회교육법은 1999년 평생교육법으로 전면 개정된 이후 평생교육의 흐름을 변화시킨 동기가 되었다. 이처럼 1990년대 평생교육학 팽창에 가장 큰 영향을 준 것은 평생교육정책의 변화이다. 1995년 '5.31 교육개혁'을 계기로 학점은행제, 독학사학위제, 시간제 학생 등록, 사내대학, 원격교육 지원체제 구축, 학교의 평생교육 기능과 같은 정책들이 시행되었으며 이와 관련된 연구들도 증가하고 있다(곽삼근, 최윤정, 2005).

평생교육법에 근거하여 2008년 국가 평생교육진흥원, 2014년 서울시 평생교육진흥원이 개원하였다. 이들 기관이 개원하기 이전에 많은 평생교육관련정책들은 한국교육개발원에서 연구되었다. 한국교육개발원에서 1982년 사회교육연구실을 설치 · 운영하여 1986년 평생교육진흥방안 연구, 1990년 한국의 문해실태와 문해교육 연구, 1992년 평생교육체제의 정착 연구, 1997년 학점은행제 실시를 위한 사회교육기관 평가 연구, 1998년 평생학습사회 실현을 위한 열린교육체제 방안을 연구한 바 있다(김용현, 정기수, 2013).

2000년 이후 평생교육은 개정된 평생교육법에 의해 국가적 차원에서 평생교육정책이 체계적으로 구현되기 시작하였다. 교육학계는 물론 행정, 문화, 보건, 복지, 종교 등 거의 모든 사회영역 속에서 사회과학의 새로운 거시적 담론으로 평생교육이 확산되고 있다(김진화, 고영화, 성수현, 2007). 교육부가 2013년 9월에 발표한 제3차 평생교육진흥기본계획(2013~2017)은 '100세 시대 창조적 평생학습을 통한 국민행복 실현'을 비전으로 하고 있다. 평생교육은 시대적 요구를 반영한 국가적인 행정체제로 정착되었으며 평생교육은 학문과 실천영역 분야의 활동이 다른 어떤 학문보다 발전 속도가 높아지고 있다.

평생교육학회는 1995년 '사회교육학연구'라는 명칭으로 제1권 제1호가 발간되고 5년 후 '평생교육학연구'라는 명칭으로 개칭되었다. 이러한 현상으로 볼 때 평생교육에 대한 학문적 관심이 증가하고 있는 것을 알 수 있다. 평생교육과 관련된 등재 후보지 이상의 학술지를 살펴보면 아래 〈표 1-2〉와 같다.

표 1-2 평생교육과 관련된 등재 후보지 이상 학술지

번호	학술지명	등재여부	발행기관	대분류	중분류	창간
1	평생교육학연구	등재	한국평생교육학회	사회과학	교육학	1995
2	Andragogy Today	등재	한국성인교육학회	사회과학	교육학	1998
3	열린교육연구	등재	한국열린교육학회	사회과학	교육학	2005
4	기업교육연구	등재	한국기업교육학회	사회과학	교육학	1998
5	평생학습사회	등재	한국방송통신대학교 원격교육연구소	사회과학	교육학	2005
6	농업교육과 인적자원개발	등재	한국농·산업교육학회	사회과학	교육학	1969
7	HRD연구	등재	한국인력개발학회	사회과학	교육학	1999
8	한국HRD연구	등재	중앙대학교인적자원 개발전략연구소	사회과학	경영학	2006
9	직업교육연구	등재	한국직업교육학회	사회과학	교육학	1981
10	고용직업능력 개발연구	등재	한국직업능력개발원	사회과학	교육학	2013
11	산업교육연구	등재후보	한국산업교육학회	사회과학	교육학	1990
12	평생교육 · HRD연구	등재후보	숭실대학교 한국평생교육 · HRD연구소	사회과학	교육학	2005

학술지의 경우, 한국평생교육학회에서 발행하여 1995년에 등재된 '평생교육학연구', 한국성인교육학회에서 발행하여 2004년에 등재된 'Andragogy Today: Interdisciplinary Journal of Adult & Continuing Education(IJACE)', 한국열린교육학회에서 발행하여 2005년에 등재된 '열린교육연구', 한국기업교육학회에서 발행하여 2010년에 등재된 '기업교육연구', 한국방송통신대학교 원격교육연구소에서 발행하여 2011년에 등재된 '평생학습사회', 한국 농 · 산업교육학회에서 발행하여 2004년에 등재된 '농업교육과 인적자원개발', 한국인력개발학회에서 발행하여 2012년에 등재된

'HRD연구', 중앙대학교 인적자원개발 전략연구소에서 발행하여 2006년에 등재된 '한국 HRD연구', 한국직업교육학회에서 발행하여 1981년에 등재된 '직업교육연구', 한국직업능력개발원에서 발행하여 2013년에 등재된 '고용직업능력개발연구', 한국산업교육학회에서 발행하여 1990년에 등재후보가 된 '산업교육연구', 숭실대학교 한국평생교육 · HRD연구소에서 발행하여 2005년에 등재후보가 된 '평생교육 · HRD연구' 등 평생교육 관련학회들이 등장하여 학계의 주요 문제들을 다양하게 다루고 있다. 평생교육과 직 · 간접적으로 관련된 학술지가 늘어나고 있는 추세이다.

2. 평생교육의 법적 · 제도적 정의

평생교육의 법적 · 제도적 정의는 무엇인가?

평생교육의 법적 · 제도적 정의는 좁은 의미의 정의라고 볼 수 있다. 반면 평생교육 이념에 바탕을 둔 정의는 넓은 의미의 정의라고 볼 수 있다. 그 차이를 표로 나타내면 다음 〈표 1-3〉과 같다.

표 1-3 평생교육의 정의

법적 제도적 정의 (좁은 의미의 정의)	평생교육 이념에 나타난 정의 (넓은 의미의 정의)
• 2007년에 개정된 평생교육법 제2조 제1항 • "평생교육이란 학교의 **정규교육과정을 제외한** 학력보완교육, 성인 문자해득교육, 직업능력 향상교육, 인문교양교육, 문화예술교육, 시민참여교육 등을 포함하는 모든 형태의 **조직적인 교육활동**을 말한다"라고 규정	• 개인이 시간적으로는 전 생애, 공간적으로는 전 삶의 공간, 형식적으로는 **형식교육**(formal education)과 **비형식교육**(nonformal education), **무형식교육**(informal education)을 **통칭**하는 용어 • 성인교육, 생애교육, 계속교육, 사회교육, 비형식교육을 포함

모든 사물에는 명칭이 있다. 사람도 부르는 이름이 있다. 집도 문패가 있다. 과목도 명칭이 있다. 개념은 어떤 사물에 대한 일반적인 뜻이나 내용을 말한다. 어떤 명칭에 대한 일반적인 내용이나 뜻을 말하기도 한다. 이러한 명칭에 대한 개념은 시대적·역사적 변화 맥락 하에서 기존 의미가 변형되거나 새로운 의미가 추가되는 등 일련의 변화를 거치면서 정립된다.

평생교육 진흥에 관한 법조항은 헌법 제31조 제1항~6항에 있다. 국민의 기본적인 인권으로서의 '교육권'에서 '교육'은 학교교육뿐만 아니라 가정교육·사회교육 등을 모두 포함하며 이는 곧 모든 교육을 포섭하는 상위개념으로서 평생교육을 의미한다. 따라서 국가는 모든 국민에게 평생교육의 기회를 보장할 의무를 지고 있으며, 평생교육기회를 보장하기 위하여 마땅히 평생교육 진흥에 힘써야 한다.

1982년 제정된 사회교육법에서 "사회교육은 다른 법률에 의한 학교교육을 제외하고 국민의 평생교육을 위한 모든 형태의 조직적인 교육활동을 말한다."라고 규정되어 있다. 1985년 제5공화국 헌법에서 최초로 국가는 평생교육을 진흥해야 한다는 평생교육진흥조항이 삽입되었다. 1999년에 사회교육법이 폐지되고 평생교육법이 제정되었다. '사회교육'에서 '평생교육'으로 명칭이 변경된 가장 중요한 이유 중 하나는 '사회교육'이라는 용어가 일제시대 때 황국신민화의 도구로 사용되었다는 것이다. 즉, 사회교육은 대표적인 일제 식민지 학문의 잔존 사례인 것이다. 이러한 측면에서 국가는 '사회교육', '평생교육'으로 대체하게 되었다.

2000년에는 '한국사회교육학회'가 '한국평생교육학회'로 학회명을 변경하였다. 발행하는 학술지의 명칭도 '사회교육학연구'에서 '평생교육학연구'로 변경하였다. 2002년에는 '한국사회교육협회'가 '한국평생교육연합회'로 바뀌게 되었다. 1999년에 제정된 '평생교육법'은 오늘날 학문적·실천적인 면에서 '평생교육'의 이름이 공인되고 활성화되는 실질적인 기원이 됨과 동시에 막강한 법적·제도적 기반이 되고 있다(오혁진, 2011).[3)]

평생교육의 법적 · 제도적 정의를 요약하면 다음과 같다. 2007년에 개정된 평생교육법 제2조 제1항에서 "평생교육이란 학교의 정규교육과정을 제외한 학력보완교육, 성인 문자해득교육, 직업능력 향상교육, 인문교양교육, 문화예술교육, 시민참여교육 등을 포함하는 모든 형태의 조직적인 교육활동을 말한다."라고 규정하고 있다. 법적 · 제도적 정의에 의하면 평생교육의 개념은 학교교육을 제외한 모든 형태의 조직적인 교육활동을 말하는 종전의 사회교육법에서 정의한 사회교육의 정의를 따르고 있다.

3. 평생교육의 이념에 바탕을 둔 정의

평생교육의 이념과 원리에 바탕을 둔 정의는 무엇인가?

평생교육의 이념은 다음과 같다. 첫째, 모든 국민이 평생교육의 기회를 균등하게 보장받는다. 둘째, 평생교육 원리는 학습자의 자유로운 참여와 자발적인 학습을 기초로 이루어져야 하고, 정치적 · 개인적 편견의 선전을 위한 방편으로 이용되어서는 아니된다. 셋째, 일정한 평생교육과정을 이수한 자에게는 그에 상응하는 자격 및 학력인정 등 사회적 대우를 부여하도록 한다(평생교육법 제4조 제1, 2, 3, 4항).

평생교육에 대한 정의는 평생교육법에 나와 있는 좁은 의미의 법적 · 제도적 정의와 평생교육의 이념과 원리에 바탕을 둔 넓은 의미의 정의가 있다. 법적 · 제도적 정의는 일반적으로 좁은 의미의 정의라고 볼 수 있으며, 일반적 정의는 넓은 의미로 평생교육을 정의하는 것이다. 넓은 의미로 볼 때 평생교육이란 개인이 시간적으로는 전 생애, 공간적으로는 전 삶의 공간, 형식적으로는 형식교육(formal education)과 비형식교육(nonformal education), 무형식교육(informal education)을 통칭하는 용어이다.

3) 오혁진(2011). 1990년대 말 평생교육법 제정 과정 분석을 통한 평생교육 개념 혼란의 기원과 논리 검토. **평생교육연구**, 17(1), 119-142.

평생교육의 정의를 좀 더 구체적으로 살펴보면 첫째, 교육시기의 확장이다. '평생'이라는 단어 자체에서도 볼 수 있고, '요람에서 무덤까지'의 슬로건에서도 볼 수 있다. 전 생애교육이란 한 개인이 태어나서 죽을 때까지 전 생애 발달단계에 걸쳐서 이루어지는 모든 교육을 말한다. '교육시기의 확대'가 의미하는 것은 두 가지 측면에서 생각해 볼 수 있다. ① 전통적인 교육에서는 유치원 · 초등학교 · 중학교 · 고등학교 · 대학교와 개인의 발달단계에서 학령기 시절에 초점이 맞추어져 있지만, 평생교육에서는 학령기뿐만 아니라 성인기와 노인기 교육까지 관심을 가지고 있다. ② 1차원적 시간의 개념뿐만 아니라 개개인이 필요로 하는 교육시점에서 어떤 교육이든지 참여할 수 있는, 사회 전체의 교육체제 재구조화를 지향하는 개념으로도 해석되어야 한다. 즉, 현 학교제도 — 초등학교를 졸업하고 중학교를 입학하고, 중학교를 졸업하고 고등학교를 입학하는 방법과 같은 교육체제 — 에서는 학습의지를 가지고 있는 개인의 권리가 효과적으로 행사될 것을 보장하는 '학습권'이 보장되기 쉽지 않다. 이러한 제도에 대한 적극적인 보완이 필요하다. 현재 검정고시나 대안학교, 복선제 등으로 활발한 논의가 이루어지고 있는데, 이러한 것들이 바로 교육체제의 재구조화로 볼 수 있다.

둘째, 교육 공간의 확장이다. 공간적 확장도 두 가지 측면에서 생각해 볼 수 있다. ① 물리적 공간이다. 삶의 공간이란 가정 · 학교 · 지역사회 등 개인이 처할 수 있는 모든 사회적 공간을 말한다. 공간이 학교뿐만 아니라 가정, 군대, 시민단체, 기업체 등으로 다양하게 이루어져 있다. ② 가상공간이다. 가상공간이란 실제로 존재하는 공간이 아닌 네트워크로 연결된 통신망에 존재하는 공간이다. 평생교육이 물리적 공간에서 뿐만 아니라 인터넷을 통해 시간과 공간을 초월하여 이루어지고 있다. 인터넷을 통한 각종 동영상 강좌, 사회망서비스(Social Network Service: SNS)를 통한 각종 교육, 사이버 강좌 등이 이에 해당한다. 평생교육은 교육이 이루어지는 공간을 제한하지 않는다.

셋째, 교육형식의 확대이다. 평생교육과 유사한 개념으로 계속교육(continuing education), 성인교육(adult education), 사회교육(social education), 추가교육(further education), 생애직업교육(career education), 지역사회교육(community education)이 있다. 쿰스와 아메드(Coombs & Ahmed)는 교육을 형식교육(formal education)과 비형식교육(nonformal education), 무형식교육(informal education)의 세 가지 형태로 구분하였다(김한별, 2010).[4] 교육형식의 확대란 유사용어에서 강조하는 모든 측면을 다 포함한다.

계속교육(continuing education)이란 주로 학교교육 이후에 직업을 갖고 있더라도 계속적으로 교육이 이루어진다는 의미에서 쓰는 말이다. 다루는 주제와 영역은 직업과 관련된 것이 많다. 북미 지역에서는 직업적 측면에서 전문성을 개발하고 신장하기 위해 실시하는 연수 프로그램, 자격증 취득·인증과정, 재교육 프로그램 등을 일컫는 개념으로 이해하고 있다. 따라서 최근에는 '전문성 계속교육(continuing professional education: CPE)'이란 용어를 사용하여 계속교육의 의미를 구체화하고 있다(Merram & Brockett, 1997; Cervero, 2000).[5]

성인교육(adult education)이란 일반적으로 사회교육에서 유아, 청소년을 제외한 청년 이후(15세 또는 18세 이후)의 사회교육을 의미한다. 1976년 유네스코 회의에서는 "성인교육은 내용, 수준, 방법 및 형식성, 비형식성에 상관없이 성인에 적용되는 모든 교육적 과정을 설명하는 총체적 개념이다."라고 정의했다.

사회교육(social education)이란 학교교육을 제외한 모든 형태의 조직적인 교육활동으로 정의되고 있는 반면, 평생교육은 학교교육을 포함한 형식적, 비형식적, 무형식적 교육을 포괄하는 개념이다. 따라서 평생교육은 사회교육을 포괄하는 상위개

4) 김한별(2010). **평생교육론**. 서울: 학지사.

5) Merram, S. B., & Brockett, R. G.(1997). *The profession and practice of adult education: An introduction.* San Francisco: Jossey-Bass.
Cervero, R. M.(2000). Trends and issues in continuing professional education. In V. W. Mott & B. J. Daley(Eds.), *Charting a course for continuing professional education: Reframing professional practice* (pp. 3-12). New Directions for Adult and Continuing Education No. 86. San Francisco: Jossey-Bass.

념이다. 사회교육은 학교 밖에서 이루어지는 모든 교육활동으로, 지역사회개발과 지역주민의 생활수준을 향상시키기 위한 목적으로 계획되고 실천되는 교육을 의미한다.

추가교육(further education)은 1944년 영국의 교육법에서 처음으로 법제화된 용어로, 의무교육을 마친 청소년에 대한 비교적 장기간에 걸친 학교 외의 조직적인 교육활동을 말한다. 독일에서는 이 개념이 성인교육, 계속교육, 직업재훈련 등을 포함하는 것으로 통하고 있다. 빠르게 변화하는 환경에 대처하기 위해 실행하는 교육으로 영어회화나 교사연수 등이 이에 해당한다.

생애직업교육(career education)이란 평생 동안에 걸친 학교 및 학교 외에서의 직업교육을 말한다.

지역사회교육(community education)이란 주민들의 생활 속에서 일어나는 학습요구를 충족시키기 위해 지역사회가 마련하는 교육활동을 의미한다.

쿰스와 아메드(Coombs & Ahmed)가 구분한 형식교육과 비형식교육, 무형식교육을 구분하면 다음과 같다. 첫째, 형식교육(formal education)의 경우 제도적으로 규정되어 있는 형식교육을 말하며 그 형태는 학교교육(초, 중, 고, 대학교)으로 나타난다. 교수자는 일정한 자격요건을 갖추고 있어야 하며 교육활동에 대한 일정한 계획, 실천, 평가, 관리 등이 체계적으로 이루어진다. 제도화된 성격을 갖고 있지만 학습자의 요구 반영이 미흡하다. 둘째, 비형식교육(nonformal education)의 경우 제도적으로 규정되어 있는 형식교육체제 외의 교육활동을 말한다. 즉, 학교교육 이외의 교육으로 시민단체, 평생교육시설, 종교단체, 사회복지단체, 박물관, 도서관, 기업 등에서 이루어지는 교육을 말한다. 교수자의 자격요건은 유동적이며 학습자의 요구와 관심이 중요시 된다. 교육활동에 대한 일정한 계획, 실천, 평가, 관리 등이 체계적으로 이루어지고 있으나 학습경험의 경우, 통상적으로 사회에서 인정받기 어려운 점이 있다. 이러한 비형식교육은 형식교육의 보완적 성격, 대안적 성격, 추가적 성격을 지니고 있다. 셋째, 무형식교육(informal education)의 경우 일정한 교육목표를 수립하거나 그 목표를 달성하기 위해 체계나 형식이 갖추어지지 않았거나 의도하지 않은 상황에서 발생하는 모든 교육을 말한다. 즉, 모든 형태의 학습이 여기에 해당된다. 무형식교육에서 교수자는 일상은 물론 모든 대상이 될 수 있다. 삶에서 접하는 다양한 인물, 사건, 상황에 대한 성찰을 통해서 학습자의 인지적, 정서적, 행동적 변화가 발생하는 교육으로 학습에 대한 요구가 없었음에도 불구하고 없이 결과론적으로 보면 학습이 된 것을 말한다.

쿰스와 아메드(Cooms & Ahmed)가 구분한 형식교육, 비형식교육, 무형식교육을 구체적으로 설명하면 다음 〈표 1-4〉와 같다.

표 1-4 형식교육 · 비형식교육 · 무형식교육 비교

구분	형식교육 (formal education)	비형식교육 (nonformal education)	무형식교육 (informal education)
의미	제도적으로 규정되어 있는 형식교육	제도적으로 규정되어 있는 형식 교육체제 외의 교육활동	일정한 교육목표를 수립하거나 그 목표를 달성하기 위한 체계나 형식이 갖추어지지 않은 채 의도하지 않은 상황에서 발생하는 모든 교육
형태	**학교교육** **초 · 중 · 고 · 대학교**	**학교교육 외 교육** 시민단체, 평생교육시설, 종교단체, 사회복지단체, 박물관, 도서관, 기업 등	**모든 형태 학습**
교수자	일정한 자격요건	자격요건이 유동적	일상, 모든 대상
학습자	학습자의 요구 반영 미흡	학습자의 요구와 관심이 중요	**학습에 대한 요구 없이 결과론적으로 보면 학습이 된 것**
교육활동	교육활동에 대한 일정한 계획, 실천, 평가, 관리 등이 체계적으로 이루어짐	교육활동에 대한 일정한 계획, 실천, 평가, 관리 등이 체계적으로 이루어지고 있으나 학습경험의 경우 사회에서 통상적으로 인정받기 어려움	삶에서 접하는 다양한 인물, 사건, 상황에 대한 성찰을 통해서 학습자의 인지적 · 정서적 · 행동적 변화가 발생하는 교육

구분	형식교육 (formal education)	비형식교육 (nonformal education)	무형식교육 (informal education)
성격	제도화된 교육	• **형식교육의 보완적 성격** : 형식교육 기회를 받지 못하거나 중도 탈락한 개인에게 보완적 성격 • **형식교육의 대안적 성격** : (노인 대상 문해교육, 검정고시 등) 학교교육과정 가치체계와 상관없이 실행하는 교육(각종 시민단체교육 등) • **형식교육의 추가적 성격** : 빠르게 변화하는 환경에 대처하기 위해 실행하는 교육(영어회화, 교사연수 등)	• 사전에 계획하지도 의도하지도 않았지만 결과적으로 볼 때 학습자의 성찰을 통해 이루어지는 것 • 우연적 학습은 의도적 성찰 없이 나타나는 학습과정을 의미 • **무형식학습은 우연적 학습까지 포함**

Chapter

02

평생교육시설

개 요

이 장에서는 평생교육시설에 대하여 살펴본다. 평생교육시설에는 ① 준형식 평생교육시설과 ② 비형식 평생교육시설이 있다. 준형식 평생교육시설은 초·중등 교육형태 평생교육시설과 고등교육 형태 평생교육시설이 있다. 비형식 평생교육시설의 경우 부설형·독립형·전담형·복합형·기타로 구분해 볼 수 있다. 이러한 시설에는 어떤 기관들이 있는지 구체적으로 살펴본다.

학습목표

1. 평생교육시설의 준형식 평생교육시설 중 초·중등교육 형태 평생교육시설과 고등교육 형태 평생교육시설에는 어떤 기관들이 있는지 구분하여 설명할 수 있다.
2. 평생교육시설의 비형식 평생교육시설 중 부설형·독립형·전담형·복합형·기타 기관으로 구분하여 설명할 수 있다.

1. 준형식 평생교육시설

평생교육시설에는 어떤 것이 있는가?

평생교육시설[1]에는 형식 평생교육시설, 준형식 평생교육시설(semi-formal lifelong education institutions), 비형식 평생교육시설로 구분해 볼 수 있다. 형식 평생교육시설은 학교이다. 준형식 평생교육시설에는 초·중등교육 형태 평생교육시설과 고등교육 형태 평생교육시설이 있다. 비형식 평생교육시설에는 부설형, 독립형, 전담형, 복합형이 있다(한국교육개발원, 2012).[2]

준형식 평생교육시설과 비형식 평생교육시설을 세분화하면 다음 〈표 2-1〉과 같다.

표 2-1 평생교육시설 구분

구분	시설형태	기관
준형식 평생 교육 시설	초·중등교육 형태 평생교육시설	공민학교 고등공민학교 고등기술학교 각종 학교 산업체부설고등학교 근로청소년을 위한 특별학급 방송통신고등학교 학교 형태의 학력인정 평생교육시설학교

1) "평생교육기관"이란 평생교육을 주된 목적으로 하는 인가·등록·신고된 기관·법인 또는 단체, 학원의 설립·운영 및 과외교습에 관한 법률에 따른 학원 중 학교교과 교습학원을 제외한 평생직업교육을 실시하는 학원, 그 밖에 다른 법령에 따라 평생교육을 주된 목적으로 하는 기관·법인 또는 단체 등 어느 하나에 해당하는 기관·법인 또는 단체를 말한다(평생교육법 제2조의 2).

2) 한국교육개발원(2012). 평생교육통계자료집.

<table>
<tr><th>구분</th><th colspan="2">시설형태</th><th>기관</th></tr>
<tr><td>준형식 평생 교육 시설</td><td colspan="2">고등교육 형태
평생교육시설</td><td>방송통신대학
산업대학
기술대학(대학, 전문대학)
각종 학교(대학, 전문대학)
원격・사이버대학(대학, 전문대학)
사내대학(대학, 전문대학)
기능대학
전공대학
특수대학원</td></tr>
<tr><td rowspan="11">비형식 평생 교육 시설</td><td rowspan="4">부설형</td><td>유・초・중등 및 대학(원) 부설</td><td>유・초・중등 및 대학(원) 부설</td></tr>
<tr><td>사업장 부설</td><td>산업체, 백화점, 문화센터 부설</td></tr>
<tr><td>언론기관 부설</td><td>신문, 방송 등의 언론기관 부설</td></tr>
<tr><td>시민단체 부설</td><td>법인으로 행정관청에 등록하여 회원이 300인 이상인 시민사회단체</td></tr>
<tr><td rowspan="2">독립형</td><td>지식・인력개발 형태</td><td>기업 또는 노동부와 연계하여 운영되는 시설</td></tr>
<tr><td>원격 형태</td><td>정보통신매체를 이용하여 특정 또는 불특정 다수인에게 원격교육</td></tr>
<tr><td rowspan="3">전담형</td><td>중앙</td><td>평생교육진흥원</td></tr>
<tr><td>시・도</td><td>시・도 평생교육진흥원</td></tr>
<tr><td>시・군・구</td><td>시・군・구 평생학습관</td></tr>
<tr><td>복합형</td><td>학원</td><td>각종 학원</td></tr>
<tr><td>기타</td><td>기타</td><td>도서관, 문화기관, 여성관련기관, 청소년기관, 복지관, 직업훈련기관</td></tr>
</table>

준형식 평생교육시설 중 초・중등교육 형태 평생교육시설을 세분화 해보면 다음과 같다.

① 공민학교

초등교육을 받지 못하고 학령을 초과한 자에 대한 3년간의 초등교육시설

② 고등공민학교

초등학교, 공민학교 졸업자에 대한 1~3년간의 사회직업 교육시설

③ 고등기술학교

중학교 이상의 학력인정자에 대한 1~3년간의 전문기술 교육시설

④ 각종 학교

초 · 중 · 고 · 특수학교와 유사한 교육시설로 수업연한, 입학자격, 학력인정 등을 달리하는 교육시설

⑤ 산업체부설고등학교

산업체에 근무하는 청소년의 교육을 위하여 산업체가 설치 · 경영하는 고등학교

⑥ 근로청소년을 위한 특별학급

산업체에 근무하는 청소년의 교육을 위하여 산업체에 인접한 중학교 및 고등학교에 두는 야간제 특별학급

⑦ 방송통신고등학교

방송통신을 통하여 고등학교 과정의 교육을 실시하는 교육시설

⑧ 학교 형태의 학력인정 평생교육시설학교

초 · 중등교육법 시행령 제97조 제1항 제2호 및 제98조 제1항 제2호와 고등교육법 시행령 제69조의 규정에 의하여 상급학교 입학 및 편입학 학력이 인정되는 평생교육시설 형태의 학교

준형식 평생교육시설 중 고등교육 형태 평생교육시설을 세분화 해보면 다음과 같다.

① 방송통신대학

정보 · 통신매체를 통한 원격교육으로 고등교육을 받을 기회를 부여하여 국가와

사회가 필요로 하는 인재를 양성함과 동시에 열린 학습사회를 구현함으로써 평생교육의 발전에 이바지함을 목적으로 하는 학교

② **산업대학**

산업사회에서 필요로 하는 학술 또는 전문적인 지식·기술의 연구와 연마를 위한 교육을 계속하여 받고자 하는 자에게 고등교육의 기회를 제공하여 국가와 사회의 발전에 기여할 산업인력을 양성함을 목적으로 하는 학교

③ **기술대학**(대학, 전문대학)

산업체 근로자가 산업현장에서 전문적인 지식·기술의 연구·연마를 위한 교육을 계속하여 받을 수 있도록 함으로써 이론과 실무능력을 고루 갖춘 전문인력 양성을 목적으로 하는 학교

④ **각종 학교**(대학, 전문대학)

대학수준으로 신학교·예술학교·승가학교 등의 교육시설

⑤ **원격·사이버대학**(대학, 전문대학)

정보·통신매체를 통해 제공한 교육서비스를 학습자가 시간과 공간의 제약을 받지 않고 학습하고 일정한 학점을 이수하는 경우 전문대학 또는 대학졸업자와 동등한 학력/학위를 인정하여 주는 학교

⑥ **사내대학**(대학, 전문대학)

시간적·경제적 여유가 없어 대학에 가지 못하는 근로자들을 위하여 학교법인 설립 없이 일정기간 사내교육을 이수하면 학력과 학위가 인정되는 평생교육 차원의 고등교육시설

⑦ **기능대학**

고등교육법에 따른 전문대학으로서 학위과정인 다기능기술자 과정과 직업훈련과정 등을 병설 운영하는 교육·훈련시설

⑧ **전공대학**

「초 · 중등교육법」에 따라 전공과를 설치 · 운영하는 고등기술학교로서 교육부장관의 인가를 받아 전문대학졸업자와 동등한 학력 · 학위가 인정되는 평생교육시설로 전환 · 운영하는 학교

⑨ **특수대학원**

직업인 또는 일반 성인을 위한 계속교육을 주된 교육목적으로 하는 대학원

2. 비형식 평생교육시설

비형식 평생교육시설(non-formal lifelong education institutions)에는 다음과 같은 시설들이 있다.

(1) 부설형

① **유·초·중등 및 대학(원) 부설**

유 · 초 · 중등학교, 대학 및 전문대학에서 운영하는 평생교육시설이다.

② **사업장 부설**

산업체, 백화점, 문화센터 등에서 부대시설로 설립 · 운영하는 평생교육시설이다. 사업장 부설 평생교육시설은 대통령령으로 정하는 규모 이상 사업장의 경영자는 해당사업장의 고객 등을 대상으로 하는 평생교육시설을 설치 · 운영할 수 있으며, 사업장 부설 평생교육시설을 설치하고자 하는 자는 대통령령으로 정하는 바에 따라 교육감에게 신고하여야 한다(평생교육법 제35조 제1, 2항). 산업체 부설로 사내대학 형태의 평생교육시설이 있다. 사내대학 형태의 평생교육시설은 대통령령으로 정하는 규모 이상의 사업장(공동으로 참여하는 사업장도 포함한다)의 경영자는 교육부장관의

인가를 받아 전문대학 또는 대학졸업자와 동등한 학력·학위가 인정되는 평생교육시설을 설치·운영할 수 있다(평생교육법 제32조). 사내대학은 기업체의 종업원을 대상으로 당해 고용주의 경비부담을 원칙으로 운영되는데, 교육부장관의 인가로 양성화 또는 신설되는 사내대학졸업자는 전문대학 또는 대학졸업자와 동등한 학력과 학위를 인정받을 수 있는 길이 열리게 된다. 사내대학제도는 전문적인 직무교육을 통한 기업의 생산성 향상뿐만 아니라 종업원에 대한 새로운 복지후생제도의 하나로써 각광받을 것으로 전망되고 있다.

③ 언론기관 부설

신문, 방송 등의 언론기관에서 운영하는 평생교육시설이다. 언론기관 부설 평생교육시설은 신문·방송 등 언론기관을 경영하는 자는 해당 언론매체를 통하여 다양한 평생교육 프로그램을 방영하는 등 국민의 평생교육진흥에 기여하여야 하며(평생교육법 제37조 제1항), 대통령령으로 정하는 언론기관을 경영하는 자는 일반 국민을 대상으로 교양의 증진과 능력 향상을 위한 평생교육시설을 설치·운영할 수 있으며(평생교육법 제37조 제2항), 언론기관 부설 평생교육기관을 설치하고자 하는 자는 대통령령으로 정하는 바에 따라 교육감에게 신고하여야 한다(평생교육법 제37조 제3항).

④ 시민단체 부설

법인으로 행정관청에 등록하여 회원이 300인 이상인 시민사회단체가 소속회원 외에 일반 시민을 대상으로 운영하는 평생교육기관이다. 시민사회단체 부설 평생교육시설은 시민사회단체는 상호 유기적인 협조체제를 구축하고 공공기관 및 민간기관 등 유휴기관을 활용하여 해당 시민사회단체의 목적에 부합하는 평생교육과정을 운영하도록 노력하여야 하고(평생교육법 제36조 제1항), 시민사회단체 부설 평생교육시설을 설치하고자 하는 자는 대통령령으로 정하는 바에 따라 교육감에게 신고하여야 한다(평생교육법 제36조 제3항).

(2) 독립형

① 지식·인력개발 형태

기업 또는 노동부와 연계하여 운영되는 시설로 지식정보의 제공과 교육훈련을 통한 인적자원(Human Resource Development: HRD)을 주된 목적으로 운영하는 평생교육시설이다. 지식·인력개발 관련 평생교육시설은 국가 및 지방자치단체는 지식정보의 제공과 교육훈련을 통한 인력개발을 주된 내용으로 하는 지식·인력개발사업을 진흥·육성하여야 하며(평생교육법 제38조 제1항), 지식·인력개발사업과 관련하여 평생교육시설을 설치하고자 하는 자는 대통령령으로 정하는 바에 따라 교육감에게 신고하여야 한다(평생교육법 제38조 제2항).

② 원격 형태

정보통신매체를 이용하여 특정 또는 불특정 다수인에게 원격교육을 실시하거나 다양한 정보를 제공하는 등의 교육을 시행하는 평생교육시설이다. 학력미인정과 학력인정으로 구분해서 보면 다음 〈표 2-2〉와 같다.

표 2-2 학력미인정·학력인정 원격 형태 평생교육시설

학력 인정여부	시설 유형 (명칭)	설치 요건	구별기준
학력 미인정	원격대학 형태 평생교육시설 (평생교육법 제33조 제2항)	신고 대상	• 불특정 다수인을 대상 • 학습비를 받고 원격교육 실시 • 10인 이상, 교육과정 30시간 이상
		비신고 대상	• 특정다수인을 대상 • 학습비가 아닌 사용료, 수수료 및 통신료만 받는 경우
학력 인정	원격대학 형태 평생교육시설 (평생교육법 제33조 제3항)	인가 대상	• 원격교육으로 전문대·대학졸업과 동등한 학력 및 학위 인정 • 일정한 시설 및 설비를 갖추어 교육부장관의 인가 필요 • 전문학사학위 및 학사학위과정만 가능 • 국내의 개인·단체 등이 외국 대학의 학위를 수여하는 경우 제외

(3) 전담형

지역주민을 대상으로 평생교육 프로그램 운영 등 지역평생교육센터로서의 기존의 역할과 아울러 평생교육에 관한 연구, 연수 및 정보제공의 기능을 하는 곳으로서 부설형 · 독립형 · 복합형은 교육청 신고이지만 전담형은 교육청 신고가 아닌 교육청에서 지정한 평생교육기관으로 각 시 · 군 · 구 평생교육진흥원 및 평생학습관이 있다. 평생교육 추진 전담기구별 역할은 다음 〈표 2-3〉과 같다.[3]

표 2-3 전담형 평생교육 추진 전담기구별 역할

구분	중앙	시·도(광역)	시·군·구(기초)
명칭	평생교육진흥원	시 · 도 평생교육진흥원	시 · 군 · 구 평생학습관
설치자	국가가 설립	시 · 도 지사가 설치 또는 지정운영	2원화 운영체제 – 교육감 지정 · 운영 – 지자체장 설치 · 지원
성격	교육부 산하 재단법인 형태, 평생교육전담집행기관	광역시 · 도 차원의 평생교육 사업기관	기초자치단체 차원의 평생교육 사업기관
기능	평생교육진흥을 위한 지원, 조사, 연수프로그램 개발 등	평생교육기회 및 정보 제공, 상담, 프로그램 운영 등	주민 평생교육 활성화를 위한 사업추진 등
근거	평생교육법 제19조	평생교육법 제20조 지방자치단체 조례	평생교육법 제21조 지방자치단체 조례

(4) 복합형

학원 : 정하는 수 이상의 학습자에게 30일 이상의 교습과정에 따라 지식 · 기술 · 예능을 교습하거나 30일 이상 학습장소로 제공되는 시설

(5) 기타

평생교육 관련 시설로는 도서관, 문화기관, 여성관련기관, 청소년기관, 복지관, 직업훈련기관 등이 있다.

3) 교육과학기술부 · 평생교육진흥원(2008). **평생교육백서**, 48.

Chapter

03 평생교육 관련 제도

개 요

이 장에서는 평생교육과 관련된 제도에 대하여 살펴본다. 평생교육과 관련된 제도 중 ① 평생교육사 양성제도와 ② 평생학습제도에 대하여 구체적으로 살펴본다. 평생교육사 양성제도와 관련된 내용에 대하여 평생교육사 자격요건을 구체적으로 살펴본다. 평생학습제도와 관련된 내용으로 평생학습계좌제 · 학점은행제 · 독학학위제에 대하여 구체적으로 살펴본다.

학습목표

1. 평생교육사를 배치해야 할 대상기관(시설)과 배치기준에 대하여 설명할 수 있다.
2. 평생학습제도와 관련하여 평생학습계좌제 · 학점은행제 · 독학학위제를 구분하여 설명할 수 있다.

1. 평생교육사 양성제도

평생교육사는 어디에 배치되는가?

국가 및 지방자치단체는 모든 국민에게 평생교육 기회가 부여될 수 있도록 그 단체·기관·사업장 등의 설치자에 대하여 평생교육의 실시를 적극 권장하고 있다. 평생교육법 제6조에서 평생교육의 교육과정·방법·시간 등에 관하여 평생교육을 실시하는 자가 정하도록 되어 있어서 형식적이고 부실한 평생교육이 진행될 우려가 있다. 평생교육 진흥의 핵심적인 과제는 현장에서 요구하는 자질과 능력을 갖춘 전문적 지도자의 확충에 있다. 이를 실현하기 위해 평생교육기관에 전문적인 역량을 갖춘 평생교육 관련 지도자 양성 및 배치를 하고 있다. 평생교육사 배치대상 기관 및 배치기준은 평생교육법 시행령 제22조에 나와 있다. 다음 〈표 3-1〉과 같이 법률적으로 제시하고 있다.

표 3-1 평생교육사 배치대상기관 및 배치기준[1)]

배치대상	배치기준
진흥원, 시·도 진흥원	1급 평생교육사 1명 이상을 포함한 5명 이상
시·군·구 평생학습관	• 정규직원 20명 이상 : 1급 또는 2급 평생교육사 1명을 포함한 2명 이상 • 정규직원 20명 미만 : 1급 또는 2급 평생교육사 1명 이상
법 제30조에서 제38조까지의 규정에 따른 평생교육기관(학력인정 평생교육기관은 제외한다). 「학점인정 등에 관한 법률」 제3조 제1항에 따라 평가인정을 받은 학습과정을 운영하는 교육훈련기관 및 법 제2조 제2호 다목의 기관, 법인 또는 단체	평생교육사 1명 이상

1) 국가평생교육진흥원. 평생교육사자격관리(http://lledu.nile.or.kr/에서 2016.07.18. 검색)

평생교육사 자격요건은 1급의 경우 평생교육사 2급 취득 후 평생교육 관련 업무에 5년 이상 근무하고 국가평생교육진흥원에서 운영하는 1급 승급과정을 이수할 경우 1급이 부여된다. 2급의 경우 학위과정과 비학위과정으로 구분된다. 3급의 경우 학위과정으로만 운영되는데 필수 5과목과 선택 2과목을 통하여 총 21학점을 이수하면 된다.

평생교육사 자격요건을 제시하면 다음 〈표 3-2〉와 같다.

표 3-2 평생교육사 자격요건표[2]

<table>
<tr><th>구분</th><th colspan="3">대상자</th><th>이수학점</th><th>비고</th></tr>
<tr><td>1급</td><td colspan="3">평생교육사 2급 취득 후+평생교육 관련업무 5년 이상</td><td>1급 승급과정</td><td>국가평생교육진흥원 운영</td></tr>
<tr><td rowspan="7">2급</td><td rowspan="3">학위 과정</td><td colspan="2">대학원(석사 또는 박사학위 취득)</td><td>15학점 (필수 5)</td><td>2009년 이후 입학생부터 적용</td></tr>
<tr><td colspan="2">대학 재학생</td><td rowspan="5">30학점 (필수 5/ 선택 5)</td><td>2009. 8. 9 이후 학위취득자 부터 적용</td></tr>
<tr><td colspan="2">학점은행제 상 학위취득 과정생</td><td>2009. 8. 9 이후 학위취득자부터 적용</td></tr>
<tr><td rowspan="4">비학위 과정</td><td rowspan="3">대학졸업생</td><td>대학(시간제등록)</td><td rowspan="3">2008년 이후 양성과정 진입자 부터 적용</td></tr>
<tr><td>지정양성기관</td></tr>
<tr><td>학점은행기관</td></tr>
<tr><td colspan="2">평생교육사 3급+평생교육업무 3년 이상</td><td>2급 승급과정</td><td>2010년 시범운영</td></tr>
<tr><td rowspan="2">3급</td><td rowspan="2">학위 과정</td><td colspan="2">대학 재학생</td><td rowspan="2">21학점 (필수 5/ 선택 2)</td><td>2009년 이후 입학생부터 적용</td></tr>
<tr><td colspan="2">학점은행제상 학위취득 과정생</td><td>2009. 8. 9 이후 학위취득자 부터 적용</td></tr>
</table>

2) 국가평생교육진흥원. 평생교육사자격관리(http://lledu.nile.or.kr/에서 2016.07.18.검색)

<table>
<tr><th>구분</th><th colspan="3">대상자</th><th>이수학점</th><th>비고</th></tr>
<tr><td rowspan="5">3급</td><td rowspan="5">비학위 과정</td><td rowspan="3">대학 졸업생</td><td>대학 (시간제 등록)</td><td rowspan="5">21학점 (필수 5/ 선택 2)</td><td rowspan="5">2008년 이후 양성과정 진입자부터 적용</td></tr>
<tr><td>지정양성기관</td></tr>
<tr><td>학점은행기관</td></tr>
<tr><td>평생교육업무 2년 이상 경력자</td><td rowspan="2">지정양성기관</td></tr>
<tr><td>공무원(평생교육 업무 1년 이상), 교원</td></tr>
</table>

평생교육사 등급별 자격기준을 구체적으로 설명하면 다음 〈표 3-3〉과 같다.

표 3-3 평생교육사 등급별 자격기준[3)]

등급	자격기준
1급	평생교육사 2급 자격증을 취득한 후, 교육부장관이 정하는 평생교육과 관련된 업무(이하 "관련업무"라 한다)에 5년 이상 종사한 경력이 있는 자로서 진흥원이 운영하는 평생교육사 1급 승급과정을 이수한 자
2급	• 「고등교육법」 제29조 및 제30조에 따른 대학원에서 교육부령으로 정하는 평생교육과 관련된 과목(이하 "관련과목"이라 한다) 중 필수과목을 15학점 이상 이수하고 석사 또는 박사학위를 취득한 자. 다만, 「고등교육법」 제2조에 따른 학교(이하 "대학"이라 한다)에서 필수과목을 이수한 경우에는 선택과목으로 필수과목 학점을 대체할 수 있다. • 대학 또는 이와 같은 수준 이상의 학력을 인정할 수 있는 기관, 「학점인정 등에 관한 법률」에 따라 평가인정을 받은 학습과정을 운영하는 교육훈련기관(이하 "학점은행기관"이라 한다)에서 관련과목을 30학점 이상 이수하고 학위를 취득한 자 • 대학을 졸업한 자 또는 이와 같은 수준 이상의 학력이 있다고 인정되는 자로서 다음 각 목의 어느 하나에 해당하는 기관에서 관련과목을 30학점 이상 이수한 자 가. 대학 또는 이와 같은 수준 이상의 학력을 인정할 수 있는 기관 나. 법 제25조 제1항에 따른 평생교육사 양성기관(이하 "지정양성기관"이라 한다) 다. 학점은행기관 • 평생교육사 3급 자격증을 보유하고 관련업무에 3년 이상 종사한 경력이 있는 자로서 진흥원이나 지정양성기관이 운영하는 평생교육사 2급 승급과정을 이수한 자

3) 국가평생교육진흥원. 교육사자격관리(http://lledu.nile.or.kr/home/popup/system/class_01.jsp에서 2016.07.18. 검색)

등급	자격기준
3급	• 대학 또는 이와 같은 수준 이상의 학력을 인정할 수 있는 기관, 학점은행기관에서 관련과목을 21학점 이상 이수하고 학위를 취득한 자 • 대학을 졸업한 자 또는 이와 같은 수준 이상의 학력이 있다고 인정되는 자로서 다음 각 목의 어느 하나에 해당하는 기관에서 관련과목을 21학점 이상 이수한 자 가. 대학 또는 이와 같은 수준 이상의 학력을 인정할 수 있는 기관 나. 지정양성기관 다. 학점은행기관 • 관련업무에 2년 이상 종사한 경력이 있는 자로서 진흥원이나 지정양성기관이 운영하는 평생교육사 3급 양성과정을 이수한 자 • 관련업무에 1년 이상 종사한 경력이 있는 공무원 및 「초 · 중등교육법」 제2조 제1호부터 제5호까지의 학교 또는 학력인정 평생교육시설의 교원으로서 진흥원이나 지정양성기관이 운영하는 평생교육사 3급 양성과정을 이수한 자

* 적용대상자
－2009년 3월 이후 대학(원) 신입생, 편입생
－고졸학력자로 2009년 8월 9일 이후 학점은행제 상 학위 취득자
－재학 당시 평생교육 관련과목을 한 과목도 이수하지 않고 졸업한 자로서,
－2008년 1학기부터 시간제등록으로 개설된 관련과목 이수자
－2008년 1학기부터 학점은행기관에서 운영하는 평가인정 학습과목 이수자
* 관계법령 : 평생교육법 시행령 [별표1] (2016.3.25. 일부개정)

평생교육사 자격증을 받기 위해 수강해야 할 과목을 제시하면 다음 〈표 3-4〉와 같다.

표 3-4 평생교육 관련과목

구분		과목명	비고
필수과목(5)		• 평생교육론 • 평생교육방법론 • 평생교육경영론 • 평생교육프로그램개발론 • 평생교육실습(4주간)	• 과목당 3학점 • 평균 80점 이상의 학습 성적
선택과목 (21)	실천영역 (8)	• 아동교육론 • 청소년교육론 • 여성교육론 • 노인교육론 • 시민교육론 • 문자해득교육론 • 특수교육론 • 성인학습 및 상담	
		※ 1과목 이상 선택하여야 함	

<table>
<tr><th colspan="2">구분</th><th>과목명</th><th>비고</th></tr>
<tr><td rowspan="2">선택과목
(21)</td><td rowspan="2">방법영역
(13)</td><td>• 교육사회학
• 교육공학
• 교육복지론
• 지역사회교육론
• 문화예술교육론
• 인적자원개발론
• 직업 · 진로설계
• 원격(이러닝, 사이버) 교육론
• 기업교육론
• 환경교육론
• 교수설계
• 교육조사방법론
• 상담심리학</td><td>• 과목당 3학점
• 평균 80점 이상의 학습 성적</td></tr>
<tr><td>※ 1과목 이상 선택하여야 함</td><td></td></tr>
</table>

* 2008년 2월 18일 이후 개설 및 이수한 과목(2008학년도 1학기 ~)[4]

한국의 평생교육 추진체계를 보면 교육부에서 평생교육과 관련된 모든 정책을 기획하고 조정한다. 평생교육 정책수립이나 행정적 · 재정적 지원을 할 뿐만 아니라 평생교육을 전담할 기관을 설치하고 운영한다. 그 산하에 국가평생교육진흥원이 설치되어 있다. 국가 평생교육진흥원에서는 평생교육과 관련된 정책 및 제도를 연구하고 개발한다. 또한 평생교육과 관련된 프로그램을 개발한다. 평생교육사를 양성하고 재교육도 담당한다. 전국에 흩어져 있는 평생교육기관과 네트워크를 형성하는 역할도 수행한다. 국가평생교육진흥원 외에 시 · 도 평생교육진흥원이 설치 운영된다. 시 · 도 평생교육진흥원의 경우 지방자치단체장이 자율적으로 설치 운영한다. 시 · 도 평생교육진흥원에서는 평생교육시설을 설치 지원하고 평생교육사를 양성 지원할 뿐만 아니라 평생학습 프로그램에 참여하는 학습비도 지원한다. 그 외 시 · 도에 평생교육정보센터나 시 · 군 · 구에 평생학습관을 설치 운영하여 평생교육과 관련된 각종 활동을 지원하게 한다.

한국의 평생교육 추진체계[5]를 제시하면 다음 [그림 3-1]과 같다.

4) 국가평생교육진흥원. 평생교육사자격관리(http://lledu.nile.or.kr/에서 2016.07.18.검색)

5) 최운실(2006). 사회교육전문요원 재교육 연수교재.

평생교육 추진체계

교육부

- 평생교육 정책 수립 · 시행
- 평생교육기관 행 · 재정 지원
- 평생교육 전담 · 지원기관 설치 · 운영
- 평생학습 프로그램 및 학습 자료 개발지원
- 평생교육사 양성 및 재교육
- 평생교육종사자 연수교육 지원

↔

지방자치단체(시 · 도교육청)

- 평생교육시설 설치 및 지원
- 평생교육사 양성지원
- 평생학습 프로그램 참여 및 학습비 지원
- 평생교육기관 경비 보조
- 평생교육기관(단체) 평생교육활동 지원 및 종사자 연수 지원

↔

지역교육청

- 평생교육시설 설치 및 지원
- 평생교육사 양성지원
- 평생학습 프로그램 참여 및 학습비 지원
- 평생교육기관 경비 보조
- 평생교육기관(단체) 평생교육활동 지원 및 종사자 연수 지원

↕

국가평생교육진흥원

- 평생교육 정책 및 제도 연구 · 개발
- 평생교육 과정 및 프로그램 개발
- 평생교육사 양성 및 재교육
- 평생교육 종사자 연수
- 평생학습 정보수집 · 제공
- 전국평생교육기관 네트워크 및 정보 교류망 구축

↔

시 · 도 평생교육정보센터

- 평생교육기관 간 연계체계 구축
- 평생교육 프로그램 개발 · 운영
- 평생교육 연구
- 평생교육 종사자 연수
- 평생학습 정보수집 · 제공
- 평생학습 상담
- 평생학습 관계도서 및 자료실 운영

↔

평생학습관

- 평생교육 정보시스템 구축 및 관리
- 평생교육 프로그램 개발 · 운영
- 평생교육 연구
- 평생교육 종사자 연수
- 평생학습 정보수집 · 제공
- 평생학습 상담
- 평생학습 관계도서 및 자료실 운영

그림 3-1 한국의 평생교육 추진체계

평생교육기관별 평생교육사의 배치 수를 보면 평생교육기관 수의 경우 약 3,591개이다. 이곳에 평생교육사가 배치된 기관의 수를 보면 약 2,264명이다. 평생교육기관에서 평생교육사를 배치하여 기관을 운영하는 곳은 약 63% 정도이다. 그러나 실질적으로 평생교육전담인력은 약 16,746명인데 비하여 평생교육사 자격증을 미소지하고 평생교육을 전담하는 인력은 약 13,602명이다. 평생교육전담인력이 필요한 부분의 약 19%만 배치되어 있는 것이 현실이다. 평생교육전담인력이 가장 많이 필요한 곳은 원격 형태(6,110명)이다. 그 다음이 지식・인력개발 형태(3,214명)이다. 그러나 평생교육전담인력이 필요함에도 불구하고 원격 형태의 경우 겨우 11% 정도만 전담인력이 업무를 담당하고 있고 지식・인력개발 형태의 경우도 약 16% 정도 전담인력이 업무를 담당하고 있다.

평생교육기관별 평생교육사 배치현황은 다음 〈표 3-5〉와 같다.

표 3-5 평생교육기관별 평생교육사 배치현황 (단위: 개소, 명)

구분	기관수	평생교육사 배치기관수	전담인력 총계	평생교육사 자격증 소지자 수			
				없음	1급	2급	3급
계	3,591	2,264	16,746	13,602	147	2,833	164
초・중등학교 부설	11	3	29	26	0	3	0
대학(원) 부설	397	266	1,848	1,437	30	372	9
사업장 부설	328	296	1,297	919	4	365	9
언론기관 부설	376	245	965	702	11	234	18
지식・인력개발 형태	774	434	3,214	2,674	39	464	37
시민사회단체 부설	461	280	1,291	941	15	303	32
원격 형태	853	488	6,110	5,416	34	628	32
평생학습관	391	252	1,992	1,487	14	464	21

출처: 교육부・한국교육개발원(2011). 평생교육통계자료.

2. 평생학습제도

평생학습제도에는 어떤 것이 있는가?

국가평생교육진흥원(www.nile.or.kr)에서는 평생학습계좌제, 학점은행제, 독학학위제도를 운영하고 있다. 운영제도를 표로 제시하면 다음 〈표 3-6〉과 같다.

〈표 3-6〉 평생학습 제도 구분

구분	평생학습계좌제	학점은행제	독학학위제
목적	개인의 다양한 학습경험을 학습계좌(온라인 학습이력관리시스템)에 기록 · 누적하여 체계적인 학습설계를 지원하고 학습결과를 학력이나 자격인정과 연계하거나 고용정보로 활용할 수 있게 하는 제도로 전 국민! 남녀노소 누구라도 평생학습계좌 개설	학점은행제는 「학점인정 등에 관한 법률」에 따라 학교 안팎에서 이루어지는 다양한 학습과 자격을 학점으로 인정하여 전문대학 또는 대학교와 동등한 학위를 수여하는 제도	독학에 의한 학위취득제는 「독학에 의한 학위취득에 관한 법률」에 따라 스스로 학습한 정도가 학사학위 취득의 수준에 도달하였는지를 시험으로 측정하여, 합격한 사람에게 학사학위를 수여하는 제도
전공	모든 내용을 계좌에 등록할 수 있음	현재 표준교육과정에는 24개 학사학위의 109개 전공과 13개 전문학사학위의 109개 전공이 있음	국어국문학, 영어영문학, 경영학, 법학, 행정학, 유아교육학, 가정학, 컴퓨터과학, 정보통신학, 간호학(유아교육학/정보통신학의 경우 3단계부터 개설, 간호학 4단계 개설), 2014년 심리학 개설

(1) 평생학습계좌제

평생학습계좌제란?

개인의 다양한 학습경험을 학습계좌(온라인 학습이력관리시스템)에 기록 · 누적하여 체계적인 학습설계를 지원하고 학습결과를 학력이나 자격인정과 연계하거나 고용정보로 활용할 수 있게 하는 제도로 전 국민! 남녀노소 누구라도 평생학습계좌 개설이 가능하다.

평생학습계좌제가 필요한 이유는?

첫째, 개인의 평생학습 이력에 대한 사회적 인정 및 활용과 개인이 학교 밖에서 참여한 다양한 학습결과를 필요한 곳에서 활용할 수 있도록 하기 위함이다. 다양한 학습결과를 사회적으로 인정 · 활용함으로써 개인의 평생학습 참여 유인 제공 및 능력 중심 인재활용체제 구축을 위함이다. 둘째, 학습자의 학습선택권 보장 및 자기주도적 학습설계를 촉진하기 위하여 ① 전 생애 동안 자신이 참여한 평생학습 결과를 한눈에 파악하도록 함으로써 학습자 스스로 체계적인 학습설계와 관리를 할 수 있는 역량과 환경을 조성하기 위함이다. ② 평생교육 프로그램의 국가적 질 보장 및 DB관리를 통해 신뢰 높은 평생교육 프로그램에 대한 학습자의 선택권 보장과 효율적인 학습상담체제 및 학습이력관리 시스템 활용을 통한 학습자의 학습설계 및 관리 여건 조성을 위함이다.

국가평생교육진흥원에서 운영하는 평생학습계좌제를 제시하면 [그림 3-2][6] 개요와 같다.

6) 평생학습계좌제(http://www.all.go.kr/에서 2016.07.18. 검색)

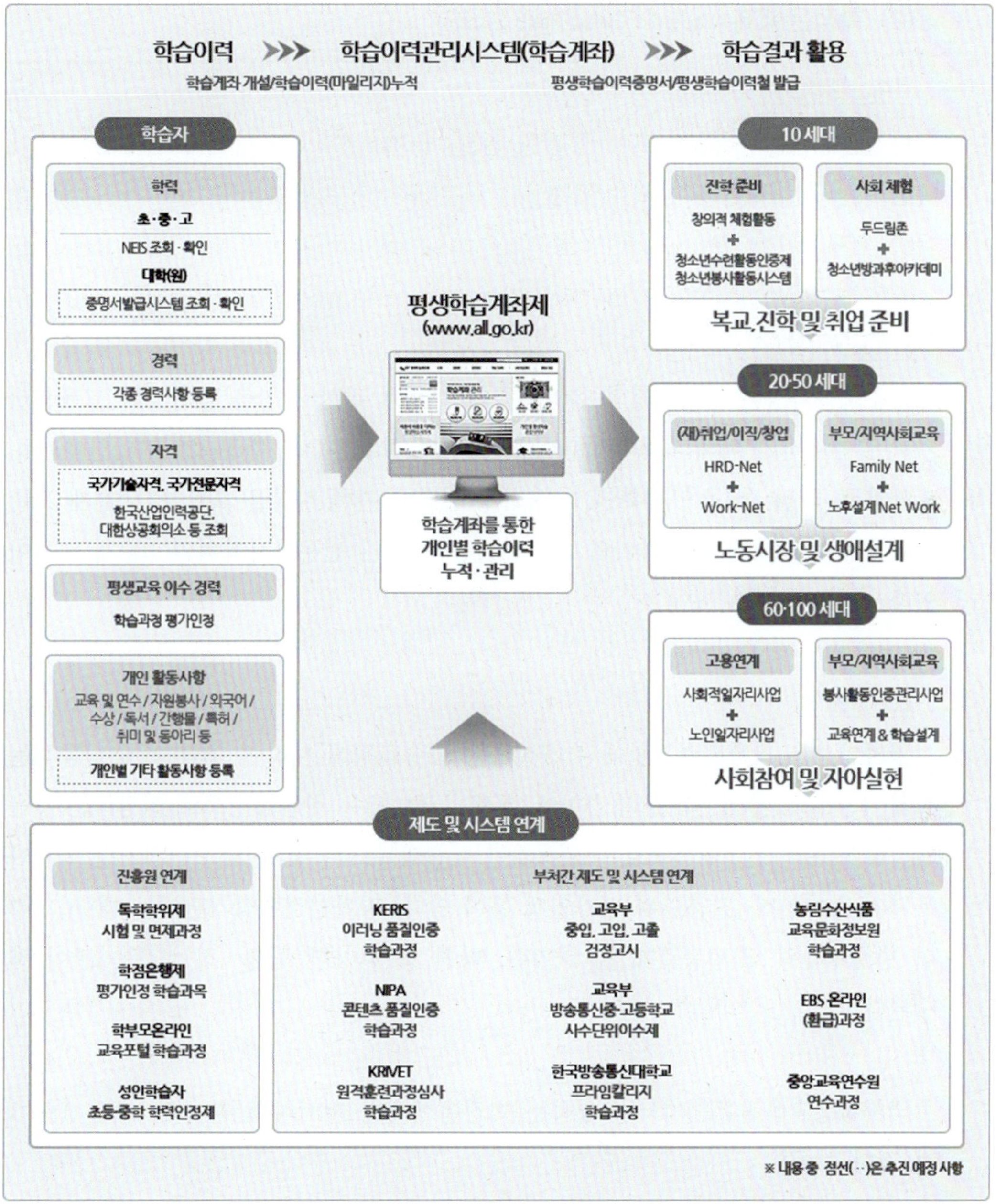

그림 3-2 평생학습계좌제 개요

(2) 학점은행제(Academic Credit Bank System)

학점은행제란?

학점은행제는 「학점인정 등에 관한 법률」에 따라 학교 안팎에서 이루어지는 다양한 학습과 자격을 학점으로 인정하여 전문대학 또는 대학교와 동등한 학위를 수여하는 제도이다.

표준교육과정?

표준교육과정은 평가인정과 학점인정의 기준에 관한 사항을 학습자와 교육훈련기관에 안내하기 위해 교육부장관이 고시하며, 학위종류와 전공, 전공별 전공과목, 교양과목, 학점 수, 수업시수 등 교육과정 전반에 관한 사항을 포함한다. 현재 표준교육과정에는 24개 학사학위의 109개 전공과 13개 전문학사학위의 109개 전공이 있다.

평가인정

평가인정은 교육훈련기관에서 개설하는 학습과정에 대하여 대학(교)에 상응하는 질적 수준을 갖추었는가를 평가하여 학점이 부여되는 학습과정으로 인정하는 것을 의미한다. 평가인정방식으로는 출석기반 학습과목단위 평가인정, 원격기반 학습과목단위 평가인정, 전공단위 평가인정 등이 있다. 평가인정대상기관에는 대학(교) 부설 평생교육원, 직업능력개발훈련기관, 학원 등 다양한 평생·직업교육기관이 해당된다.

국가평생교육진흥원에서 운영하는 학점은행제를 제시하면 다음의 [그림 3-3][7]과 같다.

7) 학점은행제(http://www.cb.or.kr/에서 2016.07.18.검색)

◎ **학위수여요건**

구분		학사학위	전문학사학위	
			2년제	3년제
①	총 학점	140학점 이상	80학점 이상	120학점 이상
②	전공	60학점 이상	45학점 이상	54학점 이상
③	교양	30학점 이상	15학점 이상	21학점 이상
④	의무 18학점 이상	이수학점 중 평가인정학습과목 또는 시간제등록을 통해 이수한 학점이 반드시 18학점 이상 포함되어야 함		
⑤	전공필수	전공필수는 희망하는 표준교육과정 전공에 따라 학점 수 또는 과목수로 반드시 충족해야 함. 전공별 필요한 학점 수 또는 표준교육과정에서 확인. [표준교육과정바로가기]		

◎ **학위구분 안내**

[1] 전공 : 전공은 전문적으로 하고자 하는 학위과정 및 분야의 과목으로 해당 전공자가 반드시 이수해야 하는 과목(혹은 학점)인 '전공필수'와 선택하여 이수할 수 있는 '전공선택'으로 이루어짐.

[2] 교양 : 교양은 사회생활, 학식을 바탕으로 이루어지는 품행과 문화에 대한 지식 함양을 위한 과목을 말함.

[3] 일반선택 : 일반선택은 희망 학위과정 및 전공의 전공과목도 교양과목도 아닌 다른 학위과정 및 전공의 전공과목을 말함

◎ **타전공 학위수여요건**

타전공 학위수여란, 학사학위 또는 전문학사학위를 취득한 자(이와 동등 이상의 학력이 있다고 인정되는 자 포함)가 다른 전공 분야의 학사학위 또는 전문학사학위를 취득하고자 할 때를 말하며 아래의 요건을 충족하여야 함.

근거

「학점인정 등에 관한 법률 시행령 제16조제1항제2호

구분	학위수여요건
학사학위	전공 48학점 이상
전문학사학위(2년제)	전공 36학점 이상
전문학사학위(3년제)	전공 42학점 이상
공통요건	• 전공필수요건 포함하여야 함. • 평가인정학습과목 또는 시간제등록을 통해 전공 18학점 이상을 이수하여야 함.

학점 취득방법 6가지

평가인정학습과목, 시간제등록, 학점인정대상학교, 독학학위제, 자격증, 중요무형문화재를 통해 학점 취득할 수 있음.

[1] 단, 자격증은 최대 1개까지 인정 가능.

[2] 모든 학점원은 학위취득 이후 이수한 학점에 한하여 인정 가능함.

[3] 졸업한 대학의 학점은 인정불가

학력인정 각종학교 졸업자도 타전공 학위취득이 가능함.

그림 3-3 학점은행제 학점취득방법

① 평가인정 학습과목은 교육기관(대학 부설 평생교육원, 직업전문학교, 학원, 각종 평생교육기관 등)에서 개설한 학습과정에 대하여 대학에 상응하는 질적 수준을 갖추었는가를 평가하여 학점으로 인정하는 과목이 있다.

② 평가인정대상학교가 있다. 학점인정대상학교(전적대학)는 고등교육법에 따른 대학 등으로 학점인정대상학교 중퇴 혹은 졸업 시, 학점은행제 학점으로 인정받을 수 있다.

③ 학점취득방법이 있다.

첫째, 전적대 방법이다. 기존에 졸업한 대학교에서 이수한 학점, 자퇴한 학점 등을 모두 가지고 올 수 있으며 학과에 맞춰서 전공·일반·교양 학점으로 인정을 받을 수 있다.

둘째, 시간제 등록 수업이다. 학점은행제 제도를 이용하면서 가장 많이 하는 제도이다. 시간제 등록수업에는 두 가지가 있다. ㉠ 시간제 등록이란, 「고등교육법」 제36조 제1항 및 「평생교육법」 제21조 또는 제22조에 따라, 대학(산업대학, 전문대학 및 원격대학 포함) 혹은 평생교육기관에서 입학생 외 일반인이 당해 대학의 수업을 이수할 수 있는 제도이다. ㉡ 학점은행제 교육기관에서 개설하는 평가인정학습이 있다. 주로 온라인강의로 과목을 이수하면 과목당 3학점씩 인정을 받는 제도이다. 온라인 강의로 과목을 이수할 경우 학점인정을 해 주는지 여부를 확인 후 인정하는 과목에 한하여 수강해야 학점으로 인정받을 수 있다. 평가인정 학습과목은 교육기관(대학 부설 평생교육원, 직업전문학교, 학원, 각종 평생교육기관 등)에서 개설한 학습과정에 대하여 대학에 상응하는 질적 수준을 갖추었는가를 평가하여 학점으로 인정하는 과목이 있다. 어떤 과목이 인정되는가는 국가평생교육진흥원 홈페이지에서 확인할 수 있다.

셋째, 자격증 취득이다. 국가자격증을 취득함으로써 해당자격증에 맞는 학점을 일반 혹은 전공 학점으로 인정받는 제도이다. 자격 학점인정 기준이란 「학점인정 등에 관한 법률」 제7조 제2항 제4호에 의거하여 국가자격과 국가의 공인을 받은 민간자격 중 대학의 학점과 동등하게 인정될 수 있는 수준을 지닌 자격에 대하여 학점을 인정해 주기 위한 기준을 의미한다. 자격별 학점인정의 세부기준은 교육부 장관의 승인을 받아 국가평생교육진흥원의 장이 매년 새롭게 고시하므로 국가평생교육진흥원 홈페이지에서 확인할 수 있다.

넷째, 독학사이다. 국가시험을 본 후 합격한 과목만큼 단계별로 학점으로 인정받는 제도이다.

다섯째, 문화재청장이 문화재위원회의 심의를 거쳐 무형문화재 중 중요한 것을 지정한 것을 중요무형문화재라고 하며, 학점은행제에서는 중요무형문화재(시 · 도지정 문화재 제외) 보유자 및 그 문하생의 전수교육에 대한 경험을 학점으로 인정하고 있다.

(3) 독학학위제(Bachelor's Degree Examination)[8]

독학학위제는

「독학에 의한 학위취득에 관한 법률」에 의거하여 국가에서 실시하는 학위취득시험에 합격한 독학자(獨學者)에게 학사학위를 수여함으로써 평생교육의 이념을 구현하고 개인의 자아실현과 국가사회의 발전에 이바지하는 것을 목적으로 하는 제도입니다.

독학학위제는

대학교를 다니지 않아도 스스로 공부하여 학위를 취득할 수 있습니다.
일과 학습의 병행이 가능하여 시간과 비용을 최소화할 수 있습니다.
언제나, 어디서나 학습이 가능한 평생학습시대의 자아실현을 위한 제도입니다.

독학학위제는

고등학교 졸업 이상의 학력을 가진 사람이면 누구나 시험에 응시할 수 있습니다.

8) 독학학위제(http://bdes.nile.or.kr/nile/about/about1_1.do에서 2016.07.18.검색)

학위취득시험은 4개의 과정(교양과정, 전공기초과정, 전공심화과정, 학위취득 종합시험)으로 이루어져 있으며 각 과정별 시험을 모두 거쳐 학위취득 종합시험에 합격하면 학사학위를 취득할 수 있습니다.

학위 취득 과정도

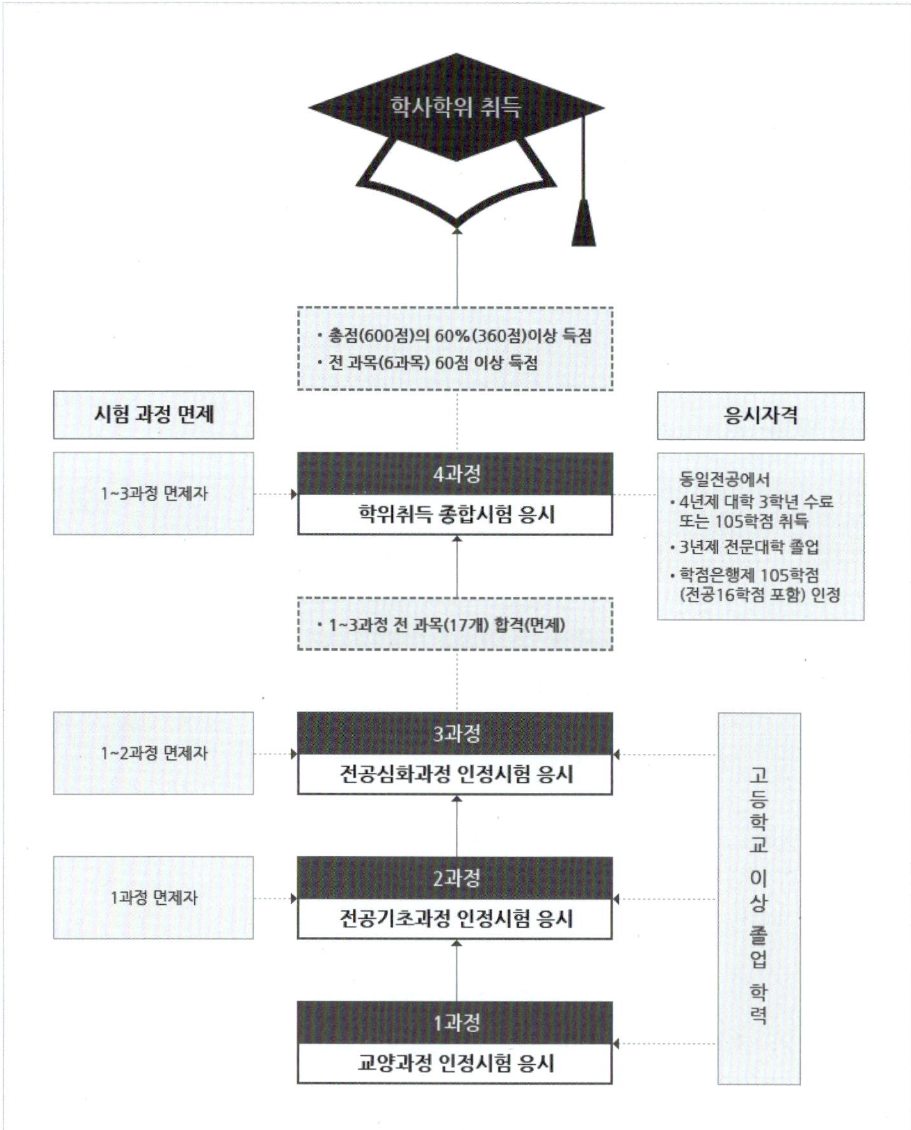

전공분야/과목

전공분야

독학학위취득시험은 **총 11개 전공**이 개설되어 있습니다.

국어국문학	영어영문학	심리학	경영학	법학	행정학
유아교육학	가정학	컴퓨터과학	정보통신학	간호학	

유의사항

- **유아교육학 및 정보통신학 전공** : 전공심화과정 인정시험 및 학위취득 종합시험만 실시
- **간호학 전공** : 학위취득 종합시험만 실시
- **중어중문학, 수학, 농학 전공** : 폐지 전공으로 기존에 해당전공 학적보유자에 한하여 응시 가능

Chapter

04

평생교육의 특징

개 요

이 장에서는 평생교육의 특징에 대하여 살펴본다. 평생교육의 특징도 ① 넓은 의미에서 평생교육의 특징이 있으며 ② 좁은 의미에서 평생교육의 특징이 있다. 넓은 의미에서 평생교육의 특징은 평생교육의 개념을 이념적 정의에 바탕을 두고 설명한 것이다. 좁은 의미에서 평생교육의 특징은 법적·제도적 정의에 바탕을 둔 것을 말한다. 흔히 평생교육의 특징이라고 하면 좁은 의미에서 평생교육의 특징을 말한다.

학습목표

1. 평생교육의 특징을 넓은 의미에서 설명할 수 있다.
2. 평생교육의 특징을 좁은 의미에서 설명할 수 있다.

1. 넓은 의미에서 평생교육의 특징

평생교육은 어떤 특징을 가지고 있는가?

평생교육의 특징을 말할 때 평생교육의 정의에 근거해서 구분해 볼 필요가 있다. 넓은 의미에서 평생교육이란 모든 형태의 교육을 통칭해서 말하는 것이다. 좁은 의미에서 평생교육은 학교교육을 제외한 모든 형태의 조직적인 활동의 특징을 말하는 것이다. 먼저 넓은 의미에서 평생교육의 특징을 살펴보면 다음과 같다(UNESCO Institute for Education).

넓은 의미에서 평생교육의 특징

(1) 평생교육의 개념은 삶(life), 평생(lifelong), 교육(education)에 기초해 있다.
(2) 교육은 형식적 학교교육으로 종결되는 것이 아니라 생애의 계속적 과정이다.
(3) 평생교육은 성인교육뿐만 아니라 교육의 모든 단계를 포함하고 통합한다.
(4) 평생교육은 형식적·비형식적·무형식적 교육을 모두 포함한다.
(5) 가정은 평생학습의 시작이며, 가정학습은 개인의 전 생애에 걸쳐서 계속된다.
(6) 지역사회는 직업영역뿐 아니라 생애에 걸쳐 계속적 교육기능을 수행한다.
(7) 교육기관은 교육적 독점기관으로 존재하지 않으며 개방적 자세를 가져야 한다.
(8) 평생교육은 수직적 차원, 시계열적 차원을 따라 계속성과 연계성을 추구한다.
(9) 평생교육은 생의 모든 단계에서 교육의 수평적·수직적 차원의 통합을 추구한다.
(10) 평생교육은 교육의 민주화를 대표한다.
(11) 평생교육은 내용, 학습도구와 기법, 학습시간에 있어서 융통성과 다양성을 특징으로 한다.
(12) 평생교육은 교육에 대해 역동적으로 접근한다.
(13) 평생교육은 대안적 패턴과 형태의 교육을 허용한다.

⒁ 평생교육은 인문적 요소와 직업적 요소를 포함하며 상호작용적이다.

⒂ 개인과 사회의 적응적 기능과 혁신적 기능은 평생교육을 통하여 성취된다.

⒃ 평생교육은 잘못된 부분을 바로잡는 교정적 기능을 한다.

⒄ 평생교육의 궁극적 목적은 삶의 질을 유지하고 향상시키는 데 있다.

⒅ 평생교육의 세 가지 중요한 전제조건은 기회 · 동기 · 학습력이다.

⒆ 평생교육은 모든 교육을 조직하는 원리이다.

⒇ 조작적 수준에서 평생교육은 모든 교육의 총체적 시스템을 제공한다.

2. 좁은 의미에서 평생교육의 특징

좁은 의미에서 평생교육의 특징을 살펴보면 다음과 같다.

좁은 의미에서 평생교육의 특징

(1) 교육기회 제공 확대이다.

개인의 잠재적 가능성을 평생동안 개발시킬 수 있는 균등한 교육기회를 제공한다. 시민단체, 종교단체, 기업체, 공공기관 등 필요한 교육을, 필요한 시기에, 필요한 만큼 배울 수 있는 특징이 있다.

(2) 교육내용의 다양화이다.

비형식 교육기관에서 실시하는 교육내용은 매우 다양하다. 학력보완, 성인 기초 · 문자해득, 직업능력 향상, 인문교양, 문화예술, 시민참여교육까지 교육내용의 폭은 매우 다양하게 전개되고 있다.

(3) 교육실시기관의 다양화이다.

학교 부설 평생교육기관에서부터 사업장 부설, 언론기관 부설, 지식 · 인력개발 형태, 시민단체 부설, 원격 형태의 교육 등 다양한 기관에서 다양한 프로그램, 다양한 방법, 다양한 시간대에 교육이 실시되고 있다.

(4) 교육방법의 다양화이다.

비형식 교육기관에서 실시하는 교육의 경우 강의는 물론 토의, 역할연기, 시뮬레이션, 각종 게임, VTR 시청, 워크숍, 팀워크게임, 산행, 오지체험, 해병대 캠프 등 교육방법이 매우 다양하게 전개된다.

(5) 교육참여 대상의 다양화이다.

평생교육에 참여하는 대상이 다양할 뿐만 아니라 동일한 교육 프로그램에 참여하는 대상 또한 다양하다. 예를 들면, 학교 같은 경우 비슷한 연령대, 비슷한 교육을 받은 대상이 동일한 교육과정을 수강하지만 비형식교육의 경우 동일한 프로그램을 청년에서부터 노인까지 함께 수강하기도 한다.

(6) 교수자가 다양하다.

학교의 경우 일정한 자격요건을 갖춘 사람이 교수자이지만 비형식교육의 경우 일정한 자격요건을 갖추지 않더라도 강의역량이 우수하면 강의가 가능한 것이 현실이다. 교수자가 수강자가 될 수 있고 수강자가 또한 교수자가 될 수 있는 것이 특징이다.

(7) 평생교육 프로그램 기간도 다양하다.

짧게는 1~2시간부터 길게는 3~6개월까지 이루어지는 교육도 있다.

(8) 교육이 이루어지는 공간도 다양하다.

실내 강의장은 물론 실외 운동장, 산, 강, 바다가 모두 교육이 이루어질 수 있는 공간이다. 물리적 공간뿐만 아니라 사이버 공간에서도 다양하게 이루어진다. 인터넷, SNS 등을 통해서도 교육이 이루어지는 것이 특징이다.

(9) 프로그램 개발 및 운영 형태도 다양하다.

자체개발, 위탁개발, 외국 도입, 자체운영, 위탁운영, 병행운영 등 다양하다. 수요자 중심으로 교육이 끊임없이 창출된다. 교육이 수요자 중심이기 때문에 교육 프로그램이 수강자가 없으면 사라지기도 하고 수강자가 많으면 더 많은 강좌가 개설되기도 한다. 프로그램을 잘 개발하면 언제든지 수강자를 모을 수 있는 것이 특징이다.

(10) 일정한 경험이 있으면 누구나 프로그램과 강의를 만들어 낼 수 있다. 자신이 좋아하거나 전문성이 있는 내용 중심으로 프로그램을 개발하여 네이버나 다음 카페, 페이스북 등을 활용하여 개설하여 홍보할 수 있다. 수강자가 모이면 자신이 직접 강의도 할 수 있는 것이 특징이다.

Chapter

05

평생교육의 역할

개 요

이 장에서는 평생교육의 역할에 대하여 살펴본다. 평생교육의 역할은 평생교육의 개념·목표·정책·실천과정·법적·정치적 상황 등에 따라 역동적 상호작용이 발생하는 매우 복잡성을 지니고 있다. 그러므로 평생교육의 역할은 보는 관점에 따라 달라질 수 있다. 평생교육의 역할은 형식교육인 학교에서 소홀히 하였던 부분을 보완하는 비형식 평생교육기관을 통하여 평생교육이 어떠한 역할을 수행하는지 초점을 맞추어 알아보는 것이 중요하다. 이 장에서는 ① 대안체제로서의 역할, ② 지역공동체 활성화 역할, ③ 사회체제 유지수단으로서의 역할 등에 대하여 구체적으로 살펴본다.

학습목표

1. 평생교육의 역할 3가지를 설명할 수 있다.
2. 평생교육의 역할 중 대안체제로서의 역할을 세분화 하여 4가지 이상 설명할 수 있다.

1. 대안체제로서의 역할

(1) 보완교육(Complementary Education)

형식교육기회를 받지 못하거나 중도 탈락한 개인에게 보완적 성격으로서 역할을 수행한다. 학교에서 실시하고 있는 각종 운동클럽, 취미활동, 단체활동 등은 학교에서 운영하기도 하지만 위탁하여 운영하기도 한다. 일반적인 형태의 보완교육은 학교기관을 이용하지 않고 외부교육기관에 위탁하는데 대표적인 것이 해병대캠프, 취업캠프, 보이스카웃, 걸스카웃과 같은 것이 있다. 보완교육으로서 평생교육은 학교에 재학하는 학생들과 학교교육을 이수하지 못한 학생들에게 학교에서 실시하기 어려운 교육을 다양한 방법으로 교육기회를 제공하는 역할을 한다.

(2) 보충교육(Supplementary Education)

학교교육을 이수한 사람들에게 학교 또는 이와 유사한 기관이나 단체에 의해서 계속적으로 보충교육의 기회를 제공하는 역할을 수행한다. 보충교육을 하는 방법은 매우 다양하다. 초등교육을 이수한 사람이 중등교육을 보충하기도 하고 중등교육을 이수한 사람이 고등교육을 보충하기도 한다. 학습내용은 자신이 보충하고 싶어 하는 프로그램 위주로 활용할 수 있는 방식으로 평생교육이 이루어진다. 예를 들면 문해교육이나 가정경제교육, 자기개발교육, 기능훈련 등이 있다.

(3) 대안적 성격 역할

제도적인 측면에서 평생교육의 대안적 성격은 고등교육을 위한 사회교육의 일환으로 평생교육제도가 실시되었다. 형식교육의 대안적 성격으로 1990년에는 독학학위제도와 1998년에는 학점은행제도 도입과 같은 것들이 실시되고 있다. 학교교육과정 가치체계와 상관없이 실행하는 교육으로 노인 대상 문해교육, 검정고시, 각종 시민단체교육 등이 여기에 해당된다. 대안적 성격의 한 축을 이루고 있는 부분은 고령사회(ageing society)[1]에 대한 대안교육이다. 현재 우리나라는 고령화사회로 노인 세대들이 급변하는 시대적 상황에 적절하게 대응해야만 바람직한 삶을 영위할 수 있게 되었다. 생활수준 향상과 평균수평이 연장되었으나 사회구조는 여전히 산업 사회의 구조를 계속하고 있다. 정신적 · 신체적으로 왕성한 활동을 할 수 있음에도 불구하고 기업체의 경우 55세, 공무원의 경우 60세에서 65세 사이에 대부분이 정년퇴직을 한다. 핵가족화와 같은 가족구조의 변화로 말미암아 가족의 유대의식도 약화되고 있다. 회사를 떠난 사람들과 노인들은 죽을 때까지 독립적인 생활을 해 나가야 하는 것이 현실이다. 평생교육은 사회적 위기상황과 노후생활에 효과적으로 대처할 수 있는 능력을 길러주는 역할을 수행할 수 있다. 고령사회에서 평생교육의 역할은 노령인구의 사회참여 기회를 제공하고, 평생학습의 기회를 확대하며, 심신건강의 증진과 노령인적자원의 재교육 등을 통해 평생교육의 역할을 수행해 나갈 수 있다(김오차, 2006).[2]

(4) 형식교육의 추가적 성격

빠르게 변화하는 환경에 대처하기 위해 실행하는 교육이다. 자기개발을 위해 영어회화를 하거나 교사들의 재교육, 기업체 연수 등이 평생교육의 추가적 성격이다. 인간의 평균수명이 길어지는데 사회변화주기는 매우 짧아지고 있다. 오늘 학습했던 내용이 쓸모없는 지식으로 전락할 수 있는 세상이다. 따라서 끊임없이 학습해야 하는 시대적 요구가 있다. 평생교육은 이러한 시대적 요구에 부합하는 역할을 하고 있다.

1) UN의 분류에 따라 통계청에서 분류하는 고령자는 65세 이상의 노인을 말한다. 전체 인구 중 65세 이상 노인의 비율이 7% 이상 14% 미만인 사회를 고령화사회, 14% 이상 20% 미만인 사회를 고령사회, 20%가 넘게 되면 초고령사회라고 한다. 현재 우리나라는 고령화사회이며, 2020년에 총 인구의 14%를 넘는 고령사회가 될 것이라고 예상한다.

2) 김오차(2006). 고령화사회에서 평생교육 역할에 관한 연구. **부모교육연구**, 3(1), 5-25.

2. 지역공동체 활성화 역할

국가는 경제성장 못지않게 지역사회 활성화 지역사회 구성원 상호 간 사회통합이 매우 중요하다. 평생교육을 통하여 국가는 지역공동체를 활성화해 나갈 수 있다. 개인과 집단의 평생학습이 결국 지역사회의 발전에 영향을 미친다. 평생교육이 지역사회 경제발전에 영향을 미칠 뿐만 아니라 지역공동체의 활성화에도 중요한 역할을 수행하고 있다. 평생교육법 제5조 제1항과 제2항에서 국가 및 지방자치단체는 모든 국민에게 평생교육 기회가 부여될 수 있도록 평생교육진흥정책을 수립·추진하여야 하고, 국가 및 지방자치단체는 그 소관에 속하는 단체·기관·사업장 등의 설치자에 대하여 평생교육의 실시를 적극 권장하도록 하고 있다. 최근 평생교육 영역에서 인적자본(human capital) 중심의 평생교육 한계를 극복하고 지역사회의 경제발전에 영향을 미치는 사회적 자본(social capital)에 대한 논의가 시작되었다.

지역공동체사회에서 사회적 자본이란 구성원들 간의 일체감, 정체성, 유기적 의사소통, 상호 신뢰, 평등한 참여를 기반으로 2차적으로 연결된 결속과 통합을 의미한다. 최근 일부 지역공동체에서 하고 있는 마을공동체[3] 사업의 경우 경제적인 측면뿐만 아니라 지역주민 간 유기적인 의사소통, 상호 신뢰를 기반으로 활발히 전개되고 있다. 사회적 자본은 결국 지역공동체 구성원들의 삶과 질이 연결이 되며 사회통합(social integration)의 기제로도 사용된다. 2001년 평생학습도시 조성정책과 같은 것도 같은 맥락에서이다. 이러한 평생학습도시는 지역주민의 평생학습을 통한 인적자원개발이라는 측면에서 지역인적자원개발(Regional Human Resource Development: RHRD)을 추진하여 궁극적으로는 전 국민의 학습과 경쟁력 향상을 통한 국가인적자원개발(National Human Resource Development: NHRD)을 추진해 나가고 있다(권대봉, 2010).[4]

3) 서울시 마을공동체 조례 제2조 정의에 의하면 마을공동체란 주민 개인의 자유와 권리가 존중되며 상호 대등한 관계 속에서 마을에 관한 일을 주민이 결정하고 추진하는 주민 자치 공동체이다.

4) 권대봉, 김재현, 김정주, 허선주(2010). 평생학습도시의 사회경제적 의미. HRD연구, 12(2), 19-44.

3. 사회체제 유지수단으로서의 역할

평생교육의 확대는 그 사회의 정치적·사회적 체제 유지를 강화한다(Knowles, 1980).[5] 국가는 총체적 교육체제 내에서 정규학교교육을 잘 운영해 나가야 할 뿐만 아니라 학교교육 외에 다양한 평생교육을 발전시켜 나감으로써 자본주의사회에서 소외되는 개인들에게 교육기회를 제공할 수 있다.

개발지상주의 시대의 평생교육과 관련한 많은 정책은 사회적 문제보다는 인적 자본에 초점을 둔 경제적 문제를 강조하였다. 평생교육은 국가와 시장주도로 이루어졌다. 평생교육은 개인과 사회의 해방수단이 아니라 교육의 효율성에 집중되어 있었다. 다양한 시민들의 요구는 반영되지 못했다. 때로는 평생교육이 국가의 대리인으로서 국가의 정치적 이념이나 정책을 홍보하고 정당화하는 역할을 담당한다. 국가가 원하는 방향으로 국민을 계도하는 모습을 보이기도 한다. 새마을운동이 대표적인 예이다. 이러한 측면에서 평생교육의 한 축이 이루어졌지만 그것이 전부는 아니다.

다른 측면에서 평생교육은 자본주의사회에서 여러 가지 이유로 교육기회를 박탈당한 개인들에게 탈출구를 제공해 주는 역할을 한다. 평생교육은 남녀노소 빈부격차에 관계없이 모든 사람에게 적용된다. 매슬로우(Maslow)는 모든 인간의 궁극적 욕구는 자아실현의 욕구로 보았다. 자아실현을 하기 위해서 배움이 필요하다. 배움의 기회를 잃은 사람들에게 그 기회를 제공해 주는 역할을 하는 곳이 평생교육기관이다. 경쟁사회에서 탈락한 개인이 비형식교육기관을 통해 다시 한 번 교육기회를 제공받고 삶의 질을 높여 감으로써 사회에 대한 불만을 해소해 나갈 수 있다. 이러한 측면에서 평생교육은 사회제체 유지수단으로서의 역할을 수행한다.

5) Knowles, Malcolm S. (1980). *Modern Practice of adult education*, Chicago: Follett Publishing Company.

4. 평생교육 역할에 대한 담론

최근들어 평생교육이 국가와 시장주도로 전략적이고 기능적으로 엄격해지고 있다(Alheit & Dausien, 2002).[6] 평생교육 자체가 신자유주의 경제원칙에 따라 경제와 직업적 이해관계에 많은 영향을 받고 있다. 한 나라의 이익을 증진시키고 시장의 기능을 원활하게 하기 위해 평생교육과 관련된 교육지표들은 표준화되고 있다(손준종, 2001).[7] 평생교육에 대한 법과 규정이 증가하고 학습내용들이 급증하고 있다. 평생교육기관이나 프로그램이 증가하고 있지만 법과 제도의 조건을 충족하는 데 급증해지고 있는 것이 현실이다(Schuller & Bamford, 2000).[8]

평생교육의 이념은 민주적이며 급진적이고 해방적이었다. 그러나 지금의 평생교육 현실은 그 이념과는 반대 방향으로 흘러가고 있는 부분이 많이 있다. 평생교육이 학교교육과 마찬가지로 제도화된 가치에 종속되는 결과를 초래하고 있다. 평생교육이 학교교육의 제도화를 비판하였지만 역설적으로 평생교육 또한 제도화되고 있다. 평생교육이 제도화될 경우 소규모 평생교육기관이나 자발적이며 생활공동체 중심의 교육활동이 위축될 가능성이 높다.

왜냐하면 소규모 평생교육기관들은 기술수준을 객관적으로 증명하고 확인해 줄 능력이 부족하기 때문이다. 평생교육의 자격증화 및 제도화 추세는 사회적으로 배제된 주변적인 사람들의 처지를 개선하는 것을 더욱 어렵게 만든다(구혜정, 2002).[9] 평생교육이 활발하게 논의되고 사회 전반에서 중요한 역할을 수행하기 때문에 법

6) Alheit, P. & B. Dausien (2002). "The 'Double Face' of Lifelong Learning: Two Analytical Perspectives on a 'Silent Revolution'", *Studies in the Education of Adults, 34,* Issue1, pp.3-23.

7) 손준종(2001). 평생교육담론의 세계적 수렴현상에 대한 비판적 논의. **평생교육연구**, 7(2), 177-199.

8) Schuller, T. & C. Bamford (2000). "A Social Capital Approach to the Analysis of Continuing Education: evidence from the UK Learning Society research programme", *Oxford Review of Education, 26*(1), 4-19.

9) 구혜정(2002). 사회적 자본을 형성하는 대안적 평생교육 탐색. 고려대학교 대학원 박사학위논문.

적 · 제도적으로 어느 정도 보완되어야 할 부분이 있지만 원래 평생교육의 이념에서 멀어지는 역할을 하게 되면 평생교육 자체가 학교교육과 비슷해질 가능성이 높다.

비형식교육이 형식교육화될 가능성이 높다는 것이다. 물론 우후죽순처럼 늘어나는 평생교육기관이나 시설, 프로그램들에 대한 정비가 필요하다. 그러나 지나친 규제로 인하여 이미 비형식교육이 형식화되는 경우가 상당히 많이 일어나고 있다. 평생교육기관로서의 지정을 받기 위해 평생교육사 자격증 배치, 평생교육기관 조건 마련 등이 엄격해질수록 본래 평생교육 이념에서 비추어 볼 때 평생교육기관으로서의 기능을 상실하게 될 가능성이 높다.

연구과제

1. 준형식 평생교육기관 중, 초·중등교육 형태 평생교육기관 운영기관에 대하여 조사해 보시오.

2. 준형식 평생교육기관 중, 고등교육 형태 평생교육기관 운영기관에 대하여 조사해 보시오.

3. 비형식 평생교육기관 중, 부설형으로 유·초·중등학교, 대학 및 전문대학에서 운영하는 평생기관으로 유·초·중등 및 대학(원) 부설 운영기관에 대하여 조사해 보시오.

4. 비형식 평생교육기관 중, 부설형으로 사업장 부설(산업체, 백화점, 문화센터) 등에서 부대기관으로 설립·운영하는 평생교육 운영기관에 대하여 조사해 보시오.

5. 비형식 평생교육기관 중, 부설형으로 언론기관 부설(신문, 방송) 등의 언론기관에서 운영하는 평생교육기관에 대하여 조사해 보시오.

6. 비형식 평생교육기관 중, 부설형으로 시민단체 부설(법인으로 행정관청에 등록하여 회원이 300인 이상인 시민사회단체가 소속회원 외에 일반 시민을 대상으로 운영하는 평생교육기관)에서 운영하는 평생교육기관에 대하여 조사해 보시오.

7. 비형식 평생교육기관 중, 독립형으로 지식·인력개발 형태(기업 또는 노동부와 연계하여 운영되는 기관으로 지식정보의 제공과 교육훈련을 통한 인력개발(HRD)을 주된 목적으로 운영하는 평생교육기관)이다. 이들 운영기관에 대하여 조사해 보시오.

8. 비형식 평생교육기관 중, 독립형으로 원격 형태(정보통신매체를 이용하여 특정 또는 불특정 다수인에게 원격교육을 실시하거나 다양한 정보를 제공하는 등의 교육을 시행하는 평생교육기관)의 운영기관에 대하여 조사해 보시오.

9. 비형식 평생교육기관 중, 전담형으로 교육청 신고가 아닌 교육청에서 지정한 평생교육기관으로 각 시·군·구 평생교육진흥원 및 평생학습관이 있다. 이들 운영기관에 대하여 조사해 보시오.

Part

02

평생교육 프로그램 개발의 이론적 기초

개 요

제2부 평생교육 프로그램 개발의 이론적 기초에서는 평생교육 프로그램 개발에 대한 이론적인 내용을 다룬다. 평생교육 프로그램 개발 관련 이론 중 ① 평생교육 프로그램 개발의 이해, ② 한국 평생교육 프로그램 분류, ③ 평생교육 프로그램 개발 이론, ④ 평생교육 프로그램 개발 모형에 대하여 살펴본다. 평생교육 프로그램을 개발한다고 할 때 무엇을 프로그램으로 볼 것인가에 대한 명확한 개념 정립이 필요하다. 이러한 개념 정립 후 평생교육 프로그램 개발과 관련된 기본적인 이론을 정립하는 것이 프로그램 개발자들에게 필요하다. 이론뿐만 아니라 실제 현장에서 평생교육 프로그램을 개발할 때 개발모형이 될 수 있는 여러 가지 모형을 이 장에서 제시한다. 그러므로 이 장은 실제 평생교육 프로그램을 개발하고자 하는 개발자에게 이론적 틀을 제공해 주는 역할을 할 것이다.

학습목표

1. 프로그램의 의미와 평생교육 프로그램의 의미를 비교하여 설명할 수 있다.
2. 평생교육 프로그램을 개발한다고 할 때 평생교육 프로그램 개발이란 무엇인지 설명할 수 있다.
3. 한국 평생교육 프로그램을 분류하는 방법으로 개발 주체에 따른 분류, 개발 용도에 따른 분류, 개발 목적에 따른 분류, 개발 구성범위에 따른 분류를 구체적으로 설명할 수 있다.
4. 평생교육 프로그램 개발과 관련된 이론 중 전통적 합리성 이론, 맥락적 상호작용이론, 순환론적 개발이론, 체제이론, 비판적 실천이론, 계획 실천이론 6가지에 대하여 설명할 수 있다.
5. 평생교육 프로그램 개발모형 중 CIPP모형, CBC모형, DACUM모형, IMPACT모형, ADDIE모형에 대하여 설명할 수 있다.

Chapter

06

평생교육 프로그램 개발 이해

개 요

이 장에서는 프로그램의 의미에 대하여 생각해 본다. 프로그램의 의미를 살펴보기 위해 ① 프로그램의 정의, ② 교육 프로그램의 의미, ③ 체계적 평생교육 프로그램 개발의 필요성 ④ 평생교육 프로그램 개발의 정의를 다룬다. 일반적으로 의미하는 프로그램 개발과 평생교육에서 다루는 프로그램 개발에는 어떤 차이가 있는지 구분해 볼 필요가 있다. 또한 평생교육에서 다루는 프로그램 개발에도 그 의미가 다양할 수 있기 때문에 평생교육 프로그램 개발에 대한 구분이 필요하다. 이러한 부분을 이 장에서 소개한다.

학습목표

1. 프로그램 개발의 의미에 대하여 설명할 수 있다.
2. 평생교육 프로그램이 합리적 · 과학적 · 체계적으로 개발되어야 할 필요성에 대하여 설명할 수 있다.
3. 평생교육 프로그램 개발이라고 할 때 평생교육 프로그램 개발의 의미를 교육체계설계 관점, 교육 프로그램 개발 관점, 거시적 교육과정개발 관점, 미시적 교육과정개발 관점에서 구체적으로 설명할 수 있다.

1. 프로그램의 정의

프로그램(program)은 일의 진행 계획이나 순서를 의미한다(인터넷 어학사전). 한국어 위키백과사전에서는 지시사항들이 나열된 순서를 프로그램이라고 부른다. 이러한 프로그램의 의미는 다양한 방면에서 다양한 용어로 사용되고 있다. 컴퓨터 프로그램 · 텔레비전 프로그램 · 행사 프로그램 · 교육 프로그램 등에서 많이 사용하고 있다. 프로그램의 어원은 라틴어 'Pro'와 'Graphein'의 합성어이다. Pro는 Before의 의미이며 Graphein은 to Write의 의미이다. 즉, 미리 써 놓은 것이다. 이러한 측면에서 프로그램에 대한 정의를 다시 정리하면 프로그램이란 '일의 진행 계획을 체계적으로 미리 설계한 목록'이다. 계획이란 앞으로 할 일에 대하여 추상적인 것을 구체적인 절차나 방법, 규모 등을 미리 헤아려 구상하는 것을 의미한다. 목록이란 이를 위하여 필요한 인력 · 예산 · 활동내용 · 방법 등을 일정한 체계에 의하여 실행할 수 있게 구체적으로 정리한 것을 의미한다.

2. 교육 프로그램의 의미

교육 프로그램의 개념을 세분화해서 보면 일상적 의미, 교육적 의미, 평생교육적 의미로 구분하여 볼 수 있다. 세분화한 내용을 정리하면 다음 〈표 6-1〉과 같다.

표 6-1 프로그램의 의미 구분

구분	의미	자주 사용되는 곳	결과물 예
일상적 의미 (사전적 의미)	• 인간의 실존적 가치를 무시한 채 일의 진행 계획이나 순서 • 단순히 상황만을 알리는 일상적인 프로그램	• 벚꽃축제 프로그램 • 시립합창단정기연주회 프로그램 • 영어회화 프로그램	팸플릿

구분	의미	자주 사용되는 곳	결과물 예
교육적 의미	교육목적을 달성하기 위해 참여자의 행동이 변화하도록 사전에 체계화시켜 놓은 교육내용(지식, 기능, 태도)	교육과정 (curriculum)	교재, 교안
평생교육적 의미	• 교육과정(curriculum)이나 코스(course)와 유사하지만 내용과 형식면에서 차이가 있음 • 평생교육을 위한 모든 능력과 자원을 포괄하는 개념 • 교육목표, 교육내용, 교육활동, 교육방법 등이 통합적으로 이루어지는 실체	평생교육 프로그램	리더십 프로그램 인성 프로그램 창의성 프로그램

교육 프로그램이라고 했을 경우 프로그램은 학자들에 따라 다양하게 정의된다. 1시간의 강의에서부터 1회의 워크숍, 2박 3일의 교육, 1년의 교육계획, 5년의 장기적인 교육체계, 교육기관에서 하는 모든 활동 등 다양한 형태로 프로그램이란 용어를 사용한다. 교육적 의미에서 프로그램이라고 했을 경우 주로 교육과정(curriculum)을 말한다. 교육적 의미에서 프로그램은 단순히 시간 순서에 따라 진행될 사건이나 활동만을 의미하지 않고 교육목표를 달성하기 위해 학습자들의 행동이 변화하도록 사전에 체계화시켜 놓은 교육내용(지식, 기능, 태도)을 의미한다. 이것을 교육과정이라고 한다.

프로그램(program)과 교육과정(curriculum)은 구별되는 특징이 있다. 사전적 의미의 프로그램은 일의 진행 계획, 순서나 절차를 미리 짜놓은 것이라면 교육과정은 전통적인 의미에서 보면 학교교육에서 학생이 입학해서 졸업할 때까지 달려가는 정해진 코스(course)에서 교사나 전문가에 의하여 사전에 계획되고 교육내용이 선정되어 학생들에게 일방적으로 제시되는 교육내용의 형태로 볼 수 있다. 교육과정(curriculum)은 넓은 의미에서 보면 코스(course)의 개념을 포함하다. 왜냐하면 교육과정의 어원은 라틴어인 '쿠레레(currere)'에서 비롯된 개념으로 명사로서의 커리큘럼은 주로(走路), 즉 달리는 코스(course)를 의미한다. 즉, 말이 정해진 코스를 달리며 경주하던 뜻에서 유래한 단어이다. 좁은 의미에서 보면 일정한 코스(course)에서 의도된 학습결과를 구조화시킨 교육내용(지식, 기능, 태도)을 의미한다. 프로그램과 교육과정을 좀 더 구체적으로 살펴보면 <표 6-2>와 같다. 교육 프로그램을 개발한다고 할 경우 일반적으로 교육 프로그램 구성요인을 추출하는 것을 의미하기도 하고 교육과정을 개발하는 것을 말하기도 하며 두 가지 요소 모두를 포함하기도 한다.

표 6-2 프로그램(program)과 교육과정(curriculum)의 비교

구분	프로그램(program)	교육과정(curriculum)
개발의 의미	프로그램 개발은 커리큘럼보다 훨씬 광범위한 개념으로 학습활동 수행을 위한 예산, 홍보, 평가 등의 관리과정까지 포함	커리큘럼 개발은 프로그램 계획의 하위과정 중의 하나로 단지 학습경험의 선정과 관련된 부분을 지칭
프로그램 개발 기본단위	사회교육기관 및 조직체	교육부 및 교육과정평가원
프로그램 개발 목적	직무능력 향상 및 실생활 문제해결	학생의 행동 및 능력 신장
교・강사 역할	Facilitator	Teacher
프로그램 개발 양상	단기적・역동적	장기적
프로그램 개발 근원	학습자 및 기관의 요구	학문적 구조
초점	제도권 외의 모든 학습활동까지를 포함하는 광범위한 의미	공교육제도권 내의 학습활동을 위한 계획을 의미
결과물	• 교육기획・설계・홍보・운영・평가 방법 구성 • 교육체계도 구성 • 교육 프로그램 구성요인 추출 • 교육과정 구성(교재) • 교안 구성(학습지도안)	• 교육과정 구성(교재) • 교안 구성(학습지도안)

평생교육적 측면에서 프로그램은 교육과정이란 용어보다 광범위하게 사용한다. 즉, "특정한 교육목적을 달성하기 위해 이루어지는 모든 활동"으로 정의할 수 있다. 왜냐하면 평생교육 프로그램은 형식과 내용이 매우 다양하기 때문이다. 이러

한 정의는 단순히 용어의 편의성 차원에서만 사용되는 것은 아니다. 평생교육학자들은 평생교육학만의 고유한 개념을 사용해야 한다고 주장해 왔다. Jedsen(1964), Mezirow(1971), Verner(1978), Long(1987)의 경우, 프로그램(program)이란 용어는 교육내용과 학습자의 체험에 초점을 맞추고 있는 교육과정(curriculum)의 개념과 순서와 활동만을 강조하는 활동계획(plan of action)의 개념을 유기적으로 재형성한 평생교육학의 고유한 개념으로 사용하였다(김진화, 2012 재인용).[10]

3. 체계적인 평생교육 프로그램 개발의 필요성

우리나라 평생교육 프로그램은 준형식 평생교육기관과 비형식 평생교육기관에서 다양하게 운영되고 있다. 일반적으로 평생교육 프로그램은 학교를 제외한 비형식 평생교육시설 중 학교 형태, 부설형, 독립형, 전담형, 복합형, 기타 평생교육기관에서 실시하고 있는 프로그램을 지칭한다. 평생교육기관이 양질의 교육서비스를 제공하기 위해서는 교육 프로그램을 실제로 실행하기 이전의 과정인 프로그램 기획 및 설계, 운영, 평가 등이 매우 중요하다.

평생교육 프로그램 개발은 사회의 변화 양상과 학습자의 요구 및 필요에 부응하기 위한 교육적 대응이다. 평생교육 분야는 그 수량이나 질적인 면에서 급속한 성장을 보이고 있다. 또한, 사회구조 변화와 생활수준 향상으로 평생교육에 대한 학습자들의 요구도 다양해지고 있다. 평생교육 프로그램은 학교교육과는 달리 그 대상, 내용, 시기, 방법, 장소 등이 매우 다양하고 이질적으로 편성될 수 있다. 현재 평생교육기관에서 실시하는 프로그램들은 기관 고유의 특성을 살리지 못한 채 많은 기관에서 실시되고 있는 프로그램들이 유사성을 보이고 있다. 한 기관에서 프로그

10) 김진화(2012). **평생교육 프로그램개발론**. 파주: 교육과학사.

램을 운영하면 다른 기관에서는 거의 모방하여 프로그램을 운영하고 있는 것이 현실이다. 즉, 전문적이고 체계적으로 프로그램을 개발하거나 운영되지 못하고 있다.

그 이유는 평생교육의 특성에 기인한다. 평생교육 특성 중 첫째, 수요자 중심의 교육 때문이다. 교육수요가 있는 경우 즉시적으로 프로그램을 운영해야 한다. 프로그램 개발절차에 의해서 개발할 경우 시간이 오래 걸리기 때문에 타 기관에서 하는 프로그램을 그대로 따라하거나 유사한 프로그램으로 운영하거나 약간 수정하여 운영하는 경우가 많다.

둘째, 평생교육기관들의 영세성이다. 평생교육기관들이 대부분 영세하기 때문에 프로그램 개발비용을 들여 평생교육 프로그램을 체계적으로 개발할 여유가 없다.

셋째, 평생교육 프로그램 개발의 효과에 대한 불신 때문이다. 평생교육 프로그램을 체계적으로 개발하여 운영한 것과 유사한 프로그램이나 기존에 나와 있는 프로그램으로 운영한 것이 별 차이가 없다고 생각하기 때문이다.

넷째, 평생교육 현장에서는 평생교육 프로그램도 중요하지만 평생교육 강사들의 강의 전달능력에 많이 의존하기 때문에 프로그램 개발에 비중을 두지 않는 경향이 있다. 강사를 잘 섭외하면 강사의 전문성에 따라서 프로그램 개발을 하지 않더라도 어느 정도 교육내용의 질을 확보할 수 있다고 생각하기 때문이다.

다섯째, 평생교육 프로그램에 대한 독창적인 개발을 하기보다 외국 평생교육 프로그램을 그대로 모방하여 도입하는 경우가 많다. 왜냐하면 이것이 훨씬 더 쉬울 뿐만 아니라 시장에서 더 유용하게 작용하기 때문이다. 외국 프로그램을 도입했을 경우 아무런 검증이 없어도 수요자들은 독창적인 프로그램 개발보다 외국 프로그램을 더 신뢰하는 경향이 있다.

여섯째, 평생교육 프로그램 개발 전문가 부족이다. 평생교육 분야에 근무하는 종사자들의 경우 평생교육사 자격증 소지자도 물론 있지만 평생교육 프로그램 개발 전문성이 매우 미흡한 것이 현실이다. 교육학 분야를 공부하지 않더라도 평생교육 분야에 근무하는 종사자들이 허다하다. 이러한 이유들 때문에 평생교육 프로그램 개발이 체계적으로 이루어지지 않고 있으며 주먹구구식, 짜깁기식, 무분별한 외국 프로그램 도입, 백화점식으로 나열하여 프로그램이 운영되고 있다.

4. 평생교육 프로그램 개발 정의

평생교육 프로그램 개발이란 성인교육 원리에 근거하여 평생교육기관에서 제공하는 모든 형태의 교육활동 프로그램을 기획(program planning)하고 프로그램을 설계(program design)하며 프로그램을 홍보(program marketing)하고 프로그램을 운영(program implementation)하며 프로그램을 평가(program evaluation)해 나가는 과정을 말한다.

평생교육 프로그램 개발은 거시적 접근과 미시적 접근을 구분하여 생각해야 한다. 거시적 접근에서 평생교육 프로그램 개발이란 평생교육기관에서 제공하는 모든 형태의 교육활동을 설계하는 것을 말한다. 미시적 관점에서 평생교육 프로그램 개발이란 특정 내용을 학습하기 위한 각각의 개별학습 과정을 설계하는 것을 말한다. 이때 각각의 개별학습 과정을 설계한다는 의미는 개별학습 과정의 모듈을 구성하는 것이다. 모듈을 구성한다는 것은 두 가지 측면을 고려한다는 것인데, 여기에는 프로그램의 구성단위(모듈)를 선정하는 측면과 각각의 단위를 구성하는 교육내용을 개발하는 측면이 있다. 따라서 미시적 평생교육 프로그램 개발을 논의할 경우 이 두 가지를 세분화하여 고려해야 한다.

예를 들면, 지식 · 인력개발 형태 평생교육기관에서 '성품기반 리더십 프로그램 개발'을 한다라고 했을 경우 거시적 측면에서 프로그램 개발이란 성품기반 리더십 프로그램을 어떻게 개발할 것인지 기획하고, 설계하고, 홍보하고, 운영하고, 평가하는 부분이 있다. 미시적 측면에서는 두 가지를 해야 한다. 첫 번째로 성품기반 리더십을 어떻게 구성할 것인지, 구성단위(모듈)를 설정해야 한다. 예를 들면 성품을 구성하고 있는 리더십 요인을 어떻게 찾을 것인가?에 대한 구성요인을 찾아야 한다. 두 번째로, 학습자가 구성된 요인을 학습할 수 있도록 구체적인 교육내용을 개발해야 한다. 교육 프로그램 의미에 바탕을 둔 교육프로그램 개발에 대한 개념을 제시하면 [그림 6-1] 교육 프로그램 개발에 대한 개념도와 같다.

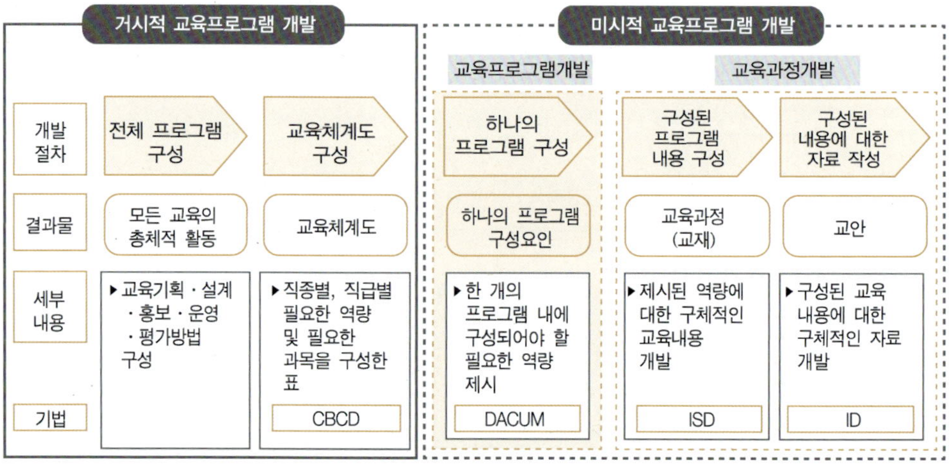

그림 6-1 교육 프로그램 개발에 대한 개념도

프로그램 개발 이해를 돕기 위하여 거시적 교육 프로그램 개발 중 전체 프로그램 구성, 교육체계도 구성, 하나의 프로그램 구성, 구성된 프로그램의 내용 구성, 구성된 내용에 대한 자료 작성 등에 대한 실제 예를 살펴본다. 또한 ○○업체에서 요청한 제안요청서를 소개한다. 이 요청서를 바탕으로 컨설팅 기관에서는 제안을 하고 프레젠테이션을 통하여 수주를 한다. 이 요청서에서 제시한 내용의 경우 교육 프로그램 개발 중 어느 위치에 있는지 토의해 보기 바란다.

1. 거시적 교육 프로그램 개발: 전체 프로그램 구성 예

거시적 교육 프로그램 개발이란 모든 교육의 총체적 활동을 기획하고 설계하고 홍보하고 운영하고 평가하는 활동이다. 예를 들면 ○○회사에서 교육훈련 체계를 수립하고 이를 실행하며 교육과 인사와 관련된 성과관리 제도는 어떻게 운영해야 하며 교육제도(교육이수학점제도, 사내강사양성제도 등)를 어떻게 설계하고 운영할 것인지, HRD 시스템(수강신청, 개인이력관리, 교육운영 등)을 어떻게 설계하여 운영할 것인지, HRD 운영은 어떻게 할 것인지 등에 관하여 전반적인 컨설팅을 하는 것을 말한다. 이를 도식화 하면 아래 〈표 6-3〉과 같다.

표 6-3 거시적 교육 프로그램 개발: 전체 프로그램 구성 부분

구성	세부내용
교육훈련 체계	• 교육체계수립이 구성되어 있는가? 만약 구성되어 있다면 아래의 내용을 충실히 반영하고 있는가? – 현재의 교육체계는 무엇을 기준으로 분류되어 있으며, 현 분류기준을 통해서 구성원들의 역량 향상을 위한 종합적인 정보를 제공하는가? – 직원의 역량 수준에 따른 맞춤형 교육을 위한 수준별 교육과정이 마련되어 있는가? – 조직의 비전 및 중장기 전략 등과 연계하여 수립되어 교육과정이 기획되고 운영되고 있는가?
교육제도	• 교육활성화 및 학습동기 유발을 위한 교육제도는 운영되고 있는가? 예) 교육이수학점제도, 사내강사양성제도 등
성과관리 제도	• 교육 실시 후 체계적인 교육평가가 이루어지고 있는가? • 교육평가 결과는 교육과정의 개선을 위해 활용되고 있는가? • 교육평가 결과는 개인별 성과 또는 업적 평가 시 인사고과에 반영하고 있는가?
교육운영	• 현재 운영 중인 교육 규모 및 지표(교육인원/교육비)는 적절한 수준인가? • 교육운영을 자체적으로 하는 것이 좋은가? 아니면 위탁하는 것이 좋은가?
HRD 시스템	• 교육운영관리(수강신청, 개인이력 등)를 위한 시스템에서 제공되는 주요 정보는 합리적이고 효율적인가? • 교육운영과정에 따른 교육기회 및 실행이 가능하도록 교육시스템이 구현되어 있는가? • 시스템에서 보유하고 있는 기능에는 어떠한 것들이 있으며, 그 기능들은 HRD담당자 즉 사용자 입장에서 이용이 편리하게 구성되어 있는가?

2. 거시적 교육 프로그램 개발 : 교육체계도 구성

거시적 교육 프로그램 개발에 교육체계도가 있다. 교육체계도는 필요한 인재 육성에 대한 구체적 방법과 체계적으로 수행할 계획을 한 장의 그림으로 종합해 놓은 Master Plan을 의미한다. 이러한 교육체계도는 요구분석을 통한 우리 조직의 교육요구를 확인하고 이에 대한 해결책을 제시하여 현실적으로 계획했던 인재를 육성하고 활용할 수 있는 실천 방향을 제시하는 것이다. 교육체계 수립 방법은 역량중심, 직무분석 중심, 설문조사 방법 등 여러 가지가 있다. 교육체계 수립 방법 절차의 경우 기관의 요구에 따라 달라질 수 있다. 여기서는 교육체계 수립 절차에 대한 예시를 그림으로 두 가지 제시한다.

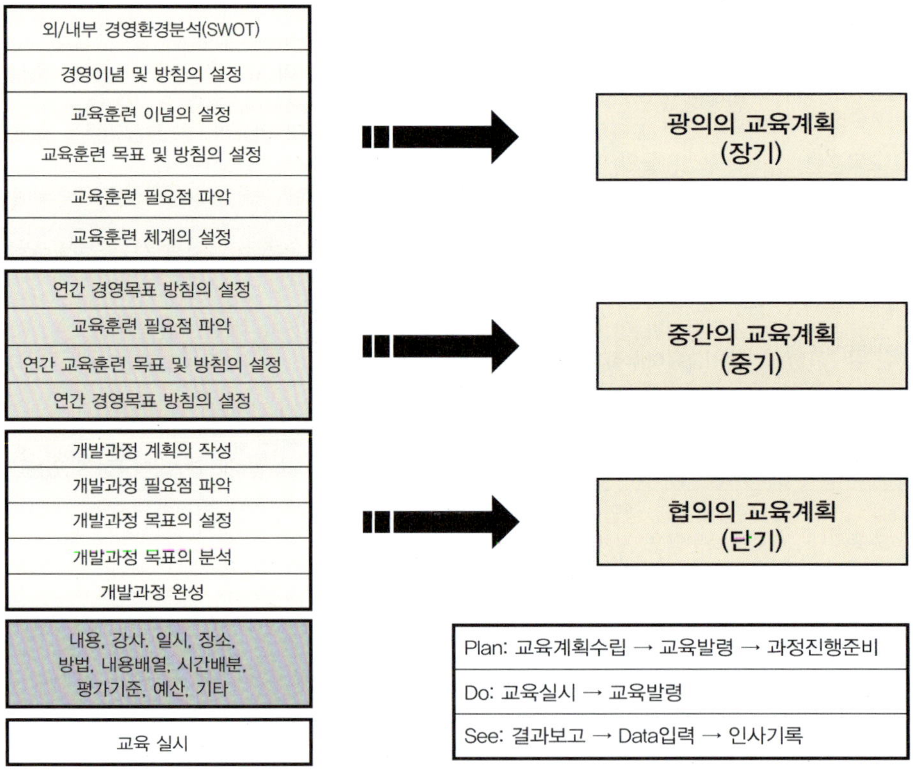

그림 6-2 교육체계 수립 절차 1

5-3. 일반적 학습체계 수립 Flow

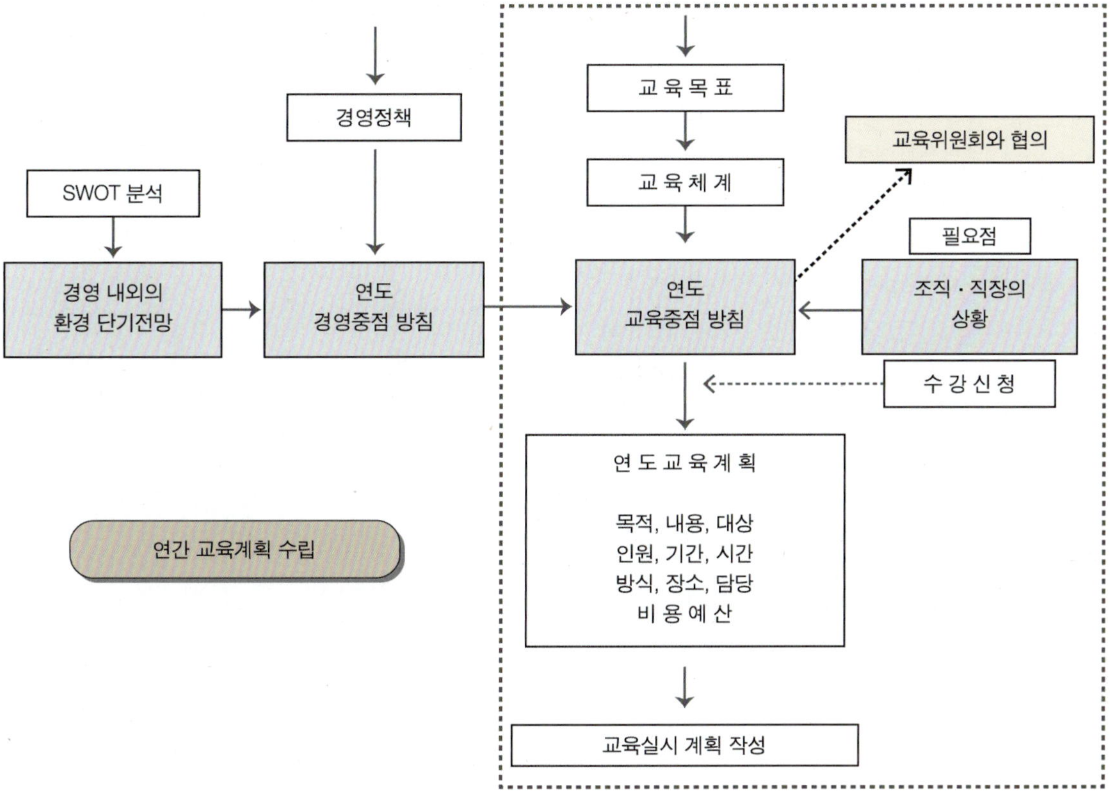

그림 6-3 교육체계 수립 절차 2

이러한 절차에 따라 완성된 교육체계도의 예는 아래 [그림 6-4]와 같다.

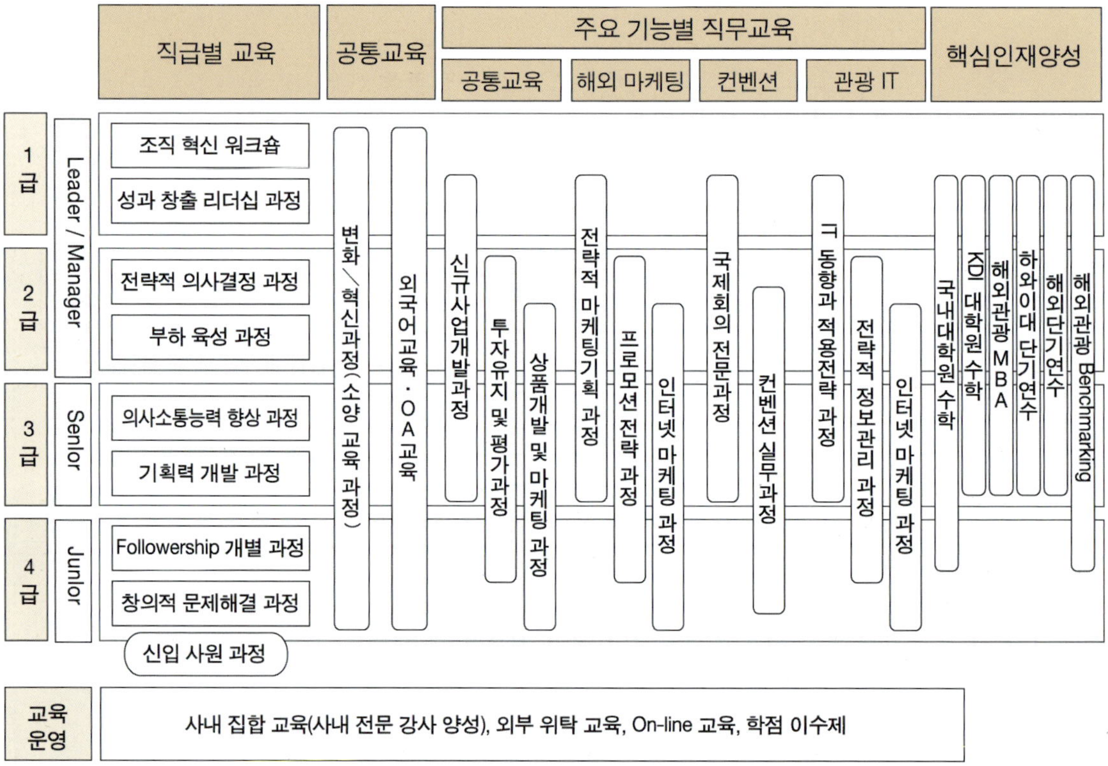

그림 6-4 교육체계 수립 H사

5-4. 학습체계도 작성 예(K사)

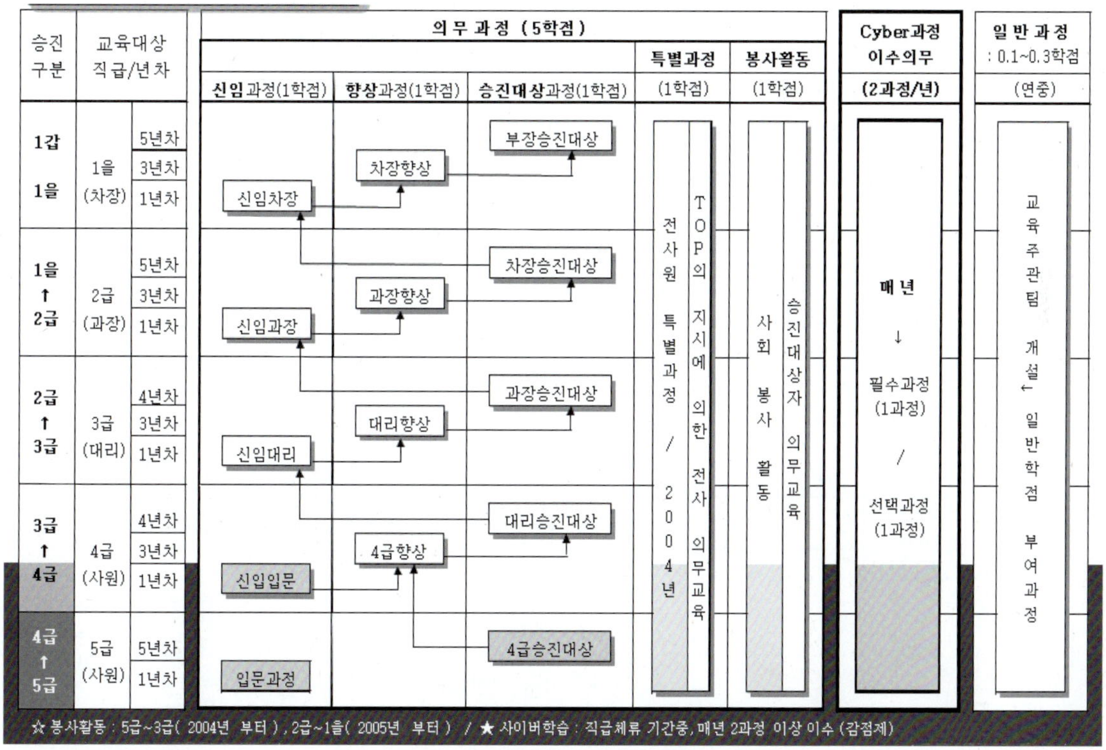

그림 6-5 교육체계 수립 K사

3. 미시적 교육 프로그램 개발 : 하나의 프로그램 구성 요인

미시적 교육 프로그램 개발은 크게 교육 프로그램 개발과 교육과정 개발로 구분해 볼 수 있다. 교육 프로그램 개발에는 하나의 프로그램 구성요인을 찾아서 한 개의 프로그램 내에 구성되어야 할 필요한 역량을 제시하는 부분이 있고, 교육과정 개발에는 구성된 프로그램의 내용을 개발하는 부분과 구성된 내용에 대한 교안을 만드는 부분이 있다. 핵심가치를 내재화하기 위한 프로그램을 개발한다고 할 때 핵심가치와 관련 있는 역량의 구성요인을 추출하는 부분의 예는 〈표 6-4〉 프로그램 개발을 위한 역량 구성요인 추출과 같다.

표 6-4 프로그램 개발을 위한 역량 구성요인 추출

핵심가치	역량 구성요인 추출		시간
도전	개인	열정, 용기, 인내	8
	팀/조직	동기부여, 변화, 비전/이슈 창출	
헌신	개인	성실, 인격적 도덕성, 자기헌신	
	팀/조직	봉사, 솔선수범, 충성, 희생	
전문성	개인	업무 전문성, 자기계발, 창의	6
	팀/조직	위기관리력, 의사결정력, 자원관리	
팀워크	개인	–	8
	팀/조직	갈등관리, 대인관계 형성, 의사소통, 임파워먼트, 책임, 코칭능력, 협동심	

위의 역량 구성요인을 추출하는 방법으로는 문헌분석, 초점집단 면접, 델파이 방법, 역량추출방법 등이 있다. 문헌분석의 경우 관련되는 문헌을 통하여 해당하는 핵심가치를 어떻게 정의하고 있는지 살펴본다. 초점집단 면담의 경우 구조화된 면담을 통하여 언급한 내용을 단어로 코드화하여 어떤 단어가 가장 빈번하게 언급되었는지 파악하여 구성요인을 추출하게 된다. 델파이 방법의 경우 전문가 집단에게 구성요인

을 질문하여 표준편차가 줄어드는 요인들을 중심으로 구성요인을 추출한다. 역량추출방법의 경우 전문가집단 워크숍을 통하여 역량을 추출하고 역량과 관련된 key word를 찾아낸다.

4. 미시적 교육 프로그램 개발 : 교육과정 개발

미시적 교육 프로그램 개발은 크게 교육 프로그램 개발과 교육과정 개발로 구분해 볼 수 있다. 아래의 제안요청서를 참고하면 이해가 쉬울 것이다. 아래 제안요청서의 경우 프로그램 개발을 위한 역량 구성요인 추출이 된 상태에서 제시된 역량에 대한 구체적인 교육내용 개발을 위한 것으로 볼 수 있다. 아래 제안서를 보면 현장에서 교육 프로그램 개발이라고 할 경우 실질적으로 어떤 내용을 위주로 진행되는지 참고할 수 있을 것이다. 또한 현장에서 프로그램 개발자에게 어떤 내용을 위주로 요청되고 있는지도 살펴볼 수 있어서 ○○기관에서 입찰 공고한 제안요청서를 참고로 제시한다.

제 안 요 청 서

❑ **사 업 명** : 「 2017년 리더십 및 조직 활성화 교육운영 용역」

❑ **사업목적**

❍ 비전과 경영이념 내재화를 통한 구성원의 자긍심 향상 및 조직활력 제고를 위한 현장간부의 리더십 강화

❍ 직급별 및 직위별 체계적인 교육과정을 통하여 역할 변화에 부합하는 단계별 리더십 함양

❍ 핵심가치에 대한 공감대 형성 및 구성원 간의 다양성 이해를 위한 소통 실천과정을 통하여 조직 활성화

❑ **사업기간** : 계약체결일부터 2017.12.12.까지

❑ **사업예산** : 금131,200천원(VAT 포함) 별지 1 참조

❑ **입찰 및 계약방법** : 제한경쟁(협상에 의한 계약, 중소기업자 간 경쟁)

❑ **사업범위**

❍ 직급 · 직위별 리더십 프로그램 개발 및 운영 교육생 역량진단

❍ 직위 및 직급별 현업사례 리더십 개발

❍ 사례를 통한 리더십 실천 방안 매뉴얼 개발 · 제작

❑ **사업수행 방향**

❍ 직급 · 직위별 맞춤형 교육운영

❍ 현업 중심의 실천적 리더십 개발을 위한 교육과정 구성

❍ 다양한 업무 사례를 활용한 참여식 교육운영으로 현장 밀착형 리더십 스킬 개발 및 현업적용도 제고

– 지사장, 부장, 차장, 실무자 등 역할에 맞는 리더십 수행

❍ 교육 사후관리 체계 강화를 통한 교육성과 만족도 제고

※ 교육 강사와 사전 워크숍을 통해 공단 맞춤형 교육과정 구성

1. 교육 개요

❑ 승진자 기본교육

❍ 2급 승진자 : 중견관리자로서 변화관리 및 의사결정 역량

❍ 3급 승진자 : 초급관리자로서 팀워크 조성 등 리더십 교육 강화 및 기획력 함양

❍ 4~5급 승진자 : 자기주도적 역량강화를 통한 팔로워십

❑ 향상과정(어드밴스드 · 챌린지 · 리프레쉬)

❍ 직급 · 직위별 중점역량 체계화 및 현업실천에 관한 코칭 및 피드백

❑ 조직활성화 과정

❍ 핵심가치 내재화를 통한 긍정의 조직문화 형성

❑ 교육장소 : ○○○

❑ 운영방법 : 1개반 50명 내외로 편성 · 운영하며 사업주 직업능력 개발 훈련에 따른 인정 처리된 과정에 대하여 고용보험 환급과정 진행

2. 과정별 교육시간

❍ 내부강사 교육은 임원특강 및 개별 부서 교육으로 운영

❍ 외부강사 교육은 위탁 운영

구분		총 교육시간	00 자체 교육	외부 위탁 교육	비고
승진자	2급 승진자 기본교육	32H	10H	22H	1개반
	3급 승진자 기본교육	64H	10H	54H	1개반
	4급 승진자 기본교육	32H	10H	22H	3개반(2회차)
	5급 승진자 기본교육	32H	10H	22H	2개반

※ 과정차수별 교육시간

※ 위탁업체 주관의 교육시간 감소 시 과업예산은 향후 정산

3. 세부 교육 내용

❑ 승진자 과정

❍ 내부강의 : 내부 전문가(임원특강, 공단현안)

❍ 외부강의 : 특강강사 및 전문강사(직급 · 직위별 리더십 분야)

구분	2급 승진자 기본교육(32H)	3급 승진자 기본교육(64H)
중점 역량	• 전략적 사고, 조직관리, 성과창출 및 성가평가	• 기획력, 협의 · 조정, 성과관리
교육인원	• 19명	• 53명
교육일정	• (4박 5일)	• (8박 10일)
교육 내용	• 갈등관리 및 소통 강화 • 전략적 사고를 통한 성과 창출 및 변화관리	• 조직·팀 성과관리의 이해 • 창의적 문제 해결 • 코칭, 동기부여 • 팀워크 조성 등
교육방법	강의, 영상, 토론, 외부엑티비티 등	강의, 영상, 토론, 외부엑티비티 등
선정기준	2급 승진자	3급 승진자

1. 과정 범위

❑ 과정별 주요 내용설계 및 교육방법 개발

○ 과정구성 방향

– (도 입) 리더십 진단 · 역할 인식을 통한 자기성찰 등 교육생들의 몰입도 제고 · 만족도를 높일 수 있는 프로그램 및 교육자료 개발

– (전 개) 주요 교육내용 및 과정별 중점역량 등을 반영하여 과정 구성

– (마무리) 토론, 참여, 체험 등을 통한 실천방안 수립, 교육 리뷰

○ 직위 · 직급별 **독창적이고 차별화된 과정**(안) 제시

○ 과정 구성에 따른 교보재 개발 및 교재 제작·제공

※ 교재 제작은 00과 협의하여 진행

○ 직급 · 직위별 리더십 운영 교육생 역량진단 및 분석

○ **교육수료 후 현업적용도를 높일 수 있는 학습전이 도구 제시**

○ **○○ 사례를 통한 리더십 실천 방안 매뉴얼 개발·제작**(파일)

○ 기타 사항

– 과정별 인문학 특강(2H) 및 야외교육(2~5H) 프로그램 운영(팀워크 강화)

– 야외활동에 따른 안전대책, 우천 시 대체 교육방안 등

– 소양교육(인문학 특강 2H*) - 지역본부(7개)

❑ 교육 운영

○ 과목별 해당 분야 전문강사 배정 및 강의

※ 투입강사 기본 자격요건(고용보험 환급과정 요건)
근로자직업능력개발법 제33조, 동법 시행령 제27조의 규정에 의한 '직업능력개발 훈련을 위하여 근로자를 가르칠 수 있는 사람'으로서 2년 이상의 경력자

❍ 시간표, 명찰 제작, 출결관리 등 교육 진행 관련 업무 수행

– 교육진행상황 자료수집 · 정리
교과목별로 교육진행상황 촬영(동영상, 사진)
※ 수집된 자료는 완료보고서에 포함하여 제출

❑ **교육성과 분석 및 피드백**

❍ 교육운영 결과는 교육실시 효과를 최대한 객관적으로 분석하여 과정별 교육운영 결과(중간) 및 교육운영 최종보고서로 구분

❍ 교육성과 분석을 위하여 과정에 특성에 따라 1단계 평가(만족도), 2단계 학습전이도(교육 전 · 후 진단), 3단계 평가(현업적용도)로 구분 시행

※ 설문조사 내용과 중간보고할 사항은 발주기관과 협의하여 결정

❍ 교육내용의 현업적용도 강화 등을 위해 리더십 과정에 한하여 팔로워업(Follow up) 세션 및 액션플랜에 대한 그룹 피드백 실시

2. 제안 시 포함 내용

❑ 과정 설계 시 공단 특성 및 공단 사례 접목 방안

❑ 과업수행내역에 따른 과정 주요내용과 시간 편성 등

❍ **각 과정별 독창적이고 차별화된 교육내용 구성 및 교육내용에 따른 교육방법 구체적 제시(학습도구, 교수기법 등 포함)**

❍ **교육내용에 적합한 학습자료, 강의자료 개발방안**

❑ 강사 운영진(Pool) 및 교육 이력 제시

❍ 경력증명서, 학위증명서 제출(고용보험환급 과정 시 필수사항)

❑ 교육진행보조요원 운영 및 야외 활동 등에 따른 안전대책방안 제시

❑ **교육성과 분석 및 피드백 방안, 기타 추가 제안사항 제시 등**

3. 산출물

❑ 착수보고서(수행계획서) 제출 : 계약 후 5일 이내

❍ 교육 종합공정표, 수행기구표(참여자 명단, 담당업무 등 포함)

❑ 결과보고서

❍ 과정별 교육운영 결과보고서(교육 종료 후 2주 이내)

강의교재, 교육운영 내용, 교육성과, 교육만족도 등 포함

○ 현업적용도 결과보고서 : 현업적용도 조사 후 10일 이내 보고

○ 최종보고서

교육운영 결과보고서에 현업적용도 조사결과 및 시사점 등(교육결과 종합분석 및 향후 개선방안 등 포함, 기타 과업수행기간 중 발생한 모든 자료 취합・정리)

※ 보고서는 서면 2부, CD 1매(CD는 최종보고서 제출시 최종산출물, 사진, 교재 및 파일 등 전수 첨부) 제출

○ 2급 승진자 교육

<table>
<tr><th>구분</th><th>1일차</th><th>2일차</th><th>3일차</th><th>4일차</th><th>5일차</th></tr>
<tr><td>07:00~08:00</td><td></td><td>기상</td><td>기상</td><td>기상</td><td>기상</td></tr>
<tr><td>08:00~09:00</td><td rowspan="3">09:00 출발
11:00 도착</td><td>조식</td><td>조식</td><td>조식</td><td>조식</td></tr>
<tr><td>09:00~10:00</td><td rowspan="3">자체교육
(3H)</td><td rowspan="3">자체교육
(3H)</td><td rowspan="3">외부위탁
(3H)</td><td rowspan="3">외부위탁
(3H)</td></tr>
<tr><td>10:00~11:00</td></tr>
<tr><td>11:00~12:00</td><td>등록/
오리엔테이션</td></tr>
<tr><td>12:00~13:00</td><td>중식</td><td>중식</td><td>중식</td><td>중식</td><td>중식</td></tr>
<tr><td>13:00~14:00</td><td rowspan="3">자체교육
(3H)</td><td rowspan="5">외부위탁
(5H)</td><td rowspan="5">외부위탁
(5H)</td><td rowspan="4">외부위탁
(5H)</td><td>13:00 출발</td></tr>
<tr><td>14:00~15:00</td><td rowspan="9"></td></tr>
<tr><td>15:00~16:00</td></tr>
<tr><td>16:00~17:00</td><td rowspan="2">외부위탁
(2H)</td></tr>
<tr><td>17:00~18:00</td><td>자체교육
(1H)</td></tr>
<tr><td>18:00~19:00</td><td>석식</td><td>석식</td><td>석식</td><td>석식</td></tr>
<tr><td>19:00~22:00</td><td>개별학습</td><td>개별학습</td><td>개별학습</td><td>개별학습</td></tr>
<tr><td>22:00~07:00</td><td>취침</td><td>취침</td><td>취침</td><td>취침</td></tr>
<tr><td>교육시간</td><td>5시간</td><td>8시간</td><td>8시간</td><td>8시간</td><td>3시간</td></tr>
</table>

※ 교육 시간구성은 00과 협의하여 조정될 수 있음

기술평가 기준표

<table>
<tr><th colspan="2">평 가 항 목</th><th>평 가 요 소</th><th>배점</th><th>비고</th></tr>
<tr><td colspan="2">합 계</td><td></td><td>80점</td><td></td></tr>
<tr><td>기관평가
(5점)</td><td>경영상태</td><td>❍ 신용평가기관의 신용등급 참조</td><td>5점</td><td></td></tr>
<tr><td rowspan="3">과정 구성
및 내용
(30점)</td><td rowspan="3">교육
과정
구성</td><td>❍ 교육목적에 대한 이해도
– 사업의 이해도 및 체계성
– 기획의 구성·내용 충실도</td><td>5점</td><td rowspan="7">제안서</td></tr>
<tr><td>❍ 교육방법 및 활용기법의 효율성
– 독창적이며 차별화된 학습전략
– 강의자료의 참신성 및 적절성</td><td>15점</td></tr>
<tr><td>❍ 00사례수집 및 적용의 적정성
– 구체성 및 실현가능성</td><td>10점</td></tr>
<tr><td rowspan="2">운영 및
개발
시스템
전문성
(30점)</td><td>강사의
전문성</td><td>❍ 과정운영 강사진(pool) 및 투입인력의 전문성</td><td>15점</td></tr>
<tr><td>과정
운영의
효율성</td><td>❍ 교육몰입도 및 만족도 향상 방안
❍ 교육 후 학습지원
(학습성과 공유 확산 방안)</td><td>15점</td></tr>
<tr><td>Need반영
(15점)</td><td>00
Need 반영</td><td>❍ 00의 리더십 현업사례 개발 방안</td><td>15점</td></tr>
</table>

Chapter

07

평생교육 프로그램 분류

개 요

이 장에서는 평생교육 프로그램의 분류에 대하여 생각해 본다. 평생교육 프로그램에는 매우 다양한 종류가 있다. 평생교육 프로그램을 분류하는 방법으로 프로그램 체계에 따라 기관 중심, 고객 중심, 절충식으로 구분할 수 있다. 프로그램 성격에 따라 시장지향, 서비스지향 프로그램으로 구분할 수 있다. 프로그램 수준에 따라 지역사회 수준, 기관 수준, 활동 프로그램으로 구분할 수 있다. 프로그램의 목적에 따라 개발형, 제도형, 정보형으로 구분할 수 있다. 프로그램 내용에 따라 기술 중심, 이해 중심, 태도 중심으로 구분할 수 있다. 여기서는 개발 주체, 프로그램 개발 목적, 프로그램 개발 용도, 프로그램 구성범위에 따라 분류해 본 후 평생교육분류표를 그림으로 제시해 본다.

학습목표

1. 평생교육 프로그램을 개발 주체에 따라 분류해 볼 수 있다.
2. 평생교육 프로그램을 개발 용도에 따라 분류해 볼 수 있다.
3. 평생교육 프로그램을 개발 목적에 따라 분류해 볼 수 있다.
4. 평생교육 프로그램을 개발 구성범위에 따라 분류해 볼 수 있다.
5. 평생교육 프로그램을 프로그램 분류표에 따라 분류해 볼 수 있다.

1. 개발 주체에 따른 분류

평생교육 프로그램에는 매우 다양한 종류가 있다. 평생교육 프로그램을 분류하는 방법으로 프로그램 체계에 따라 기관 중심, 고객 중심, 절충식으로 구분할 수 있고, 프로그램 성격에 따라 시장지향, 서비스지향 프로그램으로 구분할 수 있으며, 프로그램 수준에 따라 지역사회 수준, 기관 수준, 활동 프로그램으로 구분할 수 있다. 또한 프로그램의 목적에 따라 개발형, 제도형, 정보형으로 구분할 수 있으며, 프로그램 내용에 따라 기술 중심, 이해 중심, 태도 중심으로 구분할 수 있다. 본 장에서는 개발 주체, 프로그램 개발 목적, 프로그램 개발 용도, 프로그램 구성범위에 따라 평생교육 프로그램을 분류한 뒤, 김진화(2010)[1]가 제시한 한국평생교육분류표를 그림으로 제시하였다. 개발 주체에 따른 분류표는 다음의 〈표 7-1〉과 같다.

표 7-1 개발 주체에 따른 분류

개발 주체	프로그램 내용
국가 · 정부 주도 프로그램	공민성 개발, 사회통합 등 국민들 의식함양과 평생교육활성화를 위한 프로그램
기관이나 조직	공공기관, 직업훈련기관, 시민단체, 종교단체, 언론기관, 기업체 등에서 기관의 이념이나 목적을 달성하기 위해 실행
학습자 개인	자녀문제를 위한 부모교육 프로그램, 자기개발 등 개인의 문제해결을 위한 프로그램

2. 개발 용도에 따른 분류

기관형, 정보형, 개발형 프로그램이 있다. 기관형의 경우는 기관이 주도적으로 개발하여 기관의 이념이나 가치를 실현하기 위한 프로그램을 말하며, 정보형의 경

1) 김진화(2010). 한국 평생교육 프로그램 분류체제 개발 연구. **평생교육학연구**, 16(3), 211-236.

우는 정보교환을 목적으로, 개발형의 경우는 개인, 집단, 지역사회의 문제해결을 위한 프로그램을 말한다. 개발 용도에 따른 분류를 표로 제시하면 다음 〈표 7-2〉와 같다.

표 7-2 개발 용도에 따른 분류

구분	기관형 프로그램	정보형 프로그램	개발형 프로그램
개발목적	기관의 이념이나 가치 및 성과 향상	정보교환	개인, 집단, 지역사회의 문제해결
목표설정 근거	기관의 비전, 미션, 핵심 가치, 중점추진 전략	새로운 정보나 제도 전달	개인, 집단, 지역사회 요구나 문제
프로그램 유용성	기관이 추구하고자 하는 핵심내용 전파	고객이 즉시 활용할 수 있는 정보전달	개인의 요구충족 및 문제 해결에 대한 수단
학습자 참여	기관에서 참여 유도	정보수용자로서 참여	개발하고자 하는 수요자 참여
교육자 역할	기관의 가치 전달	정보요구에 대한 정보 제시	요구 및 문제확인 후 개발된 프로그램 제시
효율성 평가	기관의 가치 전파 정도	전달된 정보의 양 정보수용자의 수	문제해결의 정도 문제해결의 질

3. 개발 목적에 따른 분류

개발 목적에 따른 분류는 재직자와 실직자를 대상으로 하는 직업교육, 여가와 취미를 중심으로 하는 여가·취미 프로그램, 지역사회개발을 목적으로 하는 프로그램, 자기개발을 목적으로 하는 프로그램이 있다.

개발 목적에 따른 분류를 표로 제시하면 다음 〈표 7-3〉과 같다.

표 7-3 개발 목적에 따른 분류

개발 목적	프로그램 내용
직업교육	• 재직자 대상 직업전환 교육 • 실직자 대상 재취업 교육
여가 · 취미	• 여가나 취미를 중심으로 하는 문화센터 프로그램
지역사회개발	• 농어촌 지역이나 도시 저소득 지역 소외계층 주민들의 삶의 질 향상 • 대도시 저소득 지역의 방과후 프로그램 • 지역주민 건강 · 복지 · 보육 프로그램
자기개발	• 자기개발을 위주로 하는 프로그램 • 어학, 스포츠, 자격증 취득 등

4. 개발 구성범위에 따른 분류

개발 구성범위에 따른 분류의 경우 비교적 짧은 기간에 하나의 학습목표를 달성하기 위한 단일 프로그램과 큰 주제 하나를 여러 개의 내용으로 나누어서 여러 번 연속으로 운영되는 프로그램인 연속 프로그램이 있다. 한 주제에 세분화된 비슷한 성격의 여러 활동을 하나로 묶어서 개발한 통합 프로그램, 성격이 다른 여러 학습영역을 묶은 종합 프로그램이 있다.

개발 구성범위에 따른 분류를 표로 제시하면 다음 〈표 7-4〉와 같다.

표 7-4 개발 구성범위에 따른 분류

구성범위	프로그램 내용
단일 프로그램	• 하나의 학습목표를 달성하기 위하여 개발된 프로그램 • 비교적 짧은 시간에 단순한 교육활동으로 구성 • 1회적 용도 • 봉사활동 프로그램, 견학 프로그램, 레크리에이션 프로그램 등

구성범위	프로그램 내용
연속 프로그램	• 큰 주제 하나를 여러 개의 내용으로 나누어서 여러 번 연속으로 운영되는 프로그램 • 앞뒤 프로그램이 연관되어 심화되는 형태로 개발 · 비교적 장기간에 걸쳐 운영 • 전문적인 내용일 경우에 적절함 • 리더십 프로그램을 개발할 경우 module 1. 리더십 이해, module 2. 리더의 자질, module 3. 리더의 의사소통 등으로 개발하는 형태
통합 프로그램	• 한 주제에서 세분화된 비슷한 성격의 여러 활동을 하나로 묶어서 개발한 프로그램 • 각 활동의 기본적인 성격은 그대로 유지하면서 관련된 내용만 통합하는 형태로 개발 • 관리직 프로그램을 개발할 경우 노무관리, 인사관리, 자재관리, 공무관리 등 서로 비슷한 성격의 학습활동을 하나로 묶어서 프로그램을 개발함
종합 프로그램	• 성격이 다른 여러 영역의 학습활동을 하나로 묶어서 종합적으로 개발한 프로그램

5. 평생교육 프로그램 분류표

평생교육의 분류는 앞에서 제시했듯이 개발 주체에 따른 분류, 개발 용도에 따른 분류, 개발 목적에 따른 분류, 개발 구성범위에 따른 분류 등 다양하다. 이렇게 분류방식이 다양한데, 여기에서는 김진화(2010)가 제시한 한국 평생교육 프로그램 분류가 보다 체계적이고 이해하기 쉽게 제시되어 소개해 본다.

평생교육 프로그램 분류표를 그림으로 제시하면 [그림 7−1]과 같다.[2)]

2) 김진화(2010). 한국 평생교육 프로그램 분류체제 개발 연구. **평생교육학연구,** 16(3), 211-236.

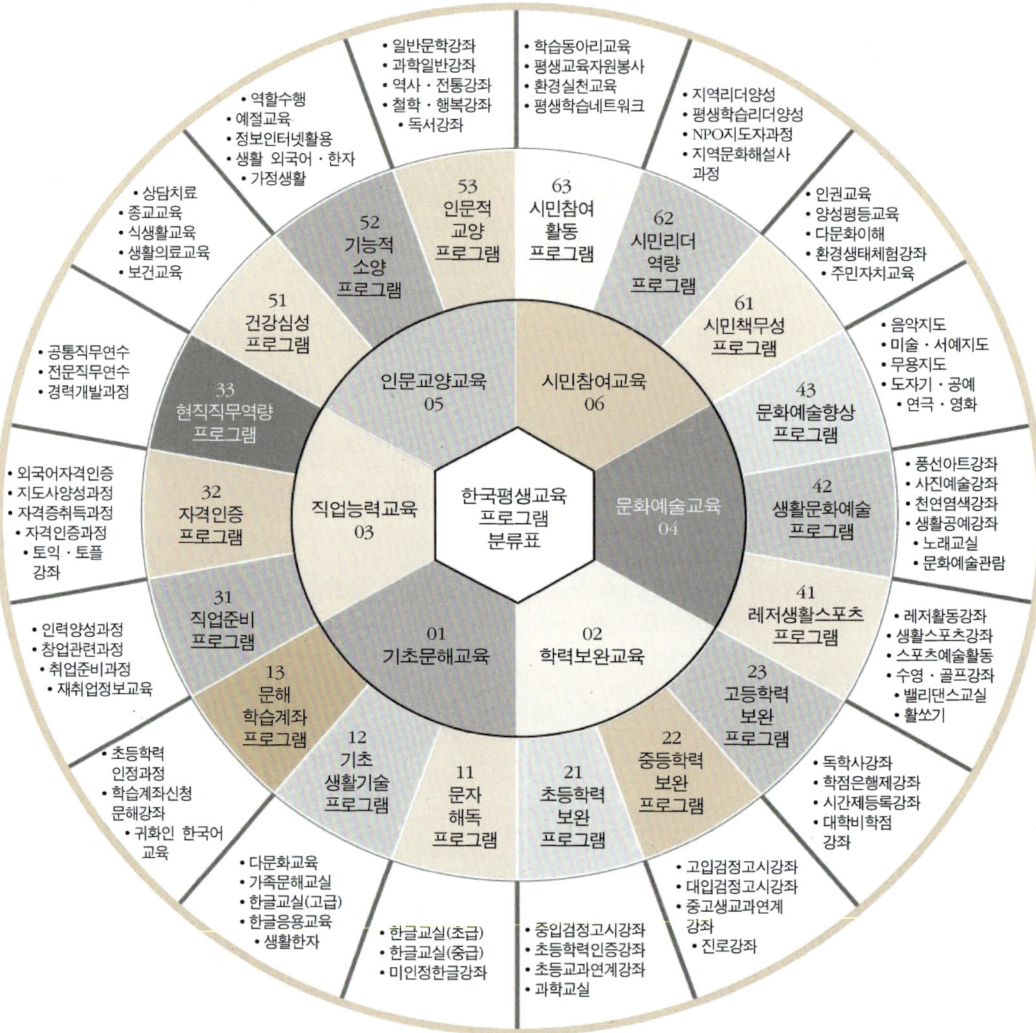

그림 7-1 한국 평생교육 프로그램 분류표

Chapter

08

평생교육 프로그램 개발 이론

개 요

이 장에서는 평생교육 프로그램 개발 관련 이론을 소개한다. 평생교육 프로그램을 개발할 때 이론적 배경이 필요하다. 이론적 배경이 되는 것 중 ① 전통적 합리성 이론, ② 맥락적 상호작용이론, ③ 순환론적 개발이론, ④ 체제이론, ⑤ 비판적 실천이론, ⑥ 계획이론 등이 있다. 평생교육 프로그램을 개발할 때 어떤 이론적 배경을 가지고 개발할 것인가의 선택이 필요하다. 물론 이론적 배경은 한 가지 이론만 가지는 것은 아니다. 다만 이론적 배경을 알고 평생교육 프로그램을 개발할 때 설득력이 있게 된다.

학습목표

1. 평생교육 프로그램 개발 이론 중 전통적 합리성 이론을 설명할 수 있다.
2. 평생교육 프로그램 개발 이론 중 맥락적 상호작용 이론을 설명할 수 있다.
3. 평생교육 프로그램 개발 이론 중 순환론적 개발 이론을 설명할 수 있다.
4. 평생교육 프로그램 개발 이론 중 체제 이론을 설명할 수 있다.
5. 평생교육 프로그램 개발 이론 중 비판적 실천 이론을 설명할 수 있다.
6. 평생교육 프로그램 개발 이론 중 계획실천 이론을 설명할 수 있다.

평생교육 프로그램 개발 이론에 대하여 김진화(2010)[1]는 전통적 합리성 이론, 맥락적 상호작용 이론, 체제 이론, 비판적 실천 이론, 계획실천 이론으로 분류하고 있다. 기영화(2011)[2]는 고전적 이론, 상호작용 이론, 정치적 이론으로 분류하였다. 김용현 등(2010)[3]은 전통적 합리성 이론, 순환론적 개발 이론, 역동적 상호작용 이론, 비판적 실천 이론으로 분류하였다.

1. 전통적 합리성 이론

평생교육 프로그램 개발의 이론적 출발은 테일러(R. Tyler)의 전통적 합리성 이론이다. 테일러는 1949년 『교육과정의 기본원리(Basic priciple of curriculum and instruction)』라는 저서를 통해 프로그램 개발방법의 4가지 측면을 제시하였다. 전통적 합리성 이론에 바탕을 둔 테일러의 프로그램 개발 모형을 그림으로 제시하면 [그림 8-1]과 같다.

그림 8-1 테일러(Tyler)의 프로그램 개발 모형

테일러에 의해 전개된 전통적 합리성 이론은 선형적 접근방법으로 교육 프로그램 개발절차에 초점을 맞춘 가장 오래되고 지배적인 이론 중 하나이다. 크게 4단계로 구분할 수 있다. 첫째, 교육목적 및 목표 설정이다. 둘째, 학습경험의 선정 및 조직이다. 셋째, 교수·학습활동이다. 넷째, 교육평가이다. 전통적 합리성 모형의

1) 김진화(2010). 한국 평생교육 프로그램 분류체제 개발 연구. **평생교육학연구**, 16(3), 211-236.
2) 기영화(2011). **평생교육프로그램개발**. 서울: 학지사.
3) 김용현 외(2010). **평생교육프로그램개발론**. 파주: 양서원.

특징은 목적지향적인 것이다. 따라서 가장 중요한 단계가 목적 및 목표설정단계이다. 목표를 기술할 때는 행동적이고 구체적으로 설정해야 한다. 교육 프로그램을 개발할 때는 이와 같은 목표진술방법이 필요하다.

목표진술방법으로는 테일러(Tyler)의 진술방식, 메이거(Mager)의 진술방식, 가네(Gagné)의 진술방식 세 종류가 있다. 테일러의 목표진술방식은 첫째, 구체적인 내용과 행동이 포괄되어 한 진술문 속에 제시되어야 한다. 둘째, 학생에게 기대되는 행동(교사의 행동이 아닌)으로 세분화되어야 한다. 셋째, 교사의 행동으로 진술될 것이 아니라 아동, 학생들의 행동수준으로 진술되어야 한다. 넷째, 진술양식은 총괄평가의 활용에 적합하다.

메이거의 진술방식은 첫째, 명시적인 내용으로 진술되어야 한다. 도착점 행동(terminal performance : 성취행위)은 어떤 수업에서 기대하는 의도한 성과·학습의 결과로써 나타나야 하는 성과를 말하는데, 이 성과는 수업이 끝났을 때 무엇을 할 수 있는지를 제3자가 볼 수 있도록 구체적인 용어로 진술되어야 한다. 둘째, 어떤 조건에서 그러한 행동이 나타나야 할 것인지 진술되어야 한다. 셋째, 수락기준(acceptable criteria)이다. 나타날 수준이 진술되어 있어야 한다.

가네의 진술방식은 첫째, 학습능력과 정보능력, 지적 기능, 운동능력 등이 구분되어 있어야 한다. 둘째, 행위동사로 진술되어 있어야 한다. 이는 학습을 마친 후에 학습자가 어떤 행동을 해야 하는지 명시하는 것을 의미한다. 셋째, 조건과 상황이 진술되어 있어야 한다. 넷째, 대상이 있어야 한다. 다섯째, 도구가 있어야 한다.

이상과 같은 내용을 종합하면 수업목표 진술 시 일반적 원칙이 나온다. 첫째, 수업목표는 교사의 행동이 아닌 학생의 행동으로 진술되어야 한다. 둘째, 수업목표는 학습내용과 기대되는 아동, 학생의 행동을 동시에 진술하여야 한다. 셋째, 수업목표의 진술에는 학습되어야 할 준거가 제시되어야 한다. 넷째, 수업목표의 진술은 그 수업시간이나 그 단원의 학습 도중에 나타나는 학생 행동을 강조하기보다는 수업시간이나 학습단원이 끝났을 때 나타날 수 있는 변화된 행동과 관련지어 진술하여야 한다. 다섯째, 수업목표 진술에는 기르고자 하거나, 변화시키고자 하는 학습능력에 따라 진술되는 동사의 형태가 달라져야 한다. 여섯째, 수업목표 진술에는 학생들의 학습행위에 나타나는 장면과 조건에 따라 명세적 동사의 형태 또는 구체적이고 분명한 행위 동사들을 활용하여야 한다.

이상과 같이 목표가 어떻게 구성되느냐에 따라서 두 번째 단계인 학습경험이 선정된다. 학습경험은 목표를 달성하기 위해 선정되고 조직된다. 즉, 목표를 달성하기 위해 교육과정(curriculum)을 선정하고 조직하는 단계이다. 이 단계에서 교육과정 개발 방법이 필요하다. 교육과정을 구성하는 방법으로 분석(Analysis), 설계(Design), 개발(Development), 실행(Implementation), 평가(Evaluation)하는 ADDIE모형이 많이 사용되고 있다.

선정된 교육과정을 조직하는 방법으로 롸이겔루스(C. M. Reigeluth)의 정교화 이론을 많이 활용한다. 이 이론은 교육내용을 선택하고, 계열화하여, 종합하고, 요약하기 위한 거시적 수준의 교육과정 구성원리를 제시해 주고 있다. 즉, 여러 가지 교육내용을 어떻게 연결하고 계열화하는가에 대한 교수전략을 다룬다. 정교화 이론은 교수방법과 관련된 세 가지 변인인 교수내용의 조직전략, 교수전달전략, 교수관리전략 중에서 교수내용의 조직전략과 관련되어 있다. 교육과정을 어떻게 구성하느냐? 교재를 어떤 식으로 구성하느냐와 관련된 이론이다. 교수내용의 선정 · 계열화 · 종합 · 요약의 네 가지 영역에 있어서의 최적의 방법에 관한 처방적 지침을 제시하고 있다. 정교화 이론의 7가지 기본전략은 ① 정교적 계열화, ② 선수학습능력의 계열화, ③ 요약자, ④ 종합자, ⑤ 비유, ⑥ 인지전략 자극자, ⑦ 학습자 통제가 있다.

세 번째 단계는 개발된 교육과정을 교수가 학생들에게 가르치는 단계이다. 이 단계에서 필요한 것은 교안을 개발하는 것이다. 이때 필요한 이론이 가네의 9가지 수업사태이다. 9가지 수업사태는 다음과 같다. ① 주의집중, ② 학습목표 제시, ③ 선수학습 회상자극, ④ 자극자료 제시, ⑤ 학습지침 제공, ⑥ 수행행동 유도, ⑦ 수행결과에 대한 피드백, ⑧ 수행결과의 평가, ⑨ 기억 및 전이 촉진이다.

네 번째 단계는 교육평가 단계이다. 교육평가는 교육목표 달성 여부를 확인하는 것이다. 따라서 평가를 설계할 때 반드시 살펴야 하는 것이 교육목표이다. 평가는 목적과 시간적 순서에 따라 진단평가, 형성평가, 총괄평가로 나뉜다. 평가의 단계에 따라 커크패트릭(Kirkpatrick)의 4단계 평가(반응 · 학습 · 행동 · 결과)와 필립스(Phillips)의 5단계 평가(반응과 계획된 행동 · 학습 · 현업적용 · 경영성과 · 투자회수효과)가 있다.

2. 맥락적 상호작용 이론

맥락적 상호작용 이론의 대표적인 학자는 왈커(D. Wakler)와 스킬벡(M. Skillbeck)인데, 이들이 주장하는 것은 교육 프로그램 개발이나 교육과정 개발이 실제로는 직선적인 절차를 따르지 않고 프로그램 개발자와 고객 사이 상호작용을 통해 프로그램이 개발되어져야 한다는 것이다. 즉, 프로그램 개발이 이루어지는 맥락(context)이나 상황(situation)을 중요시해야 한다. 따라서 상호작용 이론을 상황 이론이라 하기도 한다. 그러므로 맥락적 상호작용 이론에 의한 개발은 프로그램 개발자가 전통적 합리성 이론처럼 일정한 순서와 절차 그리고 표준화된 단계에 따라 수행하기보다는 프로그램 개발 시 여러 가지 상황과 관련된 요소를 고려한 순환적인 원리에 따라 프로그램을 개발한다. 프로그램 개발이 체제에 의해서 기계적으로 개발되는 것이 아니라 구체적인 현실상황에서 역동적인 상호작용을 통해 개발되어야 한다는 것이다. 그러므로 프로그램 개발이나 과정개발 시 상황에 따라 어느 단계에서든지 시작할 수 있다.

맥락적 상호작용 이론에서 중요한 것은 프로그램 개발과정에서 프로그램 개발자와 학습자, 조직 간 신중한 숙의(deliberation)와 실제적 합리성(practical reasoning)을 통한 상호 합의(consensus)가 필수적이라는 것이다. 프로그램 개발자 한 사람이 중요한 것이 아니라 프로그램 개발과 관련된 많은 이해관계자들이 서로 합의하여 개발되는 것이 중요하다. 이 이론에서 강조하는 것은 유연성・융통성이다. 이는 프로그램을 개발하는 절차와 순서에 구애받지 않고 상황에 따라 유연하고 융통성 있게 개발되어야 한다는 것을 의미한다.

왈커의 프로그램 개발과정과 스킬백의 프로그램 개발과정을 그림으로 제시하면 아래 [그림 8-2]와 같다.

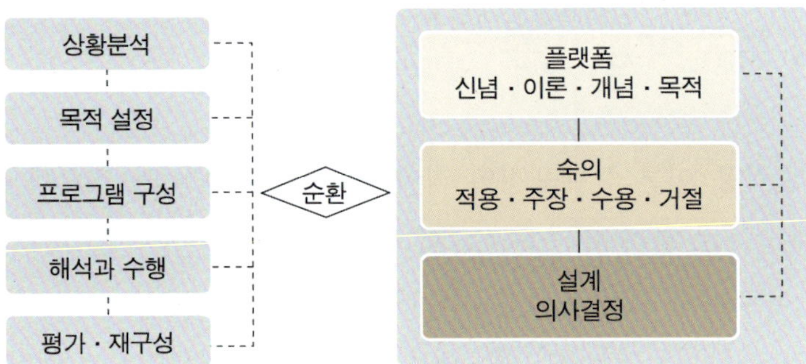

그림 8-2 맥락적 상호작용 이론 개념도

맥락적 상호작용 이론은 교육 프로그램을 개발할 때 가장 강조하는 교육목표에 대하여 유일한 원리나 기준으로 인정하지 않는다는 것이 전통적 합리성 이론과 가장 큰 차이점이다. 교육목표 설정이 교육 프로그램 개발 시 출발점으로 더 이상 유효하지 않다. 교육목표 설정은 여러 가지 단계나 방법 중 하나일 뿐이다. 맥락적 상호작용 이론 입장에서 프로그램 개발은 절차에 따라 선형적으로 개발하는 것이 아니라 순환적이며 융통성 있게 현실과 실제상황에 기초한 문제 탐색이 프로그램 개발의 출발점이 되는 것이다.

결국 맥락적 상호작용 이론에서 교육 프로그램 개발이란 교육목표에서 교육내용이 도출되어 결정되는 것이 아니다. 교육내용에서 교육목표가 결정되는 상황이나 과정, 숙의와 합의의 과정이 중요하다. 따라서 교육목표를 설정하는 일보다 실제 교육내용의 실천현장에서 유용하게 활용될 교육 프로그램의 내용에 더 많은 관심이 있으며 그 교육내용을 통해 나타나는 프로그램 참가자들의 행동 변화 그 자체에 관심을 갖는 것이 특징이다.

이러한 맥락적 상호작용 이론은 프로그램을 개발할 때 프로그램 개발자와 고객과의 상호작용이 중요하다는 것을 보여주는 장점이 있다. 또한 프로그램 개발의 실제상황에서 발생할 수 있는 내용을 잘 반영해 주고 있다. 그러나 프로그램 개발 시 이 이론을 적용할 경우 프로그램 개발자들은 논리적인 절차를 따르지 않기 때문에 합리적 · 논리적 · 객관적인 개발을 할 경우에 다소 어렵고 혼란스러울 수가 있다. 그러므로 이 이론은 프로그램 개발자가 충분히 맥락과 상호작용하는 것이 중요하다는 아이디어를 얻는 데 도움이 되는 이론으로 간주하는 것이 좋다.

3. 순환적 개발 이론

순환적 개발 이론은 전통적 합리성 이론과 맥락적 상호작용 이론을 절충한 형태를 띠고 있다.[4] 순환론적 개발 이론의 대표적인 학자는 니콜스 부부(A. Nicholls)이다. 니콜스는 전통적 합리성 이론의 목표설정 이전 단계로 상황분석을 강조한다. 즉, 상황분석을 프로그램 개발 출발점으로 보고 있다. 이 이론은 프로그램 개발을 할 때 상황분석이 먼저 이루어지고 그 다음으로 목표설정, 내용 선정과 조직, 방법 선정과 조직, 평가의 단계를 거친다. 이들 단계를 거치면서 맥락적 상호작용 이론에서 제시하는 이해관계 당사자들과 숙의와 합의가 필요하다는 것이다. 순환론적 개발 이론의 모형을 그림으로 제시하면 다음 [그림 8-3]과 같다.

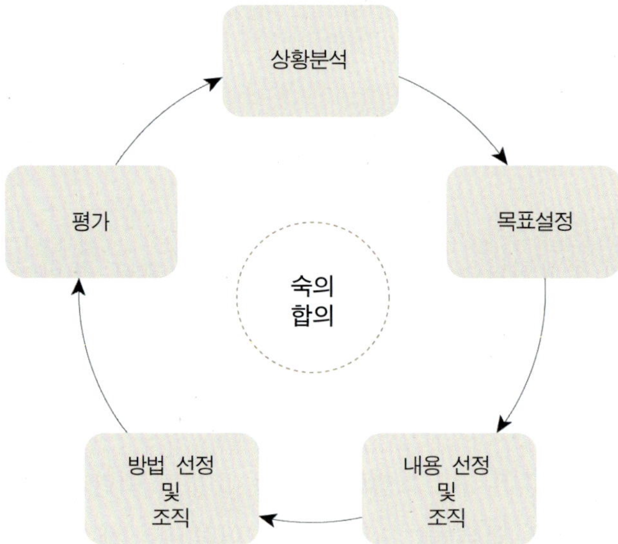

그림 8-3 순환론적 개발 이론 모형

4) 김용현 외(2010). **평생교육프로그램개발론.** 파주: 양서원.

이 이론은 전통적 합리성 이론의 장점인 합리성, 논리성, 순환성과 맥락적 상호작용 이론의 장점인 유연성과 융통성을 받아들여 프로그램 개발에 반영하였다. 프로그램을 개발할 때 이 이론을 적용할 경우 매우 적절하게 활용될 수 있다. 왜냐하면 논리적인 절차에 따라 프로그램을 개발하면서 상황이 변할 경우 새로운 상황에 대처할 수 있기 때문이다.

4. 체제 이론

체제 이론(system theory)은 베르탈란피(Bertalanffy, 1965)가 "general system theory"를 발표한 후 사회과학의 대부분 분야에 확산되어 활용되고 있다. 체제(system)란 '여러 부분이 하나로 결합하여 생긴 전체'를 의미한다. 이 이론에서 전체의 목표를 달성하려면 여러 구성요소들이 각기 독립성을 지니고 상호의존, 상호작용성을 가지면서 외부 환경과 영향을 주고받아야 한다. 이러한 체제는 투입(input)과 과정(process)과 결과(output)가 있으며 각각의 하위체제가 있다. 인간의 신체를 예로 들면 유기체는 체제이다. 먹고 소화시키고 배설을 한다. 또한 각각 신체의 모든 기관이 제 기능을 잘 발휘할 때 건강한 유기체가 된다. 이러한 측면에서 보면 사람도 체제로 볼 수 있다. 이러한 체제 이론 중 코왈스키(Kowalski, 1998)[5]가 제시한 프로그램 개발 모형을 그림으로 나타내면 다음 [그림 8-4]와 같다.

5) Kowalski, T. J. (1998). *The Organization and Planning of Adult Education.* State University of New York Press.

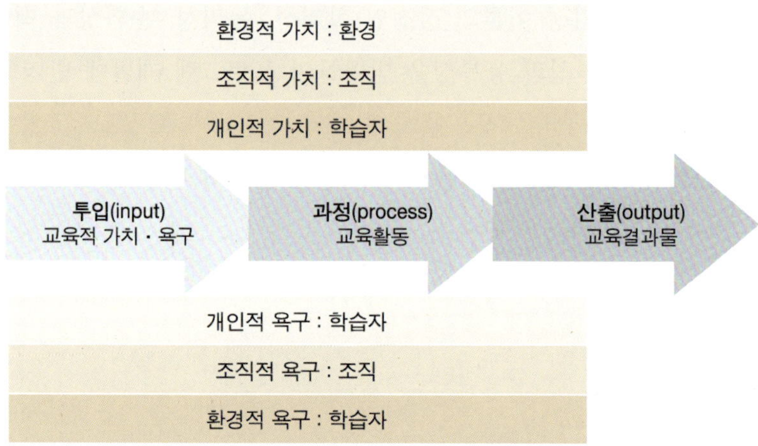

그림 8-4 코왈스키(Kowalski)의 프로그램 개발 체제 모형

체제 이론을 통한 프로그램 개발의 경우 기본적으로 투입, 과정, 산출과정을 거친다. 프로그램 개발 시 먼저 투입 시 세 가지 요인을 살펴야 한다. 개인적, 조직적, 환경적인 가치와 욕구를 반드시 프로그램에 반영하여야 한다. 체제 이론의 경우 투입요인을 통하여 어떤 과정을 거쳐 어떤 결과물을 만들어 낼 것인가에 아이디어를 제공해 줄 수 있다.

5. 비판적 실천 이론

비판적 실천 이론의 경우 위에서 제시한 4가지 이론과는 차별이 된다. 이 이론은 평생교육의 이념에 대한 비판적 패러다임에 바탕을 둔 것이다. 대표적인 학자로는 프레이리(P. Freire)가 있다. 이 이론은 기존 이론들이 프로그램 개발을 가치중립적인 행위로 보고 있음을 비판한다. 프로그램 개발에서 나타나는 권력관계나 정치적인 요소를 간과한 것에서 출발한 이론이다. 이 이론의 특징 중 하나는 프로그램 개발 과정이 외부 전문가인 제3자, 즉 프로그램 개발가에 의하여 사전에 구성되는 것이 아니라, 교수자와 학습자가 대화를 통하여 상호작용하는 과정 중 비판적 실천과정을 거쳐 나온 내용들이 프로그램화 되어야 한다는 것이다. 프로그램 개발의 핵심 요소는 교육자와 학습자가 상호작용을 통하여 협동적으로 만들어 내는 현장 실천 연구이다. 학습자가 주도적으로 만들어 내는 교육적 내용물이 바로 프로그램의 내용이 된다.

비판적 실천 이론에서 프로그램 개발은 교육자와 학습자 간의 대화과정을 통하여 구성해 나가는 대화 모형으로 볼 수 있다. 비판적 실천 이론에서는 학습자의 적극적인 참여와 교육자와 상호작용을 통한 비판적 실천이 매우 중요하다. 이 이론에서는 엄격히 말하면 프로그램 개발과 교수·학습과정이 별개로 구분되지 않는다. 비판적 실천 이론에서 프로그램 개발은 주제연구(thematic research)와 교육 프로그램(educational program)으로 구성된다. 프로그램 개발과정에서 교육자와 학습자가 공동으로 참여한다. 사회현실을 연구하는 과정에서도 공동의 참여가 강조되며, 프로그램 내용의 설계 및 자료의 시각화, 그리고 방법론 및 전개과정이 전체적으로 하나의 단위체로 구성된다.[6] 비판적 실천이론의 프로그램 개발 모형을 그림으로 제시하면 [그림 8-5]와 같다.

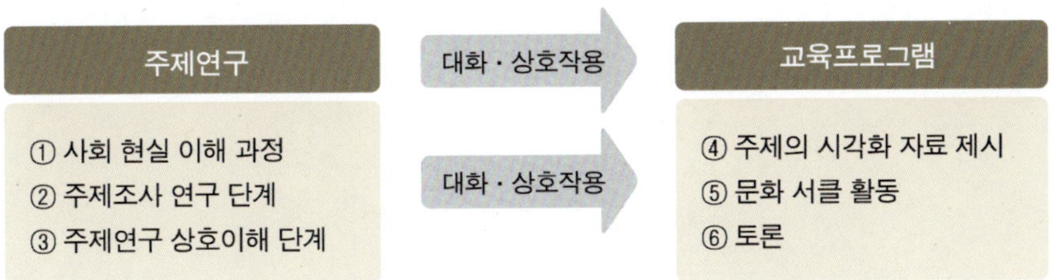

그림 8-5 비판적 실천 이론의 프로그램 개발 모형

6) 김진화(2010). **평생교육프로그램개발론.** 파주: 교육과학사.

6. 계획 실천 이론

이 이론은 프로그램 개발자의 행동에 초점이 맞추어져 있다. 프로그램 개발자의 윤리성을 제기하며 프로그램 개발자가 개발과정 중 외부의 압력이나 요구에 대하여 어떤 행동을 취하는지에 관심이 있는 이론이다. 긍정적인 측면에서는 그 기관의 요구를 수용해야 하지만 부정적인 측면에서 보면 그 요구가 정당한 요구이고 합리적인 요구가 아님에도 불구하고 프로그램 개발에 영향을 미칠 때 프로그램 개발자는 어떤 행동을 취해야 하는가에 문제를 제기한 이론이다. 대표적인 학자로는 시베로와 윌슨(Cervero & Wilson)이 있다.

현장에서 프로그램을 개발해 본 전문가들은 계획 실천 이론에 대하여 공감할 것이다. 왜냐하면 프로그램 개발이 외부의 관여 없이 순수하게 잘 되어 그 결과를 제공하는 경우도 있지만, 프로그램 개발 결과 또는 프로그램 개발과정 중 다양한 의사결정 과정에서 갈등을 경험하기 때문이다. 그러므로 프로그램 개발자는 사실 다양한 갈등을 조정하고 협상해 나가는 역량이 중요한 요소로 작용하기도 한다. 또한 프로그램 개발자는 개발과정에서 민주적 · 합리적 방법으로 프로그램을 개발해 나가야 한다는 것을 이 이론에서는 강조하고 있다.

Chapter

09

평생교육 프로그램 개발 모형

개 요

이 장에서는 평생교육 프로그램 개발 모형을 소개한다. 평생교육 프로그램 개발 추진과정에서 일반적으로 따라야 할 지침이나 실제 적용할 수 있는 다양한 형식과 절차를 구조화 한 것이 평생교육 프로그램 개발 모형이다. 이 모형은 프로그램 개발 이론이나 학자들에 따라서 다양하게 제시하고 있다. 이 장에서는 ① CBCD모형, ② DACUM모형, ③ IMPACT모형, ④ ADDIE모형을 소개한다. 이 중 다음 장과 이어지는 ADDIE모형을 집중적으로 다루어 본다.

학습목표

1. 평생교육 프로그램 개발 모형 중 CBCD모형을 설명할 수 있다.
2. 평생교육 프로그램 개발 모형 중 DACUM모형을 설명할 수 있다.
3. 평생교육 프로그램 개발 모형 중 IMPACT모형을 설명할 수 있다.
4. 평생교육 프로그램 개발 모형 중 ADDIE모형을 설명할 수 있다.

1. 교육 프로그램 개발 모형 비교

평생교육 프로그램 개발 추진과정에서 일반적으로 따라야 할 지침이나 실제 적용할 수 있는 다양한 형식과 절차를 구조화한 것이 평생교육 프로그램 개발 모형이다. 이 모형은 프로그램 개발 이론이나 학자들에 따라서 다양하게 제시하고 있다. 프로그램 개발 모형에 대하여 표로 제시하면 아래 〈표 9-1〉과 같다.

표 9-1 교육 프로그램 개발 모형 비교

기준	모 형			
프로그램 개발 (ADDIE)	**역량중심 프로그램 개발** (Competency Based Curriculum Development: CBCD)	Developing A Curriculum: DACUM	Chang의 High-IMPACT 훈련모형 (6단계)	Molenda의 경영성과지향 ISD모형 (8단계)
분석 (Analysis)	1. 현황분석 2. 역량추출	1. 직무분석 2. 3P분석	1. 훈련요구 파악 (Identify)	• 요구사정, • 목적분석 (목표분석) • 학습자분석 • 환경분석 • 직무 및 과제 분석
설계 (Design)	3. 역량선정을 위한 타당화 4. 역량체계 수립 5. 학습체계 수립	3. 학습체계 수립	2. 훈련 접근방식 선정(Map)	• 목표설계 • 교수설계 • 평가설계 • 방법설계
개발 (Development)	6. 역량체계도 7. 학습체계도 8. 자기개발 체계 9. 교육과정 개발	4. 학습체계도 5. 교육과정 개발	3. 학습도구 제작 (Product)	• 교수자료개발 • 평가문항개발 • 각종 교육 자료개발 • 시범실시 (pilot test)
실행 (Implementation)	10. 학습체계 운영	6. 학습체계 운영	4. 훈련기법 적용 (Apply)	• 프로그램의 사용, 설치 • 유지 및 관리

기준	모 형			
결과평가 (Evaluation)	11. 역량체계 학습체계 평가	7. 학습체계 평가	5. 훈련결과 측정 (Calculate) 6. 훈련효과 지속 (Track)	• 프로그램효과 평가 • 총괄평가
기타	12. 인사자료 활용			

프로그램을 개발할 때 기본적인 절차가 ADDIE이다. 분석과정(Analysis: A)이 이루어지고, 설계(Design: D)와 개발(Development: D)과정이 이루어지고, 실행(implementation: I)과정과 결과평가(Evaluation: E)가 이루어진다.

2. 역량중심 교육 프로그램 개발 모형

1) 역량의 이해

교육 프로그램 개발 모형 비교에서 ADDIE모형, CBCD모형, DACUM모형, IMPACT모형 중 이 장에서는 CBCD모형을 상세하게 살펴본다. ADDIE모형의 경우 다음 장에서 좀 더 구체적으로 살펴본다. 최근에 대두되는 자주 사용되는 용어로 CIO(Chief Information Officer), CFO(Chief Financial Officer), CHO 또는 CDO(Chief Human Resources or Development Officer), CKO(Chief Knowledge Officer), 학습조직(Learning Organization), 수행공학(Human Performance Technology), 가상학습센터(Virtual 또는 Cyber Learning Center), 전자수행지원체제(EPSS: Electronic Performance Support Systems), 문제중심학습(PBL: Problem Based Learning), 실천성찰학습(ARL: Action-Reflection Learning), 자기주도학습(SDL: Self-Directed Learning), 성과지향 ISD(Business Impact Instructional System Development)와 같은 말들이 있다. 이러한 용어들은 기업의 성과를 달성하기 위해 사용되었다.

역량중심의 인적자원경영(CBHRM: Competency-Based Human Resource Management)이란 '역량모델을 매개로 인적자원을 기업의 전략적 방향 설정과 기업의 정책개발, 인력채용과 배치, 평가와 보상, 수행지도와 조직학습, 교육과 경력개발 등에서 상호 시너지가 형성되도록 인적자원을 경영하는 것을 말한다. CBHRM의 기본 사상은 지금까지의 과업중심적 사고에서 벗어나 전략에 근거한 성과지향적 인적자원 경영을 하자는 것이다. 21세기 치열한 경쟁사회에서는 개별 기업이 우수인재를 확보하고 성과를 창출하기 위해 인재를 어떻게 육성하느냐에 따라 기업 성공의 열쇠가 달려있다고 해도 과언이 아니다. 보통의 인적자원보다 우수한 인적자원의 성공적 특성을 규명하여 이를 제도적으로 지원하며 핵심역량에 대한 구성원들의 공통언어를 개발하고 보급하며 이를 토대로 자율학습 또는 현장 육성의 견인차로 활용하는 것은 매우 중요하다.

역량모델을 추구하는 기대효과는 다음과 같다. 첫째, 육성 및 개발 책임의 현장화 및 개인화에 있다. 학습 요구를 가장 잘 아는 현장 리더와 본인에게 육성 및 자기개발의 책임이 있음을 인식시키기 위함이다. 현장에서 지속적인 능력개발이 자연스럽게 이루어지는 조직학습의 풍토를 조성하는 데 목적이 있다. 둘째, 교육투자의 생산성 제고에 있다. 사원 스스로 현장에서 주도적 학습을 하게 함으로써 구성원의 교육만족도가 증진되게 하고자 한다. 개인의 다양한 교육 요구를 충족시키는 Cafeteria식 유연교육체계의 설계를 통해 교육의 효과성이 제고되고 현업의 업무공백을 최소화하기 위함이다. 셋째, 역량에 대한 전 사원의 중요성을 인식하게 한다. 핵심역량이 왜 중요한가? 무엇이 우리의 핵심역량인지를 알게 되고 상호 공통의 언어로 이야기할 수 있게 된다. 넷째, 인적자원관리인 HRM(Human Resource Management)과 인적자원개발인 HRD(Human Resource Developement)의 유기적 연계 및 통합성을 제고하기 위함이다. 역량모델은 향후 평가제도, 채용, 선발, 경영자 개발, 배치 및 교육이수학점제 등을 매개로 인적자원과 관련한 제도가 미래지향적인 측면에서 통합운영 또는 상호 시너지를 낼 수 있는 기반이 되게 한다. 다섯째, 전략적 핵심역량 구축에 기여한다. 조직의 전략적 의도(Strategic Intent)와 사업목표에 구성원들의 활동을 연결하여 개인의 역량개발과 팀 성과의 연계를 추구하는 데 도움이 된다.

2) 역량의 정의

역량(Competency)을 이해하기 위해서 유사한 용어를 먼저 살펴본다. 역량은 능력(Ability)이란 단어와 대비되는 특유의 개념적 특성을 갖고 있다. 능력이란 시·공감각적 예민성, 개념적 사고 등 학습에 의해 개발될 수 있는 선천적 능력 즉, 잠재된 능력을 말한다. 수행능력(Capability)이란 용어는 현재 수행할 수 있는 능력과 관계된다. '지금 여기서 1분에 100타 칠 수 있다'와 같이 역량과 역량을 실행하는 전략적 과정을 결합한 개념으로 역량이 만들어지는 동태적인 과정을 강조한다. 수행 또는 성과(Performance)의 경우 직무행위를 한 후 이루어지는 최종적인 결과뿐만 아니라 최종 결과와 그것이 이루어지는 데 필요한 단계적 성과와 심지어 갖춰져야 할 기술적 지원까지 포함하고 다만 자질만 제외하는 의미로 쓴다. 유사한 의미로 사용할 수 있는 단어가 결과(Outcome, Results, Accomplishments)가 있다. 역량 중 Competence는 조직의 역량을 말한다. Competency의 경우 개인의 역량을 말한다. 역량이란 한마디로 '갖추어야 할 필요능력'인데 그 '필요'의 준거기준은 바로 '성과'라는 데서 출발하는 것이 역량접근법이다. 즉, 역량이란 조직의 내적·외적 환경의 조건 하에서 특정 직무·역할에서 높은 성과 달성 및 효과적 수행에 직접적으로 관련있는 개인의 행동, 지식, 스킬, 경험, 가치관 등의 안정적이고 지속적인 특성을 말한다. 스펜스(Spencer)는 역량을 '한 직무나 특정 상황에서 준거가 되는 효과적이고 탁월한 수행성과에 직접 관련된 개인의 동기, 특질, 자아의식, 지식, 스킬 등의 안정적이고 지속적인 특성'으로 보고 있다. 달톤(Dalton)은 '효과적 수행자와 비효과적 수행자를 분별하는 특별하고 일관된 행동, 동기, 특질, 스킬 등'을 역량이라고 정의하고 있다.[7]

7) 민병모, 박동건, 박종구, 정재창(1998). 핵심역량모델의 개발과 활용, PSI 컨설팅.

이러한 견해를 종합해 볼 때 역량에 대한 정의에는 몇 가지 공통점이 있다. 첫째, 성공적 수행이나 성과에 기여하는 인적필요능력이며, 둘째, 그것이 행동으로부터 스킬, 태도, 가치관, 자아의식 등 개인의 행동적·심리적 요인을 망라한다는 의미이다. 셋째, 성과를 많이 창출하는 인물에게서 안정적이고 일관되게 나타난다. 역량의 충분조건의 경우 첫째, 차별성이 있어야 한다. 한국에서 영어를 잘하는 것은 차별성이다. 한국에서 한국어를 잘하는 것은 역량이라고 볼 수 없음을 말한다. 둘째, 최고의 생산성이다. 자신이 몸담고 있는 곳에서 최고의 생산성을 올릴 수 있는 능력이 있어야 한다. 셋째, 활용가능성이다. 잠재능력이 아니라 가까운 미래에 활용할 수 있는 능력으로 현실에서 업무수행에 영향을 미치는 것이어야 한다. 넷째, 공유가능성이다. 즉, 배우고 가르칠 수 있는 것이어야 한다. 다섯째, 확장가능성이다. 지속적 발전가능성이 있어야 한다.

3) 역량의 분류

역량을 분류하는 방식은 다양하다. 조직 차원의 역량과 개인 차원의 역량, 인적역량과 비인적 역량, 역량 추출범위에 따라서 전사 핵심역량, 리더십 역량, 직무역량으로 구분할 수 있다. 직무역량의 범용성 여부에 따라 일반적 역량과 직무역량으로 구분할 수 있으며, 역량 개념의 폭 여부에 따라 KSV(Knowledge, Skill, Value) 수준에서의 역량과 KSV(Knowledge, Skill, Value) 다발로서의 역량, 역량추출의 근거에 따라 과업중심 역량과 결과중심 역량, 성공인자 결정에 따라서 기본역량과 차별역량으로 구분해 볼 수 있다. 이러한 역량들을 표로 제시하면 〈표 9-2〉와 같다.

표 9-2 역량의 분류

구분		특징
조직/개인 역량 여부	조직 차원의 역량	핵심역량경영이라고 할 때의 역량은 바로 조직 차원의 역량을 의미하며 그 기업의 핵심역량이라고 하면 인적 역량만이 아닌 기술, 시스템, 문화 등의 비인적 역량까지 포함
	개인 차원의 역량	인적 역량이 주가 됨
인적/비인적	인적 차원 역량	개인 차원의 역량 : 의사소통, 리더십, 인간관계 등
	비인적 차원 역량	조직 차원의 역량 : 기술, 시스템, 문화 등
역량추출 범위	전사 핵심역량	직종에 관계없이 전체 조직원들이 공통적으로 갖고 있는 것. 싱가포르 항공의 고객서비스능력
	리더십 역량	리더에게 요구되는 역량
	직무역량	특정 직무에 필요한 능력을 의미
직무역량의 범용성 여부	일반적 역량	여러 직무에 공통적으로 적용되는 역량 즉 문제해결, 협상, 계획수립, 전략적 사고, 프로젝트 관리 등
	직무역량	특정 직무에 특유한 역량 즉, 영업관리자의 경우 시장/고객 세분화, 전략개발. 품질담당자 경우 품질 통제, 자료분석
역량 개념의 폭 여부	KSV수준에서 역량 (역량)	Knowledge, Skill, Value 등의 세부능력요소를 역량으로 표현하는 방식, 즉 엔지니어링 지식, 청취 스킬, 정직성 등
	KSV다발로서 역량 (역량군)	KSV 요소들의 덩어리로서(Bundle) 특정 결과에 기여하는 행동능력을 역량으로 간주하는 방식, 즉 리더십, 문제해결, 의사결정
역량추출의 근거	과업중심 역량	어떤 사람의 역량을 그 직무의 과업이나 활동 그 자체를 역량으로 간주, 즉 직무분석과 직무기술서를 표준화시켜 최선의 실무를 전파하기 위한 것을 역량으로 표현한 것
	결과중심 역량	회사나 고객에게 주는 효과나 산출물을 역량 설정의 단위로 보는 것
성공인자 결정	기본역량	특정 직무에서 성과 창출에 필요한 기본적인 능력요인으로서 그 직무에 종사하는 사람이라면 누구나 갖추어야 하는 역량
	차별역량	해당 직무에서 탁월한 성과를 내는 사람에게서 일관되게 발견되는 핵심적 행동특성

출처: 민병모 외(1998), 핵심역량 모델의 개발과 활용. 부분을 수정 보완한 내용.

4) 역량 추출을 위한 자료수집방법

역량추출을 위한 자료수집방법은 다양하다. 첫째, 역량사전을 활용하는 방법의 경우 기존에 나와 있는 역량사전을 통하여 역량을 선정하는 것이다. 둘째, 전문가 집단 워크숍이 있다. 전문가들이 모여 워크숍을 통해 역량을 추출하는 방식이다. 셋째, 역량 메뉴를 구성하는 방법이다. 이 방법은 비즈니스 프로세스에 따라 각각의 단계에 관련되는 전문가들이 모여 조직의 가치흐름 속에서 필요한 역량을 도출하는 방식이다. 넷째, 핵심행동면담이 있다. 핵심행동면담의 경우 특정 직무의 우수직무 수행자를 확인하고 심층 면담하여 성공적 직무수행에 직결된 실제 행동을 규명하여 역량을 추출하는 방법이다. 다섯째, 레퍼토리 그리드의 경우 상위 관리자를 대상으로 직무의 핵심내용과 요건에 관한 관점, 성공기준, 수행 경험 등을 바탕으로 우수자와 열등자의 직무수행 차이를 분석하여 역량을 추출하는 방법이다. 여섯째, 주요사건기법이다. 이 기법은 직무에 결정적인 영향을 미친 사건들과 그 원인을 면접을 통해서 확인 분석하여 역량을 추출하는 기법이다. 각각의 기법들에 대하여 구체적으로 살펴보면 〈표 9-3〉과 같다. 역량 추출을 위한 자료수집방법의 경우 아래 표와 같이 다양한 방법이 있지만 이 방법 중 어느 한 가지만 활용하기보다는 다양한 방법을 융복합으로 활용하는 것이 바람직하다.

표 9-3 역량 추출을 위한 자료수집방법

기법	특징	장점	단점
역량사전 활용 (Competency Dictionary)	• 직무, 부문, 조직 등에 필요한 행동을 기술하는 데 활용되는 보편, 표준적/일반적 역량들을 사전화 한 것	• 활용이 쉽고 빠름(시간, 비용부담이 적다) • 역량 모델 구성 시 집단 프로세스를 촉진시킴	• 결과가 너무 일반적 • 행동지표가 구체적이지 못한 경우가 많음

기법	특징	장점	단점
전문가집단 워크숍 (SME Workshop)	• 내부 실무 전문가들이(혹은 그 직무를 잘 아는 관련 이해 당사자들도) 성공적 직무 수행자들에게 필요한 요건들을 확인	• 시간, 비용 활용성 • 역량자료 구축과 타당성 확인 동시 가능 • 현재/미래 동시 지향 가능	• 수집된 자료가 완벽하지 못할 수 있음 • 자료가 상식선일 수 있음 • 주요인물이 지나치게 영향을 미칠 수 있음
역량메뉴 구성 (Competency Menus)	• 모든 업무 단계, 모든 직급을 대표할 수 있는 사람들이 모여서 조직 "가치흐름" 속의 각 업무단계에서 창출되는 부가가치 산출물과 필요역량을 규명해 냄	• 시간/비용상 효율적 • 전 조직에 걸친 직무역량을 동시에 규명가능 • 높은 참여로 결과수용 용이 • 현재/미래 지향가능	• 관련자 전체가 모이기 어려움 • 지식 및 기술에 초점을 맞춤으로써 행동자료의 추가 수집이 필요
핵심행동면담 (Behavioral Event Interview)	• 특정 직무의 우수직무 수행자를 확인, 심층 면담하여 성공적 직무수행에 직결된 실제 행동을 규명	• 타당도 높고 연구 지향적인 기법 • 성공적 직무수행에 직결된 풍부한 행동자료 수집	• 시간/비용 부담 • 자기표현 문제 • 핵심행동사건의 기준 불명확
레퍼토리 그리드 (Repertory Grid)	• 상위 관리자를 대상으로 직무의 핵심적 내용과 요건에 관한 관점, 성공기준, 수행 경험 등을 바탕으로 우수/열등 직무자 간의 차이를 분석하는 면접기법 • 주요절차 : 1. 상위관리자로 하여금 우수 직무수행자와 열등 직무수행자를 각각 3명 이상을 카드에 기입하도록 한다. 2. 상위관리자로 하여금 카드를 무선적으로 3장 선택하도록 해서 직무수행방법상 2명과 나머지 1명과의 차이점을 나타내는 준거(기준)를 찾아낸다. 3. 면접을 통해서 얻어진 자료를 바탕으로 상위관리자들이 직무수행에 필요하다고 생각하는 요건을 추출한다(직무핵심에 관련된 것이라야 한다).		
주요사건기법 (Critical Incidents)	• 직무목표에 결정적인 영향을 미친 사건들과 그 원인을 면접을 통해서 확인 분석하는 기법. • 사건의 조건 : 1. 업무성과에 좋은 영향이나 나쁜 영향을 끼친 사건 2. 사건의 원인과 결과가 분명히 있어야 한다. 3. 자주 일어나지 않지만 직무와 관련된 것이어야 한다. • 사건의 조사 및 기록 : 1. 사건의 제목과 배경 2. 사건의 개요 3. 그 상황에서 어떻게 행동했는가? 4. 좋은 결과나 나쁜 결과가 나타나게 된 이유가 무엇인가? 5. 그런 사건이 다시 일어날 경우 어떻게 행동하겠는가 등에 대한 인터뷰 결과 기록		

출처: 민병모 외(1998), 핵심역량 모델의 개발과 활용. 부분을 수정 보완한 내용.

5) 역량 평가방법

추출된 역량을 평가하는 방법은 설문평가, 자기평가, 360도 평가, 관찰, 시험, 행동면접, 모의과제, 역할연기 등이 있다. 최근에는 역량평가를 인사고과에 활용하기 위하여 모의과제를 통하여 실제 역량이 어느 정도 되는지 다수의 평가자를 통해 평가하는 방법이 많이 활용되고 있다. 모의과제 내용의 경우 사례연구(case study), 서류함 기법(in basket), 역할연기(role playing), 집단토의(group discussion) 등을 통하여 역량을 평가하여 역량개발(DC: Developing Competence)과 역량평가(AC: Assessment Competence)에 동시에 활용한다. 이에 대한 구체적인 내용은 〈표 9-4〉와 같다. 역량평가방법의 경우 아래와 같이 다양한 방법이 있지만 한 가지만을 고집하기보다 다양한 방법을 활용하여 평가하는 것이 바람직하다.

표 9-4 역량평가방법

유형	특징	장점	단점
집단토의	실제 업무현장에서 발생할 수 있는 유사한 사례를 제시해 주고 4~5명이 한 팀이 되어 토의를 하는 과정에서 나타나는 행동을 보면서 역량을 평가하는 방법	구성원 간 역량 차이를 쉽게 파악할 수 있음	자료 수집과 평가자의 역량에 따라 차이가 있음
자기평가 (설문평가)	개발된 직무역량지표의 설문지를 이용하여 자신의 역량 수준에 대하여 자신이 평가함	시행 간편	객관성 결여
360˚평가	평가대상자와 자주 접촉하는 사람들의 판단을 기준으로 평가 대상자의 직무수행을 평가(표준화된 척도가 주로 사용되며 집단면담, 개인면담도 활용), 상사, 동료, 부하가 동시에 평가함	자료들이 타당하고 객관적	시행과 데이터 분석이 어려움
관찰	실제 직무상황(또는 모의과제)에서 특정 직무역량의 발휘 여부를 직무전문가가 직접 관찰	직접 관찰을 통해 가용한 데이터 즉시 수집	관찰자의 주관개입, 장시간의 관찰이 요구됨
시험	특정 직무역량과 관련된 개인의 지식이나 기술수준을 평가	시행 간편, 객관적	특정한 지식과 능력에 한정됨

유형	특징	장점	단점
행동면접 (Behavioral Interviewing)	훈련받은 면담자가 행동중심적 면담을 수행하여 실제 직무상황에서 발휘되었던 특정 직무역량을 규명	연구중심 기법, 상세하고 객관적인 자료 습득	면담자, 훈련시간 및 연구비용이 많이 소요됨
모의과제 (Simulation)	2명 이상의 소그룹을 구성하여 의사결정, 문제해결, 합의 도출 등을 목적으로 실무를 묘사한 과제를 수행, 평가자는 이 과제수행을 관찰하고 특정 직무역량의 표현 여부를 평가	객관적 평가, 한정된 시간 안에 필요한 데이터 확보	직무역량이 표현되지 않을 수 있음
역할연기 (Role Play)	특정 직무역량이 표현되도록 디자인된 역할연기 과제를 부여하고 평가	특정 직무역량에 집중 가능	강요된 행동이므로 실제 능력 발휘 기회 부족

역량중심 교육 프로그램 개발의 경우 역량체계 수립 단계와 학습체계 수립 단계로 구분해 볼 수 있다. 역량체계 수립 5단계의 경우, 먼저 현황 수립 단계가 있다. 이 단계에서는 회사의 비전, 미션, 전략을 파악하는 단계이다. 둘째, 직무역량 추출을 위한 기초자료 작성 단계이다. 이 단계가 중요하다. 양식을 통해서 또는 워크숍을 통해서 역량 추출을 위한 기초자료를 작성한다. 셋째, 역량 추출이다. 역량 추출의 경우 양식이나 워크숍을 통하여 역량을 추출해 낸다. 추출한 역량에 대한 조작적 정의도 한다. 넷째, 추출한 역량에 대하여 중요도를 평가한다. 직급별, 직종별 중요도 평가가 이루어진다. 다섯째, 평가된 내용을 바탕으로 역량체계도를 완성한다.

학습체계 수립 5단계의 경우, 첫째 전체 역량에 대한 학습체계도를 작성한다. 둘째, 학습방법을 결정하고, 셋째, 교육과정을 개발하며, 넷째, 교육 실시, 다섯째, 실시 후 평가 단계이다.

역량중심 교육 프로그램 개발(Competency Based Curriculum Development: CBCD)의 모형 중 직무역량 학습체계수립 10단계를 그림으로 제시하면 다음 [그림 9-1]과 같다.

※ 역량체계수립 5단계

	1. 현황분석	2. 직무역량 추출을 위한 기초자료 작성	3. 직무역량 추출	4. 직무역량 선정	5. 직무역량 체계도 작성
주요 내용	• 현황분석 및 정리	• 직무역량 추출을 위한 양식 배부 및 기초자료 작성	• 직무역량 추출 • 직무역량 정의	• 직무역량 중요도 평가 • 직무역량 Validation 및 Gap 분석	• 설문분석 결과를 활용하여 직무역량 체계도 완성
방법	• 현존자료 분석 및 정리	• 직무역량 추출 양식을 현업부서 배부 • 내용 전문가가 작성	• 작성된 직무역량 산출 양식을 회수 • 기술된 내용을 검토하여 직무역량명 추출 및 정의 • 직무역량 수준 정의	• 정의된 역량을 기준으로 설문지 작성 • 역량에 대한 중요도 및 현재수준 설문평가 • 설문평가를 통해 나온 역량에 대한 SME 검증 • 설문결과 통계적 검증	• 설문분석결과 활용을 통한 체계도 작성
Out-Put	• 회사의 미션, 비전 • 부서 미션, 비전 • 학습자 분석	• 공정별 직무역량 기초자료 확보	• 직무역량명 추출 • 직무역량 정의 기술 • 직무역량 수준 정의	• 설문지 • 설문결과 분석에 의한 공정별 직무역량 선정 • 설문평가 결과를 통해 나온 역량 최종 검증 후 확정	• 직무역량 체계도 • 직무역량 수준 • 직무역량 개발 우선순위

※ 학습체계수립 5단계

	6. 학습체계 Road Map 작성	7. 교육방법 결정	8. 교육과정 개발	9. 교육실시	10. 교육실시 후 평가
주요 내용	• 학습체계 Road Map 작성을 위한 과목 선정	• Intervention에 따라 교육방법 결정	• 역량개발 우선순위에 의한 교육과정 개발	• 학습체계 Road Map에 의거 교육 실시	• 학습자 평가
방법	• 직무역량 Road Map에 의거 기본 교육 과정을 선정	• 현업부서 내용 전문가와 교육방법, 비용, 학습일정 등을 고려하여 결정	• 현업부서 내용전문가에 의한 교육내용, 목차, 시간 등을 결정	• 대상자 선정, 일정, 강사 선정 등 교육계획 수립 및 실시	• 만족도, 학습성취도, 현업적용도 중 선택하여 평가
Out-Put	• 전체 역량에 대한 학습체계 Road Map(교육과정)	• 교육방법 분석표 -집합교육 -e-Learning -OJT -위탁교육 등	• 역량개발 우선순위에 의한 교육과정 개발 -목차 -교육내용 -교육시간 등	• 교육실시 계획서 -학습대상자선정 -교육일정 확정 -교육장소 확보 등	• 학습결과 분석 후 보고 -만족도/ 성취도/ 현업적용도 평가 결과 등

그림 9-1 직무역량 학습체계수립 10단계

교육과정 개발 시 교수체제개발(ISD)과 역량위주 수행체제 모델인 역량중심교육과정개발(CBCD)이 있다. 교수체제개발 방법과 역량중심교육과정개발 방법과의 차이를 표로 나타내면 다음 〈표 9-5〉와 같다.

표 9-5 ISD와 CBCD의 차이

구분	ISD 모델 적용 (예: DACUM)	역량위주 수행체제 모델 적용 (예: CBCD)
목적	개인의 지식/스킬 개발	비즈니스 성과 증대
요구	필요한 지식/스킬 충족	수행성과 충족
해결책	교육과정/체계개발	다양한 학습지원책 개발
평가기준	직무수행의 충실도	조직 차원의 효율성 제고

3. DACUM(Developing A Curriculum) 모형

다쿰(DACUM) 모형은 Motorora 대학에서 개발하여 널리 활용되고 있다. DACUM은 직무분석을 통해 교육 프로그램을 개발하는 것이 특징이다. 특정한 직무(Job)를 업무(duty)와 과제(task)로 정의하고 분석하는 것으로 교육 프로그램 개발이 시작된다. 직무분석을 통해 교육에 필요한 과제가 선정되고 그 과제를 수행하는 데 요구되는 지식 · 기능 · 태도를 도출해 낸다. 이때 기존 교육과정의 목표나 내용을 확인한다. 각 과정을 목록화하여 구성된 과제와 지식 · 기능 · 태도를 비교하여 교육과정을 구성하고 특정 직무의 동료 수행자들의 검증 작업을 거친다. 그 다음 요구되는 스킬에 알맞은 교육과정을 선정한다. 이상과 같은 과정을 거쳐 선정된 일련의 교육과정들이 모여 특정 직무수행에 필요한 교육의 체계도(roadmap)를 완성하게 된다.

역량중심교육 프로그램 개발방법과 DACUM을 통한 교육 프로그램 개발방법의 가장 큰 차이점은 역량중심의 경우 특정 업무를 수행할 때 그 기능을 수행함으로써 달성해야 되는 성과나 산출물 혹은 기대되는 비즈니스 결과로부터 시작된다는 점이다. 반면 DACUM의 경우 현재의 직무분석을 통하여 현재의 업무수행상 문제를 기반으로 한다는 점이다. DACUM과 CBCD와 차이를 그림으로 제시하면 다음 [그림 9-2]와 같다.

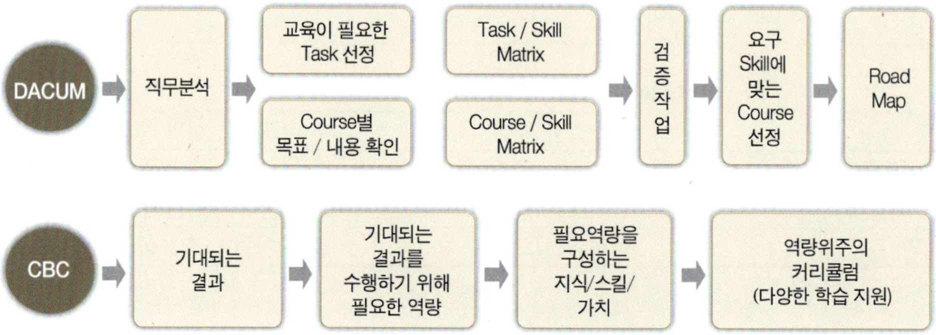

그림 9-2 DACUM과 CBCD와 차이

4. IMPACT 훈련 모형

이 모형은 교육요구를 충실히 파악하고(Identify: I), 바람직한 접근방식을 선택하고(Map: M), 적합한 학습도구를 제작하며(Product: P), 적절한 교육기법을 적용하고(Apply: A), 교육결과를 측정하고(Calculate: C), 교육효과를 지속시켜야(Track: T) 하는 단계로 구분할 수 있다. 상세한 내용은 〈표 9-6〉과 같다.

표 9-6 창(Chang)의 High-IMPACT 모형

I-M-P-A-C-T 단계		설 명
Identify	교육요구 파악	업무수행의 개선을 위해 교육 필요성 파악
Map	교육접근방식 선정	업무목표 달성과 업무수행 개선을 위한 최적의 교육방식 선정
Product	학습도구 제작	학습자원, 교육도구 제작
Apply	교육기법 적용	성공적 결과를 위해 설계된 대로 교육 실시
Calculate	교육결과 측정	교육의 실제 수행개선 여부 평가, 결과 공지
Track	교육효과 지속	교육효과가 소멸되지 않게 개인과 조직이 방법을 강구

① **교육요구 파악 단계**(Identify)

이 단계에서는 현재 상황을 사정하고, 미래의 비전을 가지고, 정보를 수집하고 분류하며, 결과를 공유한 뒤, 다음 조치를 결정한다. 즉, 교육필요점을 찾아내는 단계이다.

② **교육접근방식 선정 단계**(Map)

이 단계에서는 교육목표를 설정하고 교육대상자를 고려하여 교육방식을 설계한다. 파악된 교육요구를 해결하기 위해 적절한 교육방법을 선정하는 단계이다.

③ **학습도구 제작 단계**(Product)

이 단계에서는 프로그램 자료를 선정하고, 내용을 결정하며, 개발과정에 초점을 둔다. 교육을 하기 위해 필요한 각종 자료를 개발하고 제작하는 단계이다.

④ **교육기법 적용 단계**(Apply)

이 단계에서는 개발된 교육자료를 효과적으로 사용하며 실제 현장에서 적용해 보는 단계이다.

⑤ **교육결과 측정 단계**(Calculate)

이 단계에서는 프로그램의 반응을 평가하고, 직무수행상의 행동을 평가하고, 경영상의 결과를 분석하며, 조직에 미치는 영향력을 추적한다.

⑥ **교육효과 지속 단계**(Track)

이 단계에서는 교육효과를 지속적으로 발휘하기 위하여 노력하는 단계이다.

5. ADDIE : Molenda의 ISD일반모형

교수체제설계(Instructional System Design: ISD)의 일반모형인 ADDIE모형은 전형적인 수업설계 모형이다. 수업설계 모형이면서 일을 해나가는 절차로 사용할 수 있다. 이 모형은 분석(Analysis: A) · 설계(Design: D) · 개발(Dvelopment: D) · 실행(Implementation: I) · 평가(Evaluation: E) 다섯 단계를 포함하고 있다. 다섯 단계의 세부내용은 다음 〈표 9-7〉과 같다.

표 9-7 ISD과정과 산출물

ISD의 과정	역할(기능)	세부단계(활동)	산출물
분석 (Analysis)	학습내용(What)을 정의하는 과정	• 요구사정 • 목적분석 (목표분석) • 학습자분석 • 환경분석 • 직무 및 과제분석	• 수행문제분석 • 교육목적 • 제한점 • 학습과제
설계 (Design)	교수방법(How)을 정의하는 과정	• 목표설계 • 교수설계 • 평가설계 • 방법설계	• 수행목표 • 교재, 교안 • 평가문항 • 매체, 사례 등
개발 (Dvelopment)	교수자료를 만들어 내는 과정	• 교수자료 개발 • 평가문항 개발 • 각종 교육자료 개발 • 시범실시(pilot test)	• 교재, 교안 • 평가문항 • 매체, 사례 등 • 시범자료(pilot test)
실행 (Implementation)	프로그램을 실제의 상황에 설치하는 과정	• 프로그램의 사용, 설치 • 유지 및 관리	• 프로그램 실행
평가 (Evaluation)	프로그램의 적절성을 결정하는 과정	• 프로그램 효과 평가 • 총괄평가	• 프로그램의 가치 및 평가보고서 • 총괄평가

① **분석**(Analysis) **단계**

프로그램을 개발할 때 가장 중요한 단계이다. 학습내용을 결정하는 단계이다. 이 단계에서 해야 할 활동은 요구사정과 요구분석, 학습자분석, 환경분석, 직무 및 과제분석이다. 요구사정이란 요구의 우선순위를 결정하기 위해 필요한 것이다. 요구사정을 통해 나온 내용을 근거로 수행문제분석을 할 수 있다. 학습자분석이란 학습자의 인구통계학적 분석과 배경분석을 말한다. 환경분석이란 프로그램에 참여할 장소와 설비를 포함한다. 직무 및 과제분석이란 직무에 대하여 상세한 분석을 말한다.

② **설계**(Design) **단계**

설계 단계는 분석 단계에서 나온 결과물을 갖고 체계적·체계적·창의적으로 설계하는 단계이다. 설계과정에서 달성해야 할 수행목표의 명세화, 교수설계(Instructional Design: ID), 평가설계, 방법설계 등이 포함된다. 설계과정에서 프로그램 전체의 청사진 또는 설계 명세서가 나온다.

③ **개발**(Development) **단계**

설계 단계에서 나온 프로그램 전체 청사진에 따라 개발하는 단계이다. 개발한 결과물이 교재와 교안, 평가문항이 있다. 교안에 들어갈 구체적인 매체, 사례, 동영상 등이 또한 개발할 내용이다. 이 개발한 내용은 시범실시(pilot test)를 통하여 완성한다.

④ **실행**(Implementation) **단계**

개발된 프로그램 내용을 실제 현장에서 실시하는 단계이다.

⑤ **평가**(Evaluation) **단계**

프로그램 설계과정 전체에 대하여 효과성과 효율성을 평가하는 것과 형성평가와 총괄평가를 하는 것이 있다.

6. 역량중심 교육체계 수립 미니 워크숍

역량중심 교육체계 수립을 위한 절차를 제시한다. 아래 절차에 따라 역량을 추출하고 추출된 역량을 어떻게 개발할 것인가?를 절차에 따라 수행해 보면 역량중심 교육체계를 수립할 수 있을 것이다. 아래 〈표 9-8〉은 역량추출 단계에 대한 기본적인 내용이다. 이 내용을 중심으로 간단하게 역량중심 교육체계 수립방법을 설명한다.

표 9-8 역량중심 교육체계 수립을 위한 절차

구분	Kick-Off미팅	1단계 역량도출	2단계 행동지표발굴	3단계 행동척도화	4단계 활용도구화	5단계 역량 Intervention Matrix작성
내용/활동	• 조직요구에 부응하는 모델유형은(전사적, 부문별, 부서별로?) • 역량모델 목적은? (연봉제, 교육체계 재구축) • 역량모델요소? (전사핵심역량, 리더십, 경영관리 부문별, 직무역량?) • 자료수립방법? • 직급별 수준? • 주관(독립, 컨설팅)	• 성과물 작성 • 역량도출 • 역량정의	• 행동 예 수집 • 행동척도 차원 설정 • 행동지표 기술 • KSA 산출	• 척도화 Scheme 설정 • 숙련도 수준 (Proficiency Level 판단 및 기술)	• 직급에 따른 필요 숙련도 수준 확인 • 역량별 Intervention 도출	• 역량 Intervention 도출
방법	• 내부 워크숍	• 자체 워크숍 • 면담 (SME) • 문헌연구	• 자체 워크숍 • 면담 (SME) • 문헌연구	• 자체 워크숍 • 면담 (SME) • 문헌연구	• 자체 워크숍 • 면담(SME) • 문헌연구	• 자체 워크숍 • 면담(SME)
산출물	• 모델이미지 확정	• 역량골격 (역량구조와 요소)	• 행동지표 • KSA 산출	• 숙련도 수준 (Proficiency Level)	• 역량별 필요 숙련도수준 • 직무/직급별 역량모형 (Competency Profile)	• 자기개발 계획서 작성 • 역량지표 개발 • Pilot 실시

(1) 1단계 : 역량 추출을 위한 기본 자료수집

1단계는 역량 추출을 위한 기본적인 자료수집 단계이다. 아래 〈표 9-9〉 역량 추출을 위한 기본 자료수집 양식 중 달성해야 할 성과의 경우 역량을 추출할 부서나 회사에서 달성해야 할 성과를 기술하는 것이다. 예를 들면 연수팀의 경우 연수팀에서 달성해야 할 성과를 기술하는 것이다. 유관산출물의 경우 달성해야 할 성과와 관련하여 실제 업무현장에서 하고 있는 일을 말한다. 직무역량의 경우 달성해야 할 성과를 수행하기 위해 우수한 업무수행자들이 하는 행동특성을 나열하면 된다. 전문지식, 기술, 태도는 우수한 업무수행자들이 하는 행동특성과 관련된 지식, 기능, 태도를 말한다.

표 9-9 역량 추출을 위한 기본 자료수집 양식

달성해야 할 성과	유관 산출물	직무역량(주요행동특성)	전문지식, 기술, 태도
필요인재의 조기 확보	• 채용전략 • 중장기 인력계획 • 인력채용계획 • 대내외 인력시장 예측보고서	필요한 인재를 조기에 확보하기 위해 외부 전문가를 만난다. 우수한 인재를 확보하기 위해 타사에서는 어떻게 대처하는지 살핀다. • 정보수집 • 설득력 • 주도성	• 중장기사업계획 이해 • 상담기법 • 인터뷰기법 • 채용관련기관 정보 • 선발기법
인사제도 (평가, 보상)의 공정 운영	• 임직원의 반응평가 • 인력운용방안	• 주도성 • 유연성 • 문서적 의사소통	• 대내외경영환경 이해 • 시간관리 • 인터뷰기법

(2) 2단계 : 추출된 역량의 정의 및 행동지표 선정

2단계에서는 추출된 역량을 정리하는 단계이다. 즉, 1단계 주요 행동특성을 잘 정리하여 추출하면 역량이 나온다. 역량을 추출하여 추출된 역량을 조작적으로 정의한다. 조작적으로 정의된 역량에 대하여 역량별로 행동지표를 설정한다. 행동지표의 경우 낮은 차원에서 높은 차원의 행동지표로 단계를 나누어 1단계에서 5단계 정도로 구분할 수 있다. 각각의 행동지표에 대한 지식, 기능, 태도를 구성할 수 있으며 역량과 행동지표와 관련된 직무를 연관지어 작성한다. 양식을 표로 정리하면 〈표 9-10〉과 같다.

표 9-10 추출된 역량의 정의 및 행동지표 선정

역량	정의	행동지표	역량요소 (K.S.A)	직무관련 (Job Output)
설득력	나의 주장을 상대방에게 기분 나쁘지 않게 잘 전달하여 상대방이 나의 의견을 수용한다.	1. 말을 할 때 상대방이 기분 나쁘지 않게 전달한다. 2. 감정이 격해져 있을 경우에도 상대방을 자극하지 않고 합리적으로 의견을 전달한다.	인간심리 이해 경청 스킬 표현 스킬 감정 조절 상대방 배려 공감 능력	고객면담 후배지도 상사면담

(3) 3단계 : 역량의 중요도 평가

3단계에서는 역량의 중요도를 평가한다. 역량의 중요도 평가를 위해 추출된 역량과 Job Output과의 관련성을 Matrix로 만들어 평가한다. 실제적인 수행성과와 비교하여 판단함으로써 주관적인 판단을 보완할 수 있다. 우수수행자나 SME가 평가한다.

표 9-11 역량의 중요도 평가

역 량	Job Output				
	강의	교육진행	결과보고	교육체계수립	과정개발
설득력	5	4	4	3	4
창의성	4	3	4	4	5
문제해결지향성	4	4	4	5	5
연구/개발마인드	4	3	3	5	5
변화주도력	4	3	3	4	5
프리젠테이션	5	4	4	4	4
서비스 마인드	5	5	3	3	4

보기: 5: 매우 그렇다. 4: 그렇다. 3: 보통 2: 그렇지 않다. 1: 매우 그렇지 않다.

(4) 4단계 : 중점육성 대상자 결정

4단계에서는 중요한 역량을 어느 대상자에게 먼저 육성을 할 것인가 결정하는 단계이다. 중점육성 대상자 결정방법은 설문지를 통하여 결정하는 것이 일반적이다. 설문지 구성방법은 역량의 행동지표에 나와 있는 내용을 중심으로 구성하면 된다. 구성된 설문지를 중요도와 현재 상태의 차이 분석을 통해 중점육성 대상자를 결정한다. 예를 들면 행동지표 중 1. 말을 할 때 상대방이 기분 나쁘지 않게 전달한다의 항목에 중요도(1, 2, 3, 4, 5)와 현재 상태(1, 2, 3, 4, 5)의 척도에 체크하여 그 차이를 분석하여 중점육성 대상자를 결정한다. 설문분석 결과 중점육성 대상자 결정은 〈표 9-12〉와 같다.

표 9-12 중점육성 대상자 결정

역량	대상			
	대리	과장	차장	부장
설득력	★	★	★	★
연구개발마인드	★	●	●	●
창의성	★	★	●	●
서비스 지향성	●	●	★	★
Presentation Skill	●	★	●	●

해당계층에 중요도 평가 : ★ 해당계층에 필수적인 역량
● 해당계층에 중요한 역량
또는 매우 중요 5 / 중요 3 / 불필요 1

(5) 5단계 : 육성의 효율성 결정(Intervention Matrix)

5단계에서는 육성의 효율성과 육성방안을 모색하며, 육성이 어려운 역량은 참고자료로 활용한다. Intervention 방법은 Non-Training Intervention 방법까지 고려하여 종합적으로 검토한다. 육성의 효율성은 〈표 9-13〉과 같다.

표 9-13 육성의 효율성 결정

역량	육성의 효율성					Intervention			
	A	B	C	D	E	SD	Off JT	Cyber	OJT(L)
변화주도성			V			◎		◇	○
창의성			V			◎	○		
연구개발		V				◎	○	○	
프리젠테이션					V		◎	○	○

A: 육성이 어려움 B: 장시간/고비용 C: 장시간/저비용 D: 단시간/고비용 E: 단시간/저비용
◎: 최적방안 ◇: 2차 방안

개발된 내용의 활용 : 자기개발 계획서 작성

역량체계도에 따라 자신이 부족한 역량을 개발하기 위한 자기개발 계획서를 만들 수 있다. 첫째, 향후 1년 이내에 맡게 될 역할과 과제는 무엇입니까? 둘째, 좌측란에 기술한 역할과 과제를 달성하기 위해 필요한 역량은 무엇입니까? 셋째, 전문가로서 성장하기 위해 중장기적으로 요구되는 역량은 무엇입니까?와 같은 내용은 〈표 9-41〉과 같다.

표 9-14 자기개발 계획서

구분	맡게 될 역할과 과제	개발역량	개발목표	개발전략		
				교육과정/세미나	자기학습 등	일정
장기						
단기						
	소속	직급	성명	서명	합의문	
본인					성실히 실행할 것 약속	
부서장					적극지원, 협조할 것 약속	

위의 자기개발 계획서에 따라 연말에 자기개발 평가서에 의하여 평가할 수 있다. 위의 양식에 따라 5단계 척도에 따라 평가하고 부서장의 총평가 자기개발활동에 대한 반성으로 구성해 볼 수 있다. 이것은 〈표 9-15〉와 같다.

표 9-15 자기개발 평가서

개발하고자 했던 역량은?	역량 개발의 목표는?	실제로 역량개발 전략은? (교육과정, 세미나, 자기학습, 팀 학습 등)	스스로 평가한다면?					개발된 역량의 활용계획과 자기개발활동에 대한 반성
			매우 미흡	미흡	보통	우수	매우 우수	
부서장 총평								

역량의 행동지표을 인사고과지표로 활용할 수 있다. 그 행동지표에 따라 평가하여 인사고과를 활용하는 방법은 〈표 9-16〉과 같다.

표 9-16 역량모델을 이용한 역량 평가표

역량명	직급	가중치	행동지표	평가척도				
				S	A	B	C	D
설득력	사원	3		5	4	3	2	1
		4		5	4	3	2	1
	대리	4		5	4	3	2	1
		4		5	4	3	2	1
	과장	4		5	4	3	2	1
		5		5	4	3	2	1
	차장 부장	4		5	4	3	2	1
		4		5	4	3	2	1
	※ 1 : 해당행동을 전혀 안 보인다 3 : 보통이다 5 : 해당행동을 자주 보인다							

직무역량체계수립 매뉴얼

직무역량체계수립을 위한 구체적인 매뉴얼 실제 예를 좀 더 구체적으로 제시해 본다. 직무역량체계수립 단계별로 결과물의 경우 1단계에서는 현황분석자료가 나와야 한다. 2단계의 경우 직무역량추출 양식에 따른 결과물이 나와야 하며 그 결과물에 따른 역량명과 역량에 대한 정의가 나와야 한다. 4단계와 5단계에서는 직무역량 체계도와 그 체계도에 따른 어떤 직급에 어떤 역량이 더 중요하고 덜 중요한지 결정되어야 한다. 역량체계수립 추진 단계별 최종 Out Put Image를 제시하면 아래 [그림 9-3]과 같다.

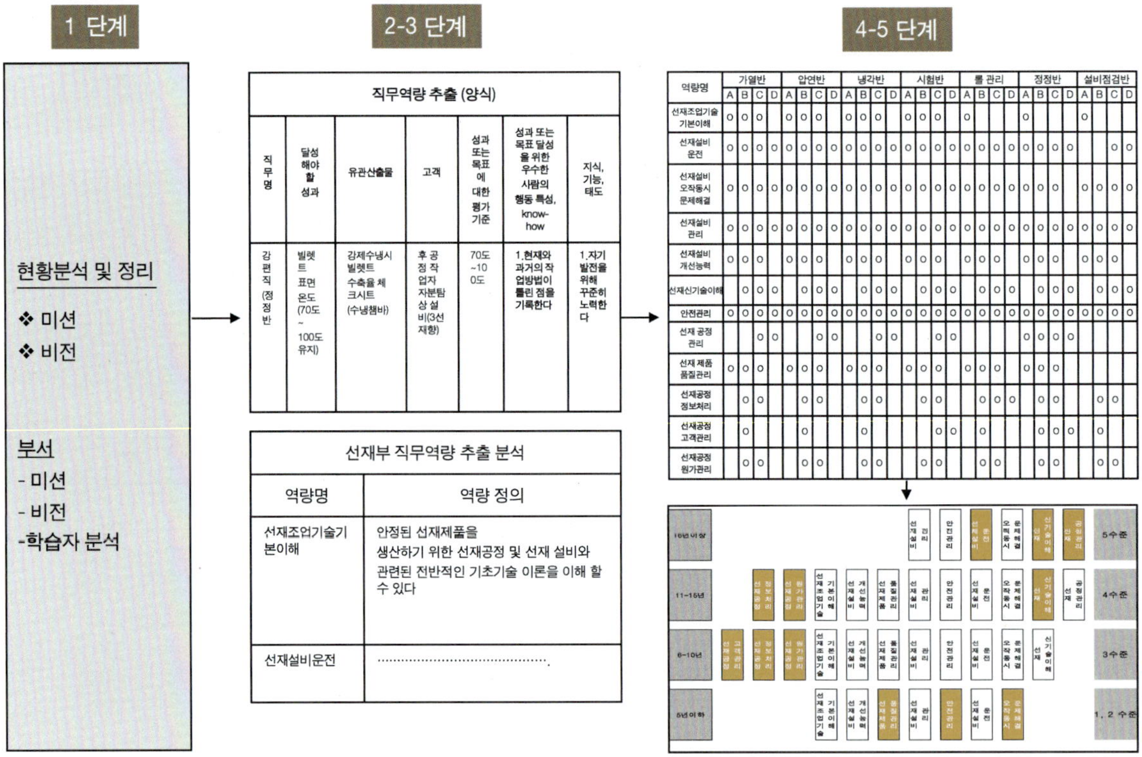

그림 9-3 역량체계수립 5단계 Out Put Image

1 단계

과정 / 연차	필수과정	선택과정						
		가열반	압연반	냉각반	시험반	롤관리반	시험반	설비점검반
16년차 이상	선재 공정 관리		선재 설비 운전					
11-15 년차	선재 신기술 이해							
8-10 년차	개선 능력							
5년 이하	고객 관리							

2 단계

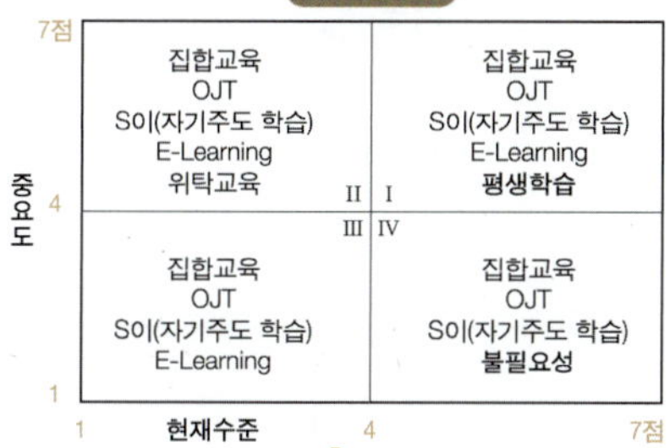

3 단계

육성방법결정

약량명	집합교육	oJT	e-러닝	SDL
선재제품 품질관리	◎		○	
안전관리	○	◎	○	
선재공정 개선능력	◎	○		
선재설비 운전		◎		○
○ : 최적방안 ◎: 차선방안				

직무역량체계수립에 따라 학습체계수립 5단계가 있다. 학습체계수립 5단계별 결과물의 경우 1단계는 역량에 대한 과목을 결정한다. 2단계의 경우 그 과목에 대한 육성의 효율성을 결정한다. 3단계에서는 육성의 효율성에 따라 교육목표 및 교육내용을 결정한다. 4~5단계에서는 실제 교육을 실시하는 단계이다. 이를 그림으로 제시하면 아래 [그림 9-4]와 같다.

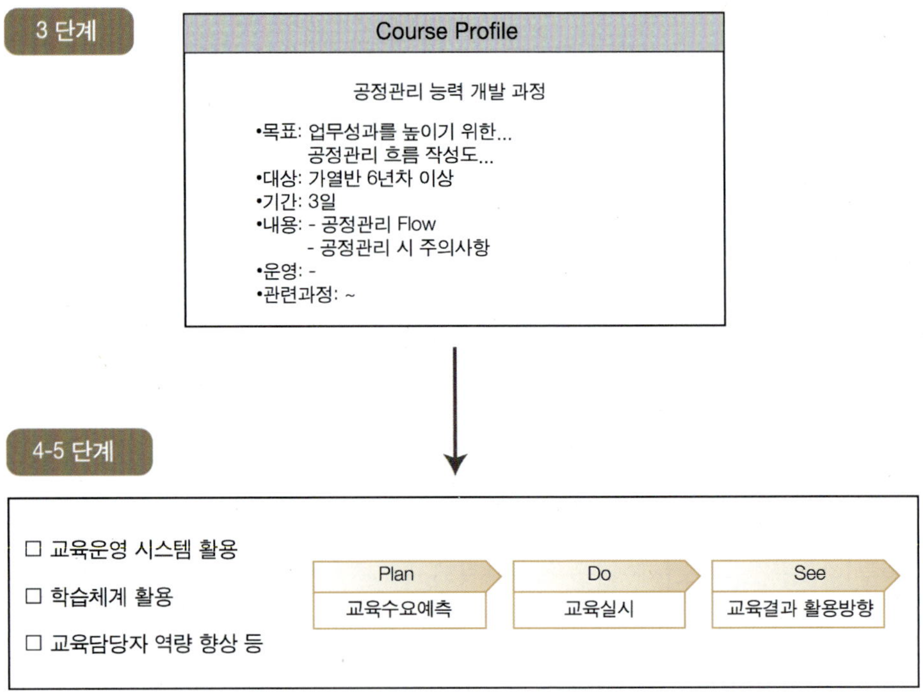

그림 9-4 학습체계수립 5단계 Out Put Image

단계별 구체적인 방법을 살펴보면 다음과 같다.

1단계 : 현황분석

1-1. 현황분석 방법

1. OOO 미션 및 비전 확인 → 2. 해당 부서 미션 및 비전 확인 → 3. 회사의 미션과 비전을 해당부서 미션과 비전 연결 → 4. 해당 부서 학습자 현황 분석 → 5. 해당 부서의 직무분석이나 비지니스 시스템 확인

1. 현황분석 시 우선 회사의 미션과 비전을 확인한다.

2. 해당 부서의 미션과 비전을 확인한다.

만일 해당 부서의 미션과 비전 또는 인재상 등이 없을 경우 또는 재설정 시에는 이 작업을 먼저 수행해야 한다.

※ 부서비전개발 : 인재개발원의 "벽 없는 조직 워크숍"을 활용하여 수립(필요시 Facilitator 지원)

3. 회사의 미션, 비전과 부서의 미션, 비전 등을 서로 연결시키는 작업을 한다.

4. 해당 부서의 학습자 현황을 분석한다.

※ 인적 사항 : 직무별, 근속년수별, 직책별, 평균연령

5. 해당 부서의 직무분석이나 비즈니스 시스템을 확인한다.

* 역량 중심 직무학습체계 수립을 위해서는 비즈니스 성과와 연계해서 역량을 추출해야 하기 때문에 경영환경분석이나 회사의 미션, 비전 등을 확인하는 작업이 필요하다. 그러나 OOO의 모델에서는 경영환경 분석에 대해서는 이루어진 것으로 보고 생략한다. 또한 해당 부서의 교육이념이나 인재상을 만드는 작업은 생략하였다. 그리고 분석단계에서 해야 할 일들 중 직무분석이 있으나 OOO 모델에서는 직무분석을 하지 않고 비즈니스 시스템에서 필요한 직무를 추출하는 것으로 정하였다.

1-2. ○○○ 미션 및 비전(예)

OOO 미션

우리는 사회의 기반이 되는 제품과 서비스를 제공하여
인류사회의 지속 가능한 발전에 공헌한다.

핵심공유가치

최고지향	창의존중	기본중시
글로벌 경쟁환경에서 생존을 위한 기본명제	21세기 지식기반 사회의 가치창출 원천	기업의 영속적인 발전을 위한 토대

OOO 비전

철강 사업역량을 기반으로 지속성장하는 글로벌 우량기업

세계 최고의 철강사업가치를 가진 기업	21세기형 성장엔진을 확보한 기업	인재를 육성하고 끊임없이 혁신하는 기업

1-3. 부서 미션 및 비전(예)

미 션 → 지속 성장하고 존경받는 글로벌 우량기업 OOO회사의 선도적 생산조직으로 세계 최고의 선재제품을 생산하여 고객과 인류사회에 공헌

비 전 →

World Best의 기술과 인재의 선재

- □ 세계 최고의 품질과 원가 경쟁력을 가진 선재제품
- □ 창의적 발상과 혁신이 체질화된 OOO회사 선도적 생산조직
- □ 기본의 실천, 윤리의식, 상호신뢰를 바탕으로 한 자랑스런 선재인

2단계 : 직무역량 추출을 위한 기초자료 작성

2-1. 학습체계 수립 절차

학습체계 수립의 일반적인 방법은 크게 3가지 형태가 있다.
첫째, 역량중심 학습체계 수립 방법(CBC),
둘째, 직무분석을 바탕으로 한 학습체계 수립 방법(DACUM)
셋째, 필요점 조사 방법(CHNA)
넷째, 설문지를 활용하는 방법을 바탕으로 한 학습체계 수립 방법이 있다.
OOO에서 적용한 방법은 **역량중심 학습체계 수립방법**을 주방법으로 하였다.

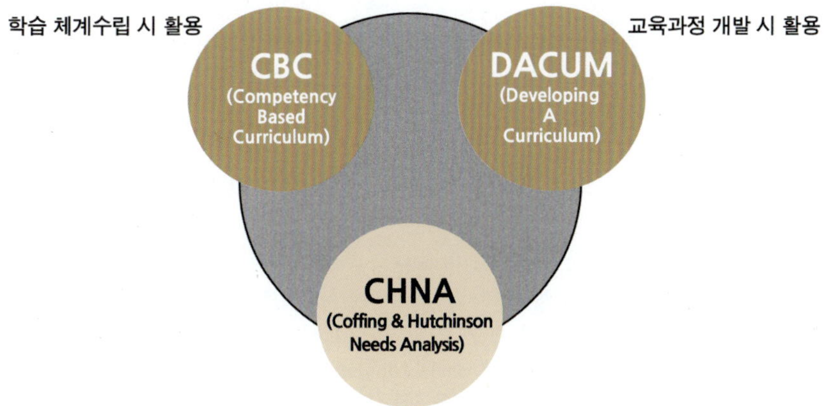

2-2. 직무역량 추출을 위한 기초자료 작성 절차

1. 직무역량 산출 방법 결정 → 2. SME선정 → 3. 열량 추출 직무 선정 → 4. 작성내용 검토 및 피드백 → 5. 직무역량 추출 양식 배부 및 작성

1. 직무역량을 추출을 위한 양식을 결정한다.

- 직무역량을 산출하는 방법으로는 SME(Subject Matter Expert : 내용전문가), 워크숍, FGI(Focus Group Interview), 설문조사 등의 있다. 직무역량을 산출할 때 현업부서장과 협의하여 어떤 방법으로 할 것인지, 시간과 비용 등을 고려하여 선정한다. 여기에서는 양식을 만들어 관련 SME들에게 E-Mail로 발송하여 작성 후 송부하게 한다.

2. 직무역량 추출 양식에 응답을 할 SME를 선정한다.

- SME 즉 내용 전문가를 선정할 경우 해당 부서에서 현업경험이 풍부한 직원으로 한다.
- 관련 내용을 충실히 답해 줄 수 있는 직원으로 한다.

3. 해당부서의 직무를 생각하면서 어떻게 직무역량을 추출할 것인가를 결정한다.

- 직무역량을 산출할 때 공정별로 직무역량을 산출할 것인지 직무분석을 통해서 직무역량을 산출한 것인지 들에 대하여 학습체계수립 담당자가 해당부서장과 협의하여 결정한다.

* 해당 부서장에게 학습체계 수립에 관한 일정들을 설명한 후 진행이 원활히 되도록 협조를 당부한다.

4. 양식에 작성한 내용을 회수 후 잘못된 내용의 경우 다시 반송하여 정확하게 작성해 피드백 한다.

- 이때 작성된 예를 다시 한 번 첨부하여 보여준 후 설명까지 해준다.

* 역량중심직무학습체계 수립을 위해서는 가장 바람직한 방법은 양식을 가지고 SME워크숍을 통해서 추출하는 것이다. 또한 전문가가 관련 SME와 워크숍을 진행하는 것이 바람직하나 OOO의 경영여건상 제한된 일정에 관련 SME들을 모두 모아 워크숍으로 진행하는 것이 시간상 여러 가지 제약이 있으므로 양식을 만들어 전자우편으로 발송 후 그 양식에 대한 설명을 유선으로 하여 양식에 맞게 충실히 작성하도록 하였다. 양식에 들어갈 내용을 메뉴 형식으로 배부하였으며 양식에 작성할 내용을 예를 들어 첨부하였다.

2-3. 직무역량 산출양식 설명

직무역량 추출(양식)						
직무명	달성해야 할 성과	유관산출물	고객	성과 또는 목표에 대한 평가기준	성과 또는 목표 달성을 위한 우수한 사람의 행동 특성, Know-how	지식, 기능, 태도
직무명을 공정별도 기술한다. 예) 가열 압연 냉연	가열반에서 최종적으로 달성해야 할 성과 또는 목표를 기술한다.	성과 또는 목표 달성을 위하여 사내외 관련 자료를 기술한다. 또는 회사 업무 파일들을 생각해 보면서 기술을 하면 된다.	달성해야 할 성과 또는 목표를 최종적으로 평가하는 고객이 누구인가를 기술 한다.	최종적으로 달성해야 할 성과 또는 목표를 평가하는 기준을 기술한다.	최종적으로 달성해야 할 성과 또는 목표를 잘 달성하기 위해 우수한 업무 수행자(Star Performer) 의 행동 특성을 기술한다. 이 행동 특성을 추출하기 위해 SME 워크숍을 한다.	최종적으로 달성해야 할 성과 또는 목표를 위해 필요한 지식, 기능, 태도를 기술한다.

2-4. 직무역량 산출 작성(예)

직무역량 추출(양식)						
직무명	달성해야 할 성과	유관산출물	고객	성과 또는 목표에 대한 평가기준	성과 또는 목표 달성을 위한 우수한 사람의 행동 특성, Know-how	지식, 기능, 태도
강편직 (정정반)	빌렛트 표면 온도 (70도~100도 유지)	강제 수냉 시 빌렛트 수축을 체크시트 (수냉챔바)	후 공정 작업자 자분탐상 설비 (3선재항)	70도 ~ 100도	1. 현재와 과거의 작업 방법이 틀린 점을 기록한다. 2. 수 차례 반복하여 온도와 냉각시간의 변수를 기록한다. 3. 분석하여 적정 냉각 시간을 산출한다. 4. 작업표준서 삽입	1. 자기발전을 위해 꾸준히 노력한다 2. 직무에 관련된 서적을 읽는다 3. 변화된 'SYS'에 잘 적용한다

기술표준서 및 작업 표준서를 작업장 앞에 붙여 놓고 작업시작 전에 한번 속독한다.

잘못 작성한 내용 수정 예

냉각수 관리, 품질관리,

3단계 : 직무역량 추출

3-1. 직무역량 추출 절차

1. 직무역량 산출 → 2. 직무역량에 대한 정의 → 3. 직무역량 수준에 대한 정의

1. 직무역량 산출 양식을 회수하여 그 양식에 나와 있는 내용을 보고 부서의 내용 전문가와 학습체계 수립 전문가가 직무역량을 추출한다.

- 양식에 나와 있는 내용 중 상과 또는 목표 달성을 위한 우수한 사람의 행동 특성, know-how에 있는 내용을 바탕으로 직무역량을 산출한다.
- 성과 또는 목표 달성을 위한 우수한 사람들의 행동특성 know-how에 나와 있는 진술문 중 공통적으로 진술 된 내용을 직무역량으로 산출한다.
- 직무역량을 산출할 때 진술문 중 마지막 동사와 동사의 앞부분 목적어를 많이 생각해본다.

2. 직무역량을 추출한 후 정의할 때 일반적인 의미의 정의를 내리기 보다는 부서의 실정에 맞게 정의를 내린다.

3. 직무역량 수준에 대한 정의를 한다.

- 직무역량에 대한 수준을 정의한다. 수준에 대한 정의는 일반적으로 SME가 교육과정개발을 염두에 두고 수준을 정의한다. 이때 보통 3단계 또는 5단계 7단계 등 다양하게 조작적으로 정의를 내릴 수준을 정의한다. 등을 고려하여 수준에 다한 정의를 내린다.

* 직무역량을 추출할 때 직무역량 양식에 나와 있는 내용 중 경영관리 교육의 경우 직무역량 사전을 많이 활용하지만 기술교육의 경우 사전에 거의 나와 있지 않기 때문에 양식에 나와 있는 내용을 관련 내용전문가와 협의하여 추출하여야 하는 어려움이 있다.

3-2. 직무역량 추출(예)

직무역량 추출(양식)						
직무명	달성해야 할 성과	유관산출물	고객	성과 또는 목표에 대한 평가기준	성과 또는 목표 달성을 위한 우수한 사람의 행동 특성, Know-how	지식, 기능, 태도
직무명을 공정별도 기술한다. 예) 가열 압연 냉연	가열반에서 최종적으로 달성해야 할 성과 또는 목표를 기술한다.	성과 또는 목표 달성을 위하여 사 내외 관련 자료를 기술한다. 또는 회사 업무 파일들을 생각해 보면서 기술을 하면 된다.	달성해야 할 성과 또는 목표를 최종 적으로 평가하는 고객이 누구인가를 기술한다.	최종적으로 달성해야 할 성과 또는 목표를 평가하는 기준을 기술한다.	최종적으로 달성해야 할 성과 또는 목표를 잘 달성 하기 위해 우수한 업무수행자(Star Performer)의 행동 특성을 기술한다. 이 행동 특성을 추출하기 위해 SME 워크숍을 한다.	최종적으로 달성해야 할 성과 또는 목표를 위해 필요한 지식, 기능, 태도를 기술한다.

여기에 기술된 내용을 보고 역량을 추출 (역량명/역량정의)

선재부 적용

3-3. 직무역량, 직무역량 정의(예)

역량명	역량 정의
선제조업기술 기본이해	안정된 선재제품을 생산하기 위한 선재공정 및 선재설비와 관련된 전반적인 기초기술 이론을 이해할 수 있다
선재설비 운전	안정된 품질수준을 보유한 선재제품을 생산하기 위해 담당하고 있는 선재설비를 이해하고 운전할 수 있다.
선재설비 오작동 시 문제해결	담당하고 있는 선재설비를 정상적으로 운전작업 중 장애가 발생 되었을 때 상황별로 즉시 대응하여 조치 할 수 있다.
선재설비관리	담당하고 있는 선재설비가 최적상태로 유지되어 기능을 최대로 발휘할 수 있도록 청소, 윤활, 급지 등 일상점검을 할 수 있으며, 점검결과를 정확하게 판단하고 후속조치를 할 수 있다.
선재설비 개선능력	선재제품을 생산하기 위하여 조업, 품질, 환경, 안전 등에 관련된 문제점을 스스로 파악하고 보완 및 개선할 수 있다.
선재신기술 이해	선재제품의 생산성과 선재품질을 향상시키기 위하여 새로운 기술정보를 수집, 분석하여 적용할 수 있다.
안전관리	산업안전보건법 기준을 숙지하고 기계 및 전기안전 등의 기초 지식을 습득하여 재해원인 분석 및 재해 방지 대책을 수립할 수 있다.
선재 공정관리	연간, 분기, 월간 생산계획에 의거하여 구체적인 선재작업 공정을 계획, 통제 할 수 있다
선재제품 품질관리	담당하고 있는 단위 공정 내에서 생산되는 선재제품에 대하여 품질특성 및 검사 기준을 이해하고, 품질유지 및 품질개선 활동을 실시할 수 있다
선재공정 정보처리	선재 작업표준서 제정,개정 등 일상 업무에 필요한 문서 작성능력 및 선재조업 데이터를 가공, 활용할 수 있다.
선재공정 고객관리	선재제품의 품질 확보 차원에서 전후 공정 및 고객사의 정보를 수집하여 분석할수 있으며 고객의 요구에 즉시 대응할 수 있다.
선재공정 원가관리	최적의 선재제품 생산과 설비유지를 위하여 공정별 원가증가에 영향을 미치는 원인을 찾아내고 분석 및 개선할 수 있다.

※ 행동지표에 대한 정의는 생략하였음. 그 이유는 행동지표의 경우 주로 인사평가 자료로 활용하기 위해 많이 사용하기 때문에 역량체계 수립시에는 크게 의미가 없음. 행동지표의 경우 역량체계 수립 시 주로 과목을 선정할 때 참고하기 위해 활용되기는 하지만 역량산출양식에서 지식, 기능, 태도의 수준을 파악하였기 때문에 역량의 지표까지 기술하는 것은 큰 의미가 없음.

4단계 : 직무역량 선정

4-1-1. 설문지 작성 및 분석

1. 설문지 작성 → 2. 설문지 배부 / 회수 → 3. 설문지 분석

1. 직무역량명과 직무역량 정의된 내용을 가지고 직무역량의 중요도와 Gap분석을 하기 위하여 설문지를 작성한다.

- 설문지 작성 방법의 일반적인 절차와 방법을 숙지 후 설문지를 작성한다.
- 설문지는 중요도 평가를 위한 설문지와 중요도에 따른 현재 상태를 알아보기 위한 설문지가 있다.
- 직무역량 중요도를 평가할 경우에 최종적인 직무역량 체계를 생각하면서 설문지를 작성한다. 예를 들면 가로축을 무엇으로 할 것인지, 세로축을 무엇으로 할 것인지를 결정한다. 즉, 가로축은 공정 별 (가열, 압연, 냉연,..) 세로축은 (근속년수 5년 이하, 6-10년, 11-15년, 16년 이상)
- 설문지를 작성하기 전에 직무역량과 역량에 대한 정의가 제대로 되었는지를 관련 내용전문가에게 다시 한 번 검증 작업을 거친다.
- 직무역량의 중요도 및 Gap에 대하여 평가한다. 이때 360도 평가를 할 것인지 SME들이 평가할 것인지, 모집단 전체를 평가할 것인지를 결정한다.
- 최종 설문지를 배부하기 전에 Pilot Test를 실시 후 최종 설문지를 배부한다.

4-1-2. 설문지 작성 및 분석

1. 설문지 작성 → 2. 설문지 배부/회수 → 3. 설문지 분석 → 4. 전문가 검증 후 최종적으로 확정

2. 설문지를 관련자에게 배부 및 회수한다.

- 모집단의 크기, 회수율 등을 생각하여 적절한 표집을 하여 설문지를 배부한다.
- 설문지를 배부할 때 반드시 최종 설문결과를 예상하여 설문지를 적절하게 배부한다. 예를 들어 연차별, 공정별로 분석하고자 할 때 연차별 공정별 적정인원에게 배부되었는지 확인한다.

3. 설문지를 분석한다.

- 설문지 분석 시 일반적으로 중요도의 경우 전체 순위에서 3분의 1 또는 평균을 고려하여 중요도로 보고 역량체계를 수립한다.
- 경우에 따라서는 통계적으로 유의미한 차이가 있는지에 대한 부분도 확인한다.
- 직무역량 개발 우선순위를 결정할 경우에 중요도와 현재 상태와의 차이를 가지고 직무역량 개발 우선순위를 결정한다. 이때 차이가 큰 점수가 직무역량 개발 우선순위가 된다. 이때 역량개발 우선순위는 중요도로 선정된 역량 중 Gap이 평균점수보다 높은 역량을 역량개발 우선순위로 정한다.

*.구체적인 설문분석 방법은 참고자료 확인

4. 전문가 검증 후 최종적으로 역량을 선정한다.

- 일반적으로는 설문평가 결과를 통하여 역량을 선정하지만, 포스코에서는 설문평가 결과 후 전문가 특히 공장장에게 다시 최종 역량을 선정하기 전에 확인 작업을 거친다. 공장장의 경우 모든 업무 절차를 가장 잘 알기 때문에 확인 작업을 한 번 더 거치는 것이 필요하기 때문이다.

* 직무역량의 중요도와 Validation 및 Gap 분석을 할 경우에 직무역량 중요도를 평가하기 위해 설문지를 배부한 후 중요도에서 의미 있는 내용(평균 보다 높은 점수, 또는 통계적으로 의미 있는 수치)만 가지고 Validation 및 Gap 분석을 하는 경우가 있지만 포스코에서는 설문지를 따로 작성하지 않고 한번에 중요도와 Gap 분석을 하였다. 이렇게 할 경우 시간과 비용적인 측면에서 효과가 크며 따로 하는 것과 큰 의미 있는 차이가 없으므로 이 방법을 선택하였다.

4-2. 직무역량 중요도, Validation, Gap분석 평가를 위한 설문작성 (예)

선재부 직무역량에 대한 검증 설문조사

안녕하십니까? 인재개발원 BBc 이광호 입니다.(전화 221-5041)

본 설문의 목적은 "선재부 직무역량학습 체계 수립 및 역량 개발"을 위한 교육과정 개발의 기반을 삼기 위한 것이며, 현재 선재부 직원들의 핵심역량 우선순위를 선정하기 위한 것입니다

*** 설문지 작성 요령***

중요도 : 첨부된 역량별 정의를 읽으시고, **선재부 각반**에서 성공적인 업무 수행을 위해 해당 역량이 어느 정도 중요한지를 아래 보기를 참고하여 해당 란에 체크해 주십시오.

현재수준 : 현재 선재부 전체적인 수준을 생각해 볼 때, 각 항목에 제시된 역량이 현재 어느 수준인지 아래 보기를 참고하여 해당 란에 체크해 주십시오.

※ 각 근속년수별 능력을 고려하여 **모든 근속년수란에 체크하시기 바랍니다.**

중요도 보기
1: 전혀 중요하지 않음　2: 다소 중요하지 않음　3: 중요하지 않음
4: 보통　5: 중요함　6: 다소 중요함
7: 매우 중요함

현재수준 보기
1: 해당 역량이 아주 미흡함　2: 해당역량이 다소 미흡함　3: 해당역량이 미흡함
4: 보통　5: 해당역량을 잘 발휘함
6: 해당역량을 다소 잘 발휘함　7: 해당 역량을 매우 잘 발휘함

역량명	역량정의	근속년수 5년 이하		근속년수 6~10년차		근속년수 11~15년차		근속년수 16년차 이상	
		중요도	현재수준	중요도	현재수준	중요도	현재수준	중요도	현재수준
선재조업 기술기본 이해	안정된 선재제품을 생산하기 위한 선재공정 및 선재설비와 관련된 전반적인 기초기술이론을 이해할 수 있다.	1 2 3 4 5 6 ⑦	1 2 3 ④ 5 6 7	1 2 3 4 5 ⑥ 7	1 2 3 4 ⑤ 6 7	1 2 3 4 ⑤ 6 7	1 2 3 4 5 ⑥ 7	1 2 3 ④ 5 6 7	1 2 3 4 5 6 ⑦

역량명	역량정의	근속년수5년 이하		근속년수 6-10년차		근속년수 11-15년차		근속년수 16년차 이상	
		중요도	현재수준	중요도	현재수준	중요도	현재수준	중요도	현재수준
선재조업기술기본이해	안정된 선재제품을 생산하기 위한 선재공정 및 선재설비와 관련된 전반적인 기초기술 이론을 이해 할 수 있다.	1 2 3 4 5 6 7	1 2 3 4 5 6 7	1 2 3 4 5 6 7	1 2 3 4 5 6 7	1 2 3 4 5 6 7	1 2 3 4 5 6 7	1 2 3 4 5 6 7	1 2 3 4 5 6 7
선재설비 운전	안정된 품질수준을 보유한 선재제품을 생산하기 위해 담당하고 있는 선재설비를 이해하고 운전할 수 있다.	1 2 3 4 5 6 7	1 2 3 4 5 6 7	1 2 3 4 5 6 7	1 2 3 4 5 6 7	1 2 3 4 5 6 7	1 2 3 4 5 6 7	1 2 3 4 5 6 7	1 2 3 4 5 6 7
선재설비 오작동시 문제해결	담당하고 있는 선재설비를 정상적으로 운전 작업 중 장애가 발생 되었을 때 상황별로 즉시 대응하여 조치할 수 있다.	1 2 3 4 5 6 7	1 2 3 4 5 6 7	1 2 3 4 5 6 7	1 2 3 4 5 6 7	1 2 3 4 5 6 7	1 2 3 4 5 6 7	1 2 3 4 5 6 7	1 2 3 4 5 6 7
선재설비 관리	담당하고 있는 선재설비가 최적상태로 유지되어 기능을 최대로 발휘 할 수 있도록 청소, 윤활, 급지 등 일상점검을 할 수 있으며, 점검결과를 정확하게 판단하고 후속조치를 할 수 있다.	1 2 3 4 5 6 7	1 2 3 4 5 6 7	1 2 3 4 5 6 7	1 2 3 4 5 6 7	1 2 3 4 5 6 7	1 2 3 4 5 6 7	1 2 3 4 5 6 7	1 2 3 4 5 6 7
개선능력	선재제품을 생산하기 위하여 조업, 품질, 환경, 안전 등에 관련된 문제점을 스스로 파악하고 보완 및 개선할 수 있다.	1 2 3 4 5 6 7	1 2 3 4 5 6 7	1 2 3 4 5 6 7	1 2 3 4 5 6 7	1 2 3 4 5 6 7	1 2 3 4 5 6 7	1 2 3 4 5 6 7	1 2 3 4 5 6 7
선재신기술 이해	선재제품의 생산성고 선재품질을 향상시키기 위하여 새로운 기술정보를 수집, 분석하여 적용할 수 있다.	1 2 3 4 5 6 7	1 2 3 4 5 6 7	1 2 3 4 5 6 7	1 2 3 4 5 6 7	1 2 3 4 5 6 7	1 2 3 4 5 6 7	1 2 3 4 5 6 7	1 2 3 4 5 6 7
원가관리	최적의 선재제품 생산과 설비유지를 위하여 공정별 원가증가에 영향을 미치는 원인을 찾아내고 분석 및 개선할 수 있다.	1 2 3 4 5 6 7	1 2 3 4 5 6 7	1 2 3 4 5 6 7	1 2 3 4 5 6 7	1 2 3 4 5 6 7	1 2 3 4 5 6 7	1 2 3 4 5 6 7	1 2 3 4 5 6 7

소속	가열반 ( )	롤관리반 ( )	직무	근속년수 ( )	직책별	직능자격
1선재공장 ( )	압연반 ( )	정정반 ( )	강편직 ( )	5년 이하 ( )	일반 ( )	기사 ( )
2선재공장 ( )	냉각반 ( )	설비점검반 ( )	선재직 ( )	6 ~10년 ( )	반장 ( )	주무 ( )
	시험반 ( )	기타 ( )		11 ~ 5년 ( )	주임 ( )	대리 ( )
				16년 이상 ( )	공장장/리더 ( )	총괄직 이상( )

5단계 : 직무역량 체계도 작성

5-1. 직무역량 체계도 작성방법

1. 중요도에 따른 직무 역량 체계도 작성 → 2. 직무역량 개발 우선순위 확정 → 3. 통계 분석

1. 직무역량 중요도 설문평가에 따라서 직무역량 체계도를 작성한다.

- 설문분석 결과에 따라서 직무역량의 중요도를 평가한다.
- 가로축은 직무명 또는 공정명(가열, 압연, 냉연 등) 과근속년수(5년 이하, 6-10년…등) 그리고 세로축에는 역량명을 넣어서 작성한다. 경우에 따라서는 가로축과 세로축이 직무역량 체계를 그릴 때 다소 다르게 할 수 있다.
- 직무역량의 중요도를 결정한다.
- 역량의 중요도를 결정할 때 전체 평균보다 상위에 있는 것을 역량의 중요도로 활용한다.
- 직무역량 체계도를 작성한다.

2. 직무역량 개발 우선순위를 확정한다.

- 직무역량 개발 우선순위는 중요도-현재상태의 결과치를 가지고 우선순위를 확정한다.
  즉, 중요도-현재상태 결과 점수가 큰 것을 직무역량 우선순위로 확정한다.
- 직무역량 개발 우선순위의 경우 전체 평균보다 상위에 있는 것을 역량개발 우선순위로 활용한다.

3. 통계분석을 한다.

- 경우에 따라서는 중요도를 결정할 때 어느 정도 차이가 있어야 의미가 있는지 통계적 검증절차를 거친다.
  중요도-현재상태의 차이에 의한 직무역량 개발 우선순위를 결정할 때에도 마찬가지로 어느 정도의 차이가 있어야 의미가 있는지 통계적 검증절차를 거친다.

* 직무역량의 중요도와 Validation 및 Gap 분석을 통하여 직무역량 체계도를 완성한다. 이때 직무역량에 따라서 역량의 수준을 **어느 정도로 할 것인가를 결정하는 경우도 있지만 역량의 수준을 정의하는 것은 인사관리를 위해서 구체적으로 필요하나 교육적인 측면에서는 크게 활용할 의미가 없기 때문에 역량 수준에 대한 부분은 참고용으로만 작성하였다.** 또한 직무역량과 직무와의 연관성을 확인하는 경우도 있지만 여기에서는 직무를 공정별로 추출하였기 때문에 이 부분도 확인하는 것이 큰 의미가 없기 때문에 생략하였다.

5-2. 현업부서 직무역량학습 체계 수립을 위한 수준 정의(예)

* 현장 기술직의 직무역량 수준은 업무에 필요한 기술의 전문성, 기술적용 상황, 기술선택방법 및 근속년수를 고려 5단계로 정의하였음.

단계	수행기준	근속년수
1수준	• 업무에 필요한 기초적인 기술을 이해하고, 상사의 지시에 의한 기술만을 선택하고, 한 가지 상황에 대해 기술을 적용한다. **[상사의 구체적인 업무지도 필요]**	신입사원 (1~2년) 및 보직변경된 직원
2수준	• 업무에 필요한 기초적인 기술을 습득하고, 상사의 지시에 따라 일부 기술을 선택하고, 업무와 관련된 상황에 기술을 적용한다. **[상사의 지도하에 업무처리 가능]**	3~5년
3수준	• 업무에 필요한 전반적인 기술을 비교, 확인하고 상사의 지시에 자신의 생각을 일부 적용한 기술을 선택하고, 업무와 관련된 상황에 기술을 적용한다. **[일상 업무 독자적 수행가능]**	5~10년
4수준	• 업무에 필요한 다양한 기술을 비교, 평가하고 자신의 객관적 판단에 따라 기술을 선택하고, 다양한 상황에 기술을 적용한다. **[문제점 발굴 개선 및 타 분야 업무확대 가능]**	11~15년
5수준	• 업무에 필요한 신규 기술들의 원리를 이해하고 판단하여, 높은 수준의 기술을 개념화하여 선택하고 최신기술을 적용한다. **[해당분야의 최고전문가]**	16년 이상

5-3. 직무역량체계도 -중요성- (예)

역량명	가열반				압연반				냉각반				시험반				롤 관리				정정반				설비점검반			
	A	B	C	D	A	B	C	D	A	B	C	D	A	B	C	D	A	B	C	D	A	B	C	D	A	B	C	D
선재조업기술기본이해	O	O	O		O	O	O		O	O	O		O	O	O		O				O				O			
선재설비운전	O	O	O	O	O	O	O	O	O	O	O	O	O	O	O	O	O	O	O	O	O	O	O	O			O	O
선재설비 오작동시 문제해결	O	O	O	O	O	O	O	O	O	O	O	O	O	O	O	O	O	O	O	O	O	O	O		O	O	O	O
선재설비관리	O	O	O	O	O	O	O	O	O	O	O	O	O	O	O	O	O	O	O	O	O	O	O	O	O	O	O	O
선재설비 개선능력	O	O	O		O	O	O		O	O	O		O	O	O		O	O	O		O	O	O		O	O	O	
선재신기술 이해		O	O	O		O	O	O		O	O	O		O	O	O		O	O	O		O	O	O		O	O	O
안전관리	O	O	O	O	O	O	O	O	O	O	O	O	O	O	O	O	O	O	O	O	O	O	O	O	O	O	O	O

선재 공정관리			○	○			○	○			○	○			○	○			○	○	○	○	○	○				
선재 제품 품질관리	○	○	○		○	○	○		○	○	○		○	○	○		○	○	○		○	○	○					
선재공정 정보처리		○	○			○	○			○	○			○	○			○	○	○		○	○			○	○	
선재공정 고객관리		○				○				○					○	○		○				○	○	○		○		
선재공정 원가관리		○	○			○	○			○	○			○	○			○	○			○	○			○	○	

5-4. 직무역량별 도달수준 선정결과(예)

※ 근속년수 범례 A: 5년 이하, B: 6-10년, C: 11-15년, D: 16년 이상
※ 역량수준 범례 1: 1수준, 2: 2수준, 3: 3수준, 4: 4수준, 5: 5수준

-상위수준만 표기된 하위수준 중 포함한 것임

역량명	가열반				압연반				냉각반				시험반				롤 관리				정정반				설비점검반			
	A	B	C	D	A	B	C	D	A	B	C	D	A	B	C	D	A	B	C	D	A	B	C	D	A	B	C	D
선재조업기 술기본이해	2	3	4		2	3	4		2	3	4		2	3	4		2				2				2			
선재설비운전	2	3	4	5	2	3	4	5	2	3	4	5	2	3	4	5	2	3	4	5	2	3	4	5			1	2
선재설비 오작동시 문제해결	2	3	4	5	2	3	4	5	2	3	4	5	2	3	4	5	2	3	4	5	2	4	5		2	3	4	5
선재설비관리	1	2	3	4	1	2	3	4	1	2	3	4	1	2	3	4	1	2	3	4	1	2	3	4	2	3	4	5
선재설비 개선능력	1	2	3		1	2	3		1	2	3		1	2	3		1	2	3		1	2	3		1	2	3	
선재신기술 이해		1	2	3		1	2	3		1	2	3		1	2	3		1	2	3		1	2	3		1	2	3
안전관리	2	3	4	5	2	3	4	5	2	3	4	5	2	3	4	5	2	3	4	5	2	3	4	5	2	3	4	5
선재 공정관리			2	3			2	3			2	3			2	3					1	2	3	4				
선재 제품 품질관리	1	2	3		1	2	3		1	2	3		1	2	3		1	2	3		1	2	3					
선재공정 정보처리		2	3			2	3			2	3			2	3			2	3			2	3			2	3	
선재공정 고객관리		3				3				3					3	4		3				3	4	5		3		
선재공정 원가관리		3	4			3	4			3	4			3	4			3	4			3	4			3	4	

5-5. 직무역량체계도 -중요도 전체- (예)

기준 : 각 반 전체의 연차를 기준으로 역량별 중요도가 평균보다 큰 것을 기준으로 추출하였음

역량명	전체중요도			
	5년이하	6-10년	11-15년	16년 이상
선재조업기술 기본이해	○	○	○	
선재설비운전	○	○	○	○
선재설비 오작동시 문제해결	○	○	○	○
선재설비 관리	○	○	○	○
선재설비 개선능력	○	○	○	
선재신기술 이해		○	○	○
안전관리	○	○	○	○
선재 공정관리			○	○
선재제품 품질관리	○	○	○	
선재공정 정보처리		○	○	
선재공정 고객관리		○		
선재공정 원가관리		○	○	

5-6. 직무역량개발 우선순위(예)

기준: 각 반의 연차를 기준으로 역량별 중요도가 평균보다 큰 것과 Gap의 차이가 평균보다 큰 것을 합하여 추출하였음

역량명	가열반				압연반				냉각반				시험반				롤 관리				정정반				설비점검반			
	A	B	C	D	A	B	C	D	A	B	C	D	A	B	C	D	A	B	C	D	A	B	C	D	A	B	C	D
선재조업기술기본이해									○		○																	
선재설비운전				○				○									○											
선재설비오작동시 문제해결	○				○					○		○	○				○			○					○			○
선재설비관리													○						○					○			○	○
선재설비개선능력							○		○									○				○			○			
선재신기술이해			○	○			○	○		○		○			○	○												
안전관리	○	○			○						○		○	○		○				○	○		○		○	○	○	○

선재 공정관리			○	○			○	○				○			○	○					○			○				
선재 제품 품질관리	○				○	○			○				○				○	○	○		○	○	○					
선재공정 정보처리										○	○											○				○	○	
선재공정 고객관리		○				○									○			○					○	○				
선재공정 원가관리		○	○			○								○	○											○		

○ 직무역량학습 실행 프로세스

1단계 : 학습체계 Road Map 작성
2단계 : 육성방법 결정
3단계 : 교육과정 개발
4단계 : 교육실시
5단계 : 교육실시 후 평가

1단계 : 학습체계 Road Map 작성

1. **직무역량 개발 우선순위와 Intervention 결과를 바탕으로 가르칠 과정을 선정하였음**
2. **가르칠 과정을 선정 할 때 직무역량 추출 양식에서 나온 지식, 기능, 태도 등을 참고하여 과정명을 정한다.**
   - 일시에 만은 교육과정을 개발하기 보다는 교육시점에서 교육대상에 맞는 교안개발, 강사를 선정할 예정이다.

가열반

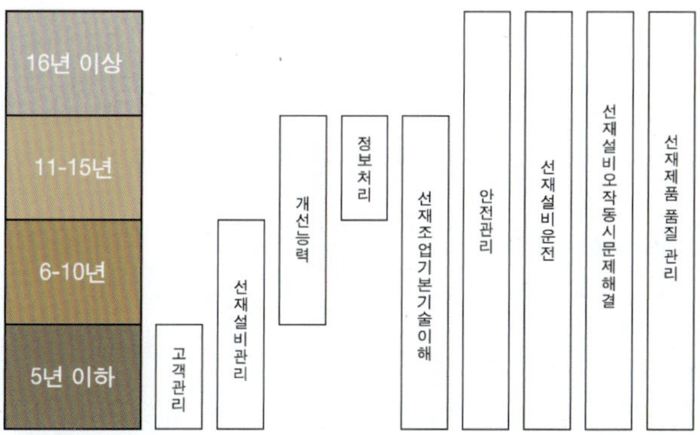

2단계 : 육성방법 결정

1. 직무역량개발우선순의에 따라 육성을 어떻게 할 것인가를 결정한다.

육성하는 방법적인 측면에서 집합교육으로 할 것인지, e-러닝으로 할 것인지, 통신교육으로 할 것인지 등에 대하여 결정한다.

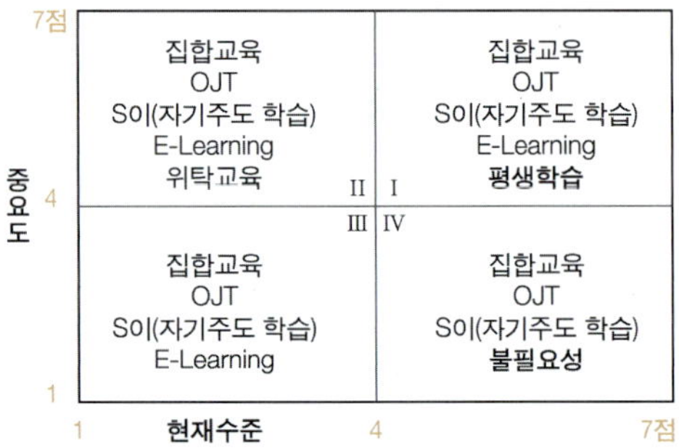

역량명	집합교육	OJT	e-러닝	SDL
선재제품 품질관리	◎		○	
안전관리	○	◎	○	
선재공정 개선능력	◎	○		
선재설비 운전		◎		○
◎:최적방안 ○:차선방안				

3단계 : 교육과정 개발

교육과정개발 방법은 ADDIE 모형이나 DACUM 개발 기법 등을 활용한다.

- **ADDIE 모형**

  분석(Analysis) 학습내용을 정의하는 과정,

  설계(Design) 교수방법을 구체화하는 과정,

  개발(Development) 교수 자료(매체)를 제작하는 과정,

  실행(Implementation) 교수 프로그램을 실제 상황에 적용 설치하는 과정,

  평가(Evaluation) 프로그램의 적절성을 통제 결정하는 과정에 따라 교육과정을 개발하는 모형이다.

- **DACUM (Developing A Curriculum)**

  1단계 : 학습자 특성 분석

  2단계 : 교육내용을 도출할 대상 선정

  3단계 : 우수 수행자와 상세한 교육내용 도출

  4단계 : 학습자에게 요구되는 개별과제에 대한 숙련도 결정

5단계 : 교육내용의 계열화 결정
6단계 : 도출된 과제와 직업 관련된 실제 사례 작성
7단계 : 교육목표와 교육내용 등과 관련된 기존 교육프로그램 존재 여부 확인

4단계 : 교육실시

1. 교육실시 계획 수립 → 2. 학습대상자 선발 → 3. 학습장소 및 방법 결정 → 4. 교육 실시

1. **필요한 교육과정에 대하여 교육실시 계획을 수립한다.**
   - 해당 부서장과 사전 협의하여 최종 결정을 한다.
2. **학습대상자를 선발한다.**
   - 근무여건 등을 고려하여 결정한다.
3. **학습장소 및 방법을 결정한다.**
   - 교육을 실시할 장소를 확인한다.
   - 강사 등을 확보한다.
   - 교육실시에 필요한 각종 준비물 등을 체크한다.
4. **교육을 실시한다.**

5단계 : 교육실시 후 평가

1. **교육실시 후 평가는 반드시 한다.**
2. **교육실시 후 평가 계획을 먼저 수립한다.**
   1) 반응도 / 만족도
   2) 학습성취도
   3) 현업적용도
   4) 경영성과 기여도
   5) ROI(Return On Invest) 까지 할 것인지 결정한다.
3. **교육평가 결과를 차후 교육실시에 반영한다.**

연구과제

1. 한국 평생교육 프로그램을 분류하는 방법으로 개발 주체에 따른 분류, 개발 용도에 따른 분류, 개발 목적에 따른 분류, 개발 구성범위에 따른 분류에 따라 실제 프로그램이 어떤 것이 있는지 조사해 보시오.

2. 평생교육 프로그램 개발과 관련된 이론 중 전통적 합리성 이론, 맥락적 상호작용 이론, 순환론적 개발 이론, 체제 이론, 비판적 실천 이론, 계획 실천 이론 중 한 가지를 선택하여 프로그램 개발 시 이론적 배경으로 활용해 보시오.

3. 평생교육 프로그램 개발 모형 중 CIPP모형, CBC모형, DACUM모형, IMPACT모형, ADDIE모형 중 한 가지 모형과 관련된 실제 프로그램 개발 사례를 찾아 보시오.

4. 평생교육 프로그램 개발 모형 중 CIPP모형, CBC모형, DACUM모형, IMPACT모형, ADDIE모형 중 한 가지 모형을 선택하여 실제 프로그램을 개발해 보시오.

Part

03

평생교육 프로그램 개발방법 실제 (PD-PADDIE모형)

개 요

제3부에서는 평생교육 프로그램 개발 방법을 소개한다. 평생교육 분야에서 프로그램 개발은 고유한 업무 중의 하나이며 매우 중요한 일 중의 하나이다. 프로그램을 개발하는 방법은 많이 있다. 개발하는 전문가에 따라, 목적에 따라, 조직의 특성에 따라 각각 다른 방법들이 사용된다. 이 장에서는 일반적인 업무절차에서도 사용되고 있고 프로그램 개발방법에서도 많이 활용되고 있는 ADDIE모형을 근간으로 이름하여 PD－PADDIE모형을 제시하고자 한다. 프로그램 개발(Program Development: PD), 기획(Planning: P), 분석(Analysis: A), 설계(Design: D), 개발(Development: D), 실행(Implementation: I), 평가(Evaluation: E)모형에 따라 체제적·체계적 프로그램 개발의 통합적 절차를 제시하고자 한다.

학습목표

1. 평생교육 프로그램 개발 방법 중 기획하는 방법을 설명할 수 있다.
2. 평생교육 프로그램을 개발할 때 분석하는 방법 중 요구분석, 기관분석, 현존자료분석, 학습자분석, 환경분석, 목표분석, 직무분석하는 방법을 설명할 수 있다.
3. 평생교육 프로그램을 개발할 때 설계하는 방법 중 목표설계, 내용설계, 교수설계, 평가설계하는 방법을 설명할 수 있다.
4. 평생교육 프로그램을 개발할 때 개발하는 방법을 설명할 수 있다.
5. 평생교육 프로그램을 개발할 때 실행하는 방법을 설명할 수 있다.
6. 평생교육 프로그램을 개발할 때 평가하는 방법을 설명할 수 있다.

Chapter

10

기획(Planning)단계

개 요

이 장에서는 평생교육 프로그램 개발 방법 중 기획단계를 소개한다. 프로그램 기획이란 프로그램 전체에 대하여 상세한 계획을 수립하는 단계이다. 이 장에서는 ① 평생교육 프로그램 개발 시 고려해야 할 사항, ② 프로그램 개발 팀 구성, ③ 개발 전략 수립, ④ 전체 일정 수립과 관련되는 부분을 살펴본다.

학습목표

1. 평생교육 프로그램 개발방법 중 프로그램 개발자가 고려해야 할 사항 3가지를 설명할 수 있다.
2. PD－PADDIE모형에 대하여 설명할 수 있다.
3. 프로그램 개발 팀 구성방법에 대하여 설명할 수 있다.
4. 프로그램 개발 전략 수립방법에 대하여 설명할 수 있다.

1. 평생교육 프로그램 개발 시 고려사항

평생교육 분야에서 프로그램 개발은 고유한 업무 중의 하나이며 매우 중요한 일 중의 하나이다. 프로그램을 개발하는 방법은 많이 있다. 개발하는 전문가에 따라, 목적에 따라, 조직의 특성에 따라 각각 다른 방법들이 사용된다. 자신만의 고유한 모델은 결국 프로그램 개발의 경험을 통해 축적된 노하우로 만들어진다.

프로그램 개발자는 적어도 네 가지를 고려해야 한다. 첫째, 창의성이다. 창의성은 프로그램을 개발할 때 프로그램의 내용과 방법이 기존의 것과 비교해 볼 때 독창적이어야 한다는 것이다. 즉, 다른 프로그램과의 차별성이 있어야 한다. 프로그램 개발 전문가는 좀 더 혁신적이고 참신한 프로그램을 개발하기 위해 노력하여야 한다. 둘째, 현실적이어야 한다. 실현가능성 있는 프로그램을 개발해야 한다. 아무리 좋은 프로그램이라도 운영하는 기관에서 적용이 가능하지 않으면 이용할 가치가 없게 된다. 프로그램 기간이나 비용 등 현실적으로 쉽게 도입 가능해야 한다. 셋째, 논리적인 전개이다. 프로그램의 구조가 짜임새 있어야 한다. 개발한 결과물이 나오기까지 과학적 · 합리적 · 체계적 · 논리적 타당성이 있어야 한다. 넷째, 성과지향성이다. 프로그램을 개발하는 목적이 프로그램 개발 자체에 있는 것은 아니다. 프로그램 개발을 통하여 그 프로그램에 참여하는 참여자에게 목적하는 바를 달성하는 것이 중요하다. 따라서 프로그램은 목적하는 바를 달성할 수 있도록 성과지향적이어야 한다.

정재삼(1998)[8]은 교육훈련 프로그램 개발 프로젝트의 실패원인에 대하여 다음과 같이 제시하고 있다. 첫째, 특정 상황에 적합한 모델이 없다. 전통적 교수설계 모형은 획일적이고 상황고려적이지 못하다. 둘째, 모델이 적절했다 하더라도 경험 부족으로 그 모형에 요구되는 기법들을 전문적으로 사용할 줄 모른다. 셋째, 적절한 지

8) 정재삼(1998). 교수설계 이론과 모형의 새로운 접근–기업교육을 위한 시사점. **기업교육연구**, 1(1).

원 인력의 양적 · 질적 부족 및 환경, 자원, 시설이 미비하다. 넷째, 교수의 효과성이나 효율성을 평가할 때 학습자의 수행 변화보다 교실에서의 교사와 학생 간의 행동질서나 즉각적인 반응을 본다. 다섯째, 이론적으로 검증된 특정 모형을 따르는 것이 아니라 당시 상황에 따라 프로젝트를 진행한다는 것이다. 여섯째, 전미분석을 제대로 실시하지 않고 그 대신 경영층의 요구를 따르는 것이 현실적이고 효율적이라고 생각한다. 일곱째, 프로젝트 개발자의 의사결정에 영향을 미치는 가장 결정적인 상황요인은 "고객의 필요"로 밝혀졌다. '기업문화적 맥락, 조직의 영향, 개인적 특성, 자료의 가용성' 등은 역시 개발자의 의사결정에 영향을 미치는 중요한 요인이다. 프로젝트의 성격, 관련 이해 집단들은 비교적 덜 결정적이지만 중요한 요인으로 판명되었다.

기존에 나와 있는 프로그램 개발 모형들이 주로 규범적인 절차만을 제시하는 것이 대부분이다. 실제 프로그램 개발 현장에서 프로그램 개발 전문가가 현실적으로 직면하게 되는 문제는 무엇이며, 어떤 역할들을 수행하는지에 대한 구체적인 제시가 부족하다. 여기서는 프로그램 개발에 관한 연구를 수행할 경우 현장에서 실제적으로 사용할 수 있는 프로그램 개발 방법을 제시하고자 한다. 평생교육 프로그램 개발의 절차가 고정되어 있는 것은 아니다. 상황과 조건에 따라서 다양하게 접근될 수 있다. 개발전문가나 요청하는 기관의 선호에 따라 다양한 방식으로 접근되기도 한다.

이 장에서는 일반적인 업무절차에서도 사용되고 있고 프로그램 개발방법에서도 많이 활용되고 있는 ADDIE모형을 근간으로 이름하여 PD-PADDIE모형을 제시하고자 한다. 프로그램 개발(Program Development: PD)－기획(Planning: P), 분석(Analysis: A), 설계(Design: D), 개발(Development: D), 실행(Implementation: I), 평가(Evaluation: E)모형에 따라 체제적 · 체계적 프로그램 개발의 통합적 절차를 제시하고자 한다. PD-PADDIE 모형을 제시하면 다음 〈표 10－1〉과 같다.

표 10-1 PD-ADDIE모형

Ⅰ. 기획 (Planning)	Ⅱ. 분석 (Analysis)	Ⅲ. 설계 (Design)	Ⅳ. 개발 (Development)	Ⅴ. 실행 (Implementation)	Ⅵ. 평가 (Evaluation)
1. 프로그램 개발팀 구성 2. 개발전략 수립 3. 전체 일정 수립	1. 요구분석 2. 기관분석 3. 현존자료 분석 4. 학습자분석 5. 환경분석 6. 목표분석 7. 직무분석	1. 목표설계 2. 내용설계 3. 교수설계 4. 평가설계	1. 교수자료 2. 평가문항 3. 각종 교육 자료 개발 4. 시범실시	1. 프로그램 실행	1. 프로그램 효과평가 2. 총괄평가

프로그램 기획이란 프로그램 전체에 대하여 상세한 계획을 수립하는 단계이다. 원래 기획(Planning)이란 말은 국어사전에 보면 '일을 꾀하여 계획함'의 뜻을 지닌다. 또는 '기발한 계획 정도'를 말한다. 프로그램 기획은 프로그램 개발 여섯 단계 중 첫 번째 단계로 기본방향을 설정하는 것이다. 기획 단계에서 해야 할 중요한 일은 팀 구성, 개발전략 수립, 전체 일정 수립, 최종 결과물 결정이다.

2. 프로그램 개발팀 구성

프로그램 개발이 확정되면 제일 먼저 프로그램 개발팀을 구성한다. 프로그램 개발팀을 구성할 때 첫째, 관련분야 전문가로 구성하는 것이 기본원칙이다. 관련분야 전문가를 구성할 때 내부 전문가뿐만 아니라 외부 전문가도 고려해야 한다. 또한 프로그램 개발 기관의 전문가도 반드시 포함시키는 것이 좋다. 둘째, 관련전문가를 선정할 때에는 협조성, 관계성을 먼저 고려해야 한다. 특히 전문가 집단의 경우 협조성과 관계성이 떨어지면 많은 회의와 협의의 과정이 어려울 수 있다. 셋째, 전문가 인원은 전체 프로그램 개발의 기간에 따라 다소 차이가 있지만 가급적이면 4~5명이 가장 이상적이다. 넷째, 팀이 구성되면 각각의 팀구성원의 역할분담을 명확히 해야 한다. 역할분담 내용은 명시화 하는 것이 좋다.

3. 개발전략 수립

개발전략을 수립할 때 첫째, 프로그램 개발의 이론적 배경을 확실히 해 둔다. 즉, 프로그램 개발모형을 선택한다. 모형을 선택할 때에는 이론적 모형을 그대로 사용하거나 아니면 이론적 모형을 바탕으로 전문가가 변형하여 사용해도 된다. 둘째, 프로그램 개발자가 이번 프로그램 개발에서는 어떤 전략을 갖고 개발할 것인지 명확한 의도를 갖고 있어야 한다. 그 의도는 개발기간이 될 수도 있고 개발결과물이 될 수도 있으며 개발기관과의 협의사항이 될 수도 있다. 아니면 프로그램 개발 주최자와의 긴밀한 관계형성을 통하여 최대한 기관의 의도를 충분히 반영하여 개발한다든지, 벤치마킹을 주로 하여 개발하는 등 개발자의 전략이 있어야 한다. 셋째, 개발전략 수립에서 중요한 것 중의 하나가 개발목표를 명확히 하는 것이다. 개발목표를 명확히 하기 위해서는 개발을 의뢰한 기관과 충분한 의사소통을 통하여 명시화 하는 것이 좋다. 왜냐하면 개발목표에 대한 명시화가 되어 있지 않을 경우 서로 다른 주장을 할 수 있기 때문이다. 따라서 개발목표는 실제 결과물 중심으로 명시화 하는 것이 좋다.

4. 전체 일정 수립

전체 일정 계획을 잘 수립하여 그대로 시행해 나간다. 일정 계획을 수립할 때 다음 〈표 10-2〉와 같은 양식으로 수립해 나가는 것이 좋다.

표 10-2 전체 일정 계획수립표

구 분	1/4			2/4			3/4			4/4		
	1	2	3	4	5	6	7	8	9	10	11	12
월/분기별 목표												
연구내용 "세부 연구내용 작성" (—선으로 연구진행 표시)												
소요예산 (천원)												
연구인력 (명)												

Chapter

11

분석(Analysis)단계

개 요

이 장에서는 평생교육 프로그램 개발방법 중 분석 단계를 소개한다. 분석 단계에서 해야 할 일은 ① 요구분석, ② 기관분석, ③ 현존자료분석, ④ 학습자 분석, ⑤ 환경분석, ⑥ 목표분석, ⑦ 직무분석이다. 각각의 단계가 모두 중요하지만 사실상 분석 단계가 가장 중요하다. 병원에서 의사들이 처방할 때 진단부터 하는 것처럼 프로그램 개발에서도 진단이 있어야 처방이 가능하기 때문이다. 분석을 잘 하면 분명한 목표를 추출할 수 있다. 프로그램 개발에서 분석이 중요한 이유가 여기에 있다. 분석하는 단계에서는 프로그램 개발 목적에 따라서 어떤 부분은 집중적으로 해야 하고 어떤 부분은 생략할 수 있다.

학습목표

1. 평생교육 프로그램 개발방법 중 분석단계에서 해야 할 일 중 요구분석기법에 대하여 설명할 수 있다.
2. 요구분석 조사방법에 대하여 5가지 이상 설명할 수 있다.
3. 요구분석기법 중 CHNA방법에 따라 요구조사를 수행할 수 있다.
4. 평생교육 프로그램 개발방법 중 분석단계에서 해야 할 일 중 기관분석, 현존자료분석, 학습자분석, 환경분석 하는 방법을 설명할 수 있다.
5. 직무분석 하는 방법에 따라 직무분석을 수행할 수 있다.

1. 요구분석

1) 요구분석의 개념

요구사정(needs assessment)은 요구분석(needs analysis), 교육 필요점 분석(education needs analysis), 갭 분석(gab anlysis) 등과 같이 다양한 용어로 사용되고 있다. 그러나 요구사정과 요구분석을 구분해서 사용해야 한다. 요구사정이란 요구분석, 교육 필요점 분석, 갭 분석과 같은 것에 바탕을 두고 평가하는 것을 의미한다. 요구분석이란 작업수행상 문제가 있는 상황이나 새로운 혁신이 일어나는 상황하에서 무엇을 해야 할지에 관한 효과적인 결정을 내리거나 제안을 할 수 있도록 여러 출처를 통해서 자료 및 의견을 모아 체계적으로 연구하는 것을 의미한다.

요구란 기대 상태(what should be)와 현재 상태(what is)의 차이를 의미한다. 요구분석이란 이 차이를 줄이기 위해서 현재 가지고 있는 여러 가지 자원 배분의 우선순위를 정하도록 하는 것이다. 요구분석은 찾아낸 요구를 기반으로 조직의 성과 향상과 자원배분에 관한 우선순위를 결정하도록 하는 과정이다.

요구분석은 수행상의 문제가 무엇인지 파악하는 것부터 시작된다. 수행을 저해하는 원인에는 여러 가지가 있다. 그중 교육으로 해결할 수 있는 것과 교육으로 해결할 수 없는 것들이 있다. 환경적인 요인으로 직무 수행에 필요한 장비나 도구의 부족, 부서 간 상호 협조 부족 등도 있다. 이러한 동기부여나 환경의 문제 때문에 수행이 저조한 것인지, 업무를 수행하는 데 필요한 지식이나 기능이 부족해서 수행이 저조한 것인지를 찾아내는 것이 필요하다.

2) 요구분석 절차

요구분석 절차는 다음과 같다. 첫째, 요구분석계획을 수립한다. 요구분석 계획단계에서 필요한 부분은 ① 요구분석에 필요한 대상과 인원을 결정한다. ② 요구분석에 필요한 절차를 결정한다. 요구분석 일정 계획이나 요구분석 내용을 결정한다. ③ 요구분석에 필요한 분석도구를 결정한다. 예를 들면 면담으로 할 것인가? 설문지로 할 것인가? 워크숍을 통해서 할 것인가? 초점집단면접(focus group interview: FGI)로 할 것인가?를 결정한다. ④ 요구분석할 내용 문항을 만든다. 질문지로 할 경우 질문문항을 구성하며 인터뷰나 워크숍을 할 경우에도 구조화된 요구분석 질문문항을 만들어 둔다. 둘째, 요구를 파악한다. 요구란 바람직한 상태와 현재 상태의 차이를 말한다. 즉, 경영상의 요구나 현재 당면하고 있는 문제들을 중심으로 요구사항을 파악한다. 셋째, 파악된 요구에 대하여 일정한 기준에 따라 해결해야 할 요구의 우선순위를 결정한다. 예를 들면 경영상의 요구나 현재 당면과제를 통해 나타난 요구, 예를 들면 직원들의 의식 변화, 직원들의 발표능력 부족, 회사 홍보 필요, 예절교육, 품질교육 등이 요구로 나타났을 경우 중요도, 긴급도, 실현가능성 등 일정한 기준에 의해서 요구의 우선순위를 결정하는 단계이다. 넷째, 근본원인과 느낌 파악단계이다. 나타난 요구에 대하여 우선순위가 결정되면 요구의 근본원인이 무엇인가를 파악할 필요가 있다. 근본원인을 찾다 보면 어떤 요구는 순환보직으로 또는 인사고과로 해결할 수 있으며 어떤 원인은 교육으로 해결방법을 찾을 수 있다. 다섯째, 해결대안을 파악한다. 근본원인을 분석한 후 해결방안을 모색한다. 여섯째, 그 해결방안에 따라 교육적 대응이 필요한 부분은 교육적 대응으로, 교육 외적 대안이 필요한 부분은 교육 외적 대안으로 요구를 해결할 수 있다. 일곱째, 교육적 대안이 나왔을 경우 교육적 대안을 정리하면 요구분석이 끝나게 된다. 요구분석 절차를 그림으로 제시하면 [그림 11-1]과 같다.

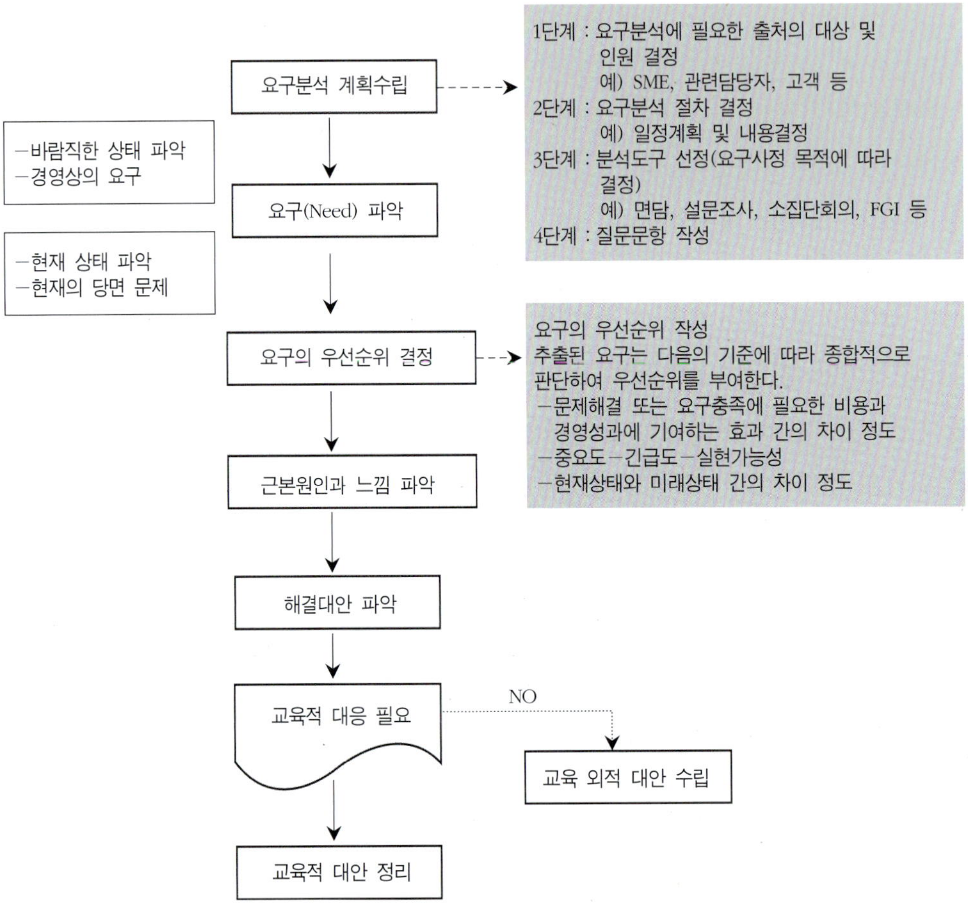

그림 11-1 요구분석 절차

3) 교육훈련 요구분석 자료수집 방법

교육훈련 요구를 분석하기 위한 다양한 자료수집방법이 사용된다. 대표적으로 일반지표활용법, 전문가집단 워크숍, 면접법, 설문지법, 관찰법, 문헌조사법, 주요사건기법 등이 있다. 첫째, 일반지표활용법의 경우 기존에 분석해 둔 지표들을 활용한다. 직무, 부분, 조직 등에 필요한 통계자료나, 조사분석 자료 등을 통해서 요구를 추출하는 방법이다. 이 경우 활용은 쉽지만 지표가 너무 일반적이며 구체적이지 못한 단점이 있다. 둘째, 전문가집단 워크숍의 경우 심도 있게 요구를 파악할 수 있으나 시간과 비용이 많이 소요되는 것과 참여자 중 중요인물이 지나치게 영향을 미칠 수 있다는 것이 단점이다. 셋째, 면접법의 경우 면접기술이 필요하지만 심층자료수집이 가능하다. 넷째, 설문지법의 경우 다양한 설문 형태를 통하여 짧은 시간에 많은 자료수집이 가능하나 심층자료수집이 어렵다. 다섯째, 관찰법의 경우 현장성 있는 생생한 자료수집이 가능하지만 시간과 노력이 많이 소요된다. 여섯째, 문헌조사의 경우 얻고자 하는 정보를 문헌을 통해 수집이 가능하지만 현장성이 결여된다. 일곱째, 주요사건기법은 요구조사에 필요한 내용에 결정적 영향을 미친 사건과 그 원인을 면접을 통해 확인하는 기법으로 심층자료수집이 가능하지만 시간과 노력이 많이 필요하다. 이러한 자료수집방법의 구체적 특징과 장·단점은 〈표 11-1〉과 같다.

표 11-1 교육훈련 요구분석 자료수집방법

니즈 조사 방법	특 징	장 점	단 점
일반지표 활용법	직무, 부문, 조직 등에 필요한 것들을 조사하는 데 활용되는 보편, 표준적/일반적 것들을 조사해 놓은 것	• 활용이 쉽고 빠름 (시간, 비용부담이 적다)	• 결과가 너무 일반적임 • 지표가 구체적이지 못한 경우가 많음
전문가집단 워크숍 (SME Workshop)	모든 업무단계 또는 모든 직급을 대표하는 전문가들(혹은 그 직무를 잘 아는 관련 이해 당사자들)이 모여서 니즈 조사에 필요한 요건들을 확인하는 것	• 시간, 비용 활용성 • 심도 있는 자료수집 가능 • 적은 비용으로 많은 정보수집 가능	• 시간이 많이 소요됨 • 주요인물이 지나치게 영향을 미칠 수 있음 • 관련자 전체가 모이기 어려움
면접법 -1:1 면접 -그룹 면접 -초점 면접	고도의 기술이 필요하지만 전문적인 능력을 갖출 경우 심층적인 자료를 수집하는 것이 가능	• 심층적 자료수집 가능 • 보충자료 수집 가능 • 융통성과 신축성 발휘 • 조사자와 응답자의 상호작용 가능	• 조사자의 편견 개입 문제 • 많은 시간과 비용 • 면접기법이 부족할 경우 자료수집에 문제

니즈 조사 방법	특 징	장 점	단 점
설문지법 – 전화 설문 – 온라인 설문	다양한 설문 형태를 통해 얻고자 하는 자료를 대다수에게 배부하여 얻고자 하는 정보를 얻어 낼 수 있음	• 짧은 시간에 많은 자료수집 가능 • 수집된 자료의 분류와 해석이 용이 • 표준화된 자료를 수집 가능	• 일방적 의사소통 • 낮은 회수율
관찰법 – 비디오 – 수업관찰 – 업무현장	현장성 있는 생생한 자료를 수집 가능	• 현장성 있는 자료수집 가능 • 집단역학, 조직문화, 분위기 파악 유리 • 다른 조사방법(면접, 설문지)을 통해 얻어진 정보를 확인 가능	• 한 사람이 많은 수의 관찰 불가능 • 관찰자의 편견이 개입되어 관찰자에 따라 동일한 문제를 달리 볼 수 있음 • 시간이 많이 소모
문헌조사법 – 파일조사 – 문헌조사 – 벤치마킹	얻고자 하는 정보를 각종 문헌을 통해 얻어내는 방법	• 자료의 재구성 없이 즉시 사용 가능 • 적은 비용으로 정확한 자료수집 가능	• 문헌작성 시 이론적인 것에만 치우쳐 현장성이 결여됨
주요사건기법 (Critical Incidents)	• 니즈 조사에 필요한 결정적인 영향을 미친 사건들과 그 원인을 면접을 통해서 확인 분석하는 기법. • 사건의 조건 : 1 필요한 니즈에 좋은 영향이나 나쁜 영향을 끼친 사건 2. 사건의 원인과 결과가 분명히 있어야 함 3. 자주 일어나지 않지만 중대한 영향을 미칠 것이라고 생각되는 것 • 사건의 조사 및 기록 : 1. 사건의 제목과 배경 2. 사건의 개요 3. 그 상황에서 어떻게 행동했는가? 4. 좋은 결과나 나쁜 결과가 나타나게 된 이유가 무엇인가? 5. 그런 사건이 다시 일어날 경우 어떻게 행동하겠는가 등에 대한 인터뷰 결과 기록		

4) 교육훈련 요구분석 자료수집방법 사례

사례 1. 면접법(초점집단 면접 사례)

요구분석을 위한 자료수집방법은 위에서 살펴보았듯이 다양하다. 아래 내용은 면담을 통한 요구분석 자료이다. 면담을 할 때 사전에 피면담자에게 양해를 구하고 녹취를 할 수 있다. 녹취한 내용에 대하여 스크립트를 작성한 후 작성된 스크립트 분석을 통하여 요구를 파악하는 방법이다.

녹취록을 스크립트로 작성한 사례

Q : 말씀하신 것이 ○○의 핵심 가치에서 어떤 것에 해당하나요?

A1 : 헌신. 그렇지만 그게 능력이 갖춰져야 하겠지요.

A2 : ○○도 ○○보다 ○○로 임명되는 경우에 훨씬 더 어린 경우가 있는데, 그런데 저희는 나이가 어리더라도 존경심을 느끼는 경우가 충분히 있다는 거죠.

A3 : 상반되는 사람들이 있어요. 잘 한 거는 자기가 한 거예요. 부하들이 열심히 해서 성과가 나타난 것은 자신이 잘해서 그런 거다. 그런데 잘못된 것은 너희들이 못해서 그런 거다. 그렇게 하는 사람이 있는 반면에, 부하들이 열심히 했는데도 잘못이 됐어요. 그거를 덮어주는 사람이 있지요. "제가 잘못해 가지고 이렇게 됐습니다. 부하들은 아무런 이상이 없습니다. 제가 일을 잘못한 겁니다."

○○○ 그룹 인터뷰한 내용분석 자료의 예이다. 인터뷰한 내용을 스크립트로 정리한 후 프로그램 개발 관련 내용을 빈도수로 나타낸 것이다.

표 11-2 ○○○ 그룹 인터뷰 내용 분석 자료

구분	요소	통합 빈도	과장	차장	부장
1	믿음과 신뢰	28	15	6	7
2	이해심 및 포용력 / 신세대 이해	27	19	2	6
3	의사소통	27	14	5	8
4	솔선수범	26	16	6	4
5	부하에 대한 격려, 칭찬 및 인정	21	20	0	1
6	전문성(업무 이해 및 수행 능력)	16	11	3	2
7	동료애	14	6	4	4
8	책임감	14	6	2	6
9	권한위임 및 자율성 보장	12	11	0	1
10	배려심	12	6	0	6
11	경청	11	3	2	6
12	동기부여	10	9	0	1
13	업무에 있어서의 합리성(합리적 업무분담)	9	5	4	0
14	사명감 및 열정	8	6	0	2
15	자신감	8	5	0	3
16	대인관계능력	8	5	0	3
17	업무지원 및 협조	7	7	0	0
18	인격존중	7	7	0	0
19	친화력	7	0	4	3
20	청렴	6	6	0	0
21	공감능력	6	6	0	0
22	임파워먼트(역량강화)	6	0	3	3
23	애국심	6	0	0	6
24	공사 구분	5	5	0	0
25	자기헌신 및 기여	5	2	0	3
26	코칭능력(인재양성)	5	2	0	3
27	업무분배의 공정성	5	0	2	3
28	정보 공유	4	4	0	0
29	정직	4	0	0	4
30	융통성	3	3	0	0
31	창의성	3	3	0	0

사례 2. 설문지법(중요도와 현재 상태 설문조사를 통한 요구분석 사례)

아래 내용은 질문지를 통한 요구분석 자료이다. 질문의 내용은 어떤 요구를 조사하느냐에 따라 달라질 수 있다. 여기서는 정리된 설문내용에 대하여 교육의 요구, 즉 교육의 필요도를 파악하기 위한 방법을 제시한 사례이다.

핵심역량에 대한 중요도 및 현재상태 조사를 통한 요구분석

※ 다음은 현재 ○○의 리더십 역량 중 초점집단인터뷰와 문헌분석을 통해 가장 빈번하게 언급되고 중요하다고 생각되는 역량을 간추린 것입니다. 각 역량의 정의를 읽고, 해당 역량이 ○○의 리더십 역량으로써 **중요하다고 생각하는 정도(중요도)와 자신의 현재상태**를 해당 칸에 ✓표 해 주시기 바랍니다.

◉ **중요도** : 평가문항에서 제시한 역량이 ○○의 리더십의 역량으로써 중요하다고 생각하는 정도

①	②	③	④
전혀 중요하지 않음	중요하지 않음	중요함	매우 중요함

◉ **현재상태** : 해당 문항에서 제시한 역량에 대하여 현재의 자신의 상태를 표시함

①	②	③	④
전혀 수행하지 못함	수행하지 못함	수행할 수 있음	매우 잘 수행할 수 있음

역량 명	역량 정의	중요도				현재상태			
		①	②	③	④	①	②	③	④
권한 부여 및 위임	부하가 업무활동을 수행하고 문제를 처리하며 중요한 결정을 내릴 때 부하의 상황과 능력을 고려하여 업무권한을 위임함으로써 그들이 보유하고 있는 잠재능력 및 창의력을 최대한 발휘할 수 있는 환경을 조성하고 상당한 책임과 재량권을 갖도록 허용하는 역량								
동기 부여	업무수행 과정에 있어서 능률과 성과 향상을 위해 부하들에게 의욕을 고취시켜 하고자 하는 의지와 열의를 가지고 일할 수 있도록 하는 역량								

◉ 교육의 요구=중요도−현재상태

사례 3. 관찰법(수업관찰법 사례)

① 관찰 내용

요구분석을 위한 자료수집방법으로 관찰법이 있다. 수업관찰 시 주의해야 할 점은 첫째, 사전에 수업관찰과 관련하여 허락을 받아야 한다. 이때 사진이나 동영상 자료로 미리 확보할 수 있게 한다. 둘째, 일반적인 수업에 비해 해당 수업의 특이한 점을 위주로 관찰하는 것이 좋다. 셋째, 수업분위기와 관련하여 학생들의 반응과 관련된 관찰은 특정 학생 2~3명을 선정하여 집중적으로 관찰하는 것도 좋은 방법이다. 넷째, 수업방법으로 교사와 학생 간의 상호작용에 대해서도 세심하게 관찰하는 것이 좋다. 관찰법 중 여기서는 수업관찰과 관련된 체크리스트를 제시하면 〈표 11-3〉~〈표 11-5〉와 같다.

② 관찰 시 주안점

- 사진, 동영상 같은 시각적 자료 확보(구두로 허락 받기)
- 일반적인 수업에 비해 해당 수업의 특이한 점을 위주로 관찰
- 수업 분위기와 관련하여 학생의 반응 관찰은 특정 학생 2~3명을 선정하여 집중 관찰하는 것도 좋은 방법
- 수업방법, 교사(강사)-학생 간 상호작용, 학생의 반응이 중요함

표 11-3 수업관찰 기준

관찰 영역	수업 주제(대주제, 소주제)	
배경 정보	○ 강의 장소 및 일시 ○ 과목명, 단원명, 차시, 학습목표 ○ 교사(강사)에 대한 정보 : 직위, 성별, 근무기간, 연령대, 전공 ○ 대상 학년 및 학생 수, 성별(성별의 비율) ○ 수집한 추가자료(학습지도안, 학생용 수업 자료 등)	
수업 세부 관찰	수업 계획	○ 수업의 전체 구성 ○ 학생 특성 반영 정도 ○ 교수–학습 자료의 종류와 수준 ○ 시간 배분 및 운영 ○ 학생의 다양성과 평등성 반영 여부 ○ 전체 프로그램의 운영 방향과 본 수업의 일치성
	수업 진행	○ 도입 및 학습목표 제시 방식 ○ 전개 – 교수내용과 교수전략의 조화성 – 수업 운영 방식 : 강의식, 토의식, 참여식 등 – 수업 진행 속도 – 강의 전략 : 이론 중심 vs. 사례 활용(정도를 %로 표시) – 강의 자료 : 시각, 청각, 시청각 자료 및 활용도 – 발문 전략 : open questions(탐색형 질문) vs. closed questions (정답 찾기 질문) – 수업 공간의 활용도 – 학생의 수준 고려 정도 ○ 종결 – 평가(리뷰) 방식 – 평가 방식의 적절성
	수업 내용	○ 내용의 중요성 ○ 내용 수준의 적절성 ○ 교사(강사)의 내용지식 이해도
	수업 분위기	○ 학생의 참여 권장 ○ 교사(강사)–학생 간 협동 및 상호작용 ○ 학생–학생 간 협동 및 상호작용 ○ 수업의 윤리적 측면

표 11-4 관찰법(수업행동분석 체크리스트 1)

강의명		교수명		강의실	
발표자		발표일시		관찰자	
수업주제					

체크할 내용	매우 미흡	미흡	보통	우수	매우 우수
도입					
1. 학습자들의 학습준비를 위한 시간을 할애하는가?					
2. 명확하고 구체적인 학습목표를 제시하는가?					
3. 학습자들의 동기를 유발할 수 있는 전략을 활용하는가?					
4. 출발점 행동을 진단하는 과정이 포함되어 있는가?					
전개					
언어구사능력					
1. 학습자의 주의를 집중시키는가?					
2. 학습자들에게 적절한 피드백을 주는가?					
3. 학습자의 수준에 맞는 어휘를 사용하는가?					
목소리					
1. 발음이 분명하게 들리는가?					
2. 목소리의 높낮이가 적절한가?					
3. 말하는 속도는 적절한가?					
자세 및 행동					
1. 학생들과 적절하게 eye-contact을 하는가?					
2. 불필요하게 반복되는 몸짓이나 태도는 없는가?					
3. 판서나 학습자료 및 매체의 이용이 능숙한가?					
발문기법					
1. 질문의 수준이 대상 학생들에게 적합한가?					
2. 교사의 질문에 학생들이 응답할 수 있도록 시간을 주고 유도하는가?					
3. 학생들의 질문을 지나치지 않고 적절하게 대응하는가?					
학습자료					
1. 학습자료는 학습내용을 학습자의 수준에 알맞게 재조직하여 보여주는가?					
2. 수준별 학습을 위한 자료의 활용이 계획되어 있는가?					
3. 다양한 매체를 이용한 학습자료가 활용되었는가?					
학습전략					
1. 학생들과의 상호작용을 촉진하는 학습활동을 포함하는가?					
2. 학생의 학습과정을 수업 중과 마지막에 확인하고 보충하는 기회를 제공하는가?					
3. 수준이 다른 학생들에게 적절한 학습기회를 제공하는가?					
4. 수업방법과 학습활동은 의미있고 창의적인가?					
종결					
1. 학습내용을 일목요연하게 정리하고 학습목표를 상기시키는가?					
2. 과제나 다음 시간의 학습내용을 분명하게 안내하는가?					
3. 수업에 대해 학생들이 질문하거나 건의할 수 있는 분위기와 시간을 조성하는가?					

잘한 점	부족한 점

표 11-5 관찰법(수업행동분석 체크리스트 2)

	매우 미흡	미흡	보통	우수	매우 우수
도입					
1. 명확하고 구체적인 학습목표를 제시하는가?					
2. 학습자들의 동기를 유발할 수 있는 전략을 활용하는가?					
전개					
개념					
3. 주제와 관련된 개념을 잘 정리해 주었는가?					
4. 주제와 관련된 기법을 잘 정리해 주었는가?					
적용					
5. 주제와 관련된 사례를 충실히 제공해 주었는가?					
6. 주제와 관련된 사례를 현업에서 적용해 볼 수 있게 구성했는가?					
시연					
7. 주제와 관련된 전체내용을 잘 반영하여 시연하였는가?					
창의성					
8. 주제와 관련된 기법 외 다른 기법을 적절히 잘 활용하였는가?					
학습자료					
9. 학습자료는 학습자의 수준에 알맞게 재조직하여 보여주는가?					
10. 다양한 매체를 이용한 학습자료가 활용되었는가?					
학습전략					
11. 학생들과의 상호작용을 촉진하는 학습활동을 포함하는가?					
12. 수업방법과 학습활동은 의미있고 창의적인가?					
종결					
13. 학습내용을 일목요연하게 정리하고 학습목표를 상기시키는가?					
14. 수업에 대해 학생들이 질문하거나 건의할 수 있는 분위기와 시간을 조성하는가?					
15. 전체적으로 평가한다면?					

잘한 점	부족한 점

사례 4. 전문가집단 워크숍(Coffing & Hutchinson Needs Analysis: CHNA 방법)

요구분석을 위한 자료수집방법으로 전문가집단 워크숍을 통하여 요구를 찾아낼 수 있다. 전문가집단의 경우 일반적으로 토의나 토론을 통해서 요구를 찾아내기도 하지만 요구기법 중의 하나인 CHNA법 즉, Coffing & Hutchinson Needs Analysis의 머리글자로 R.T. Coffing와 T.E. Hutchinson이 개발한 교육필요점 조사 기법이 있다.

CHNA의 용도는 첫째, 교육 프로그램 개발의 필요점 조사 시 기본 자료수집에 용이하다. 둘째, 교육내용을 설정할 경우에도 활용이 가능하다. 조사방법으로는 첫째, 표집규모의 경우 모집단이 30명 이내일 경우에는 전원을 표집하며 40명 정도면 90%, 50명 정도면 88%, 100명 정도면 80% 정도 표집하는 것이 좋다. 단, 관련 주제의 전문가 등을 표적 추출했을 경우에는 5~9명 정도로 임의로 선정하여 워크숍을 하는 것이 좋다. 둘째, 3W(Who, What, Whom)를 결정한다. Who의 경우 교육에 관계되는 전체 대상자(모집단)가 정해져 있어야 하며, What의 경우 질문할 내용 즉, 받고 싶은 교육을 대분류, 중분류, 소분류로 구분하여 조사하고자 하는 것을 결정하는 것이다. Whom의 경우 표집집단을 결정하는 것이다. 소규모인 경우(30명 이내)는 전체 대상이 곧 표집집단과 동일할 수도 있다. 전문가 집단의 경우 5~9명이면 가능하다.

CHNA를 실시하는 방법의 경우 첫째, 조사의 취지나 주제를 설명한다. 표집된 집단이 한자리에 동시에 모이기 어려우면 전화로도 가능하다. 둘째, 표집된 대상자들로부터 아이디어를 내게 한다. 각자 낸 아이디어 가짓수를 취합했을 때 50개 내외가 나올 수 있게 인원수를 고려해서 개인별로 아이디어를 낼 수 있게 할당한다. 예를 들면 표집인원이 7명일 경우 각자 7개씩 아이디어를 낸다고 가정하면 모두 49개가 나온다. 각자 아이디어를 제출하는 방법으로는 메모지나 백지에 써서 제출하며 무기명도 가능하다. 원거리인 경우 Fax나 E-mail 등을 통해 제출받을 수 있다. 셋째, 아이디어를 취합하고 정리한다. 각자 낸 아이디어(의견)를 동일한 것은 묶어서 하나의 아이디어에 일련번호를 부여하여 취합한다. 통상 20~50개의 아이디어로 정리된다. 일련번호가 부여된 아이디어의 각 번호 좌측에 기호를 표시할 수 있는 여백을 두고 밑줄을 그어 둔다. 한자리에 모여 있을 경우는 공개리에 칠판이나 전지 등에 개인별 의견을 취합하거나 진행자가 A4지 등에 비공개로 정리할 수도 있다. 넷째, 아이디어에 대하여 1차로 중요도를 선별한다. 중요도 표시는 아이디어를 낸 각자에게 취합 · 정리된 시트를 주고 좌측 밑줄친 곳에 중요하다고 생각되는 항목을 있는 개수에 관계없이 있는 대로 V 표시하게 한다. 다섯째, 휴식을 취한다. 휴식을 취하는 이유는 판단 착오를 줄이기 위해서이다. 여섯째, 아이디어에 대하여 2차 중요도를 선별한다. 이때에는 1차로 중요하다고 생각하여 V표한 아이디어중 가중치를 부여하는 것이다. 즉, 1차로 자기가 V 표시한 것 중 20%만 중복체크한다. 전체 아이디어 중 1차로 V표한 개수가 30개이면 2차 선별 아이디어 개수는 6개이다. 이 여섯 개만 골라서 O표를 한다. 일곱째, 체크한 아이디어에 점수를 부여한다. 1차로 선별로 V표한 아이디어는: 1점, 2차로 중복 ⓥ 표한 점수는: 10점씩 부여 후 아이디어 항목별 점수를 합산한다. 여덟째, 아이디어를 선별한다. 높은 점수를 받은 항목부터 1/3정도를 선별한다. 아홉째, 설문지를 구성한다. 각각의 아이디어에 5점 척도로 설문지를 구성한다. 열째, 구성된 설문지를 모집단에게 중요도와 현재 상태를 체크하여 교육필요도를 추출한다.

CHNA 미니 워크숍 사례

CHNA 방법에 대하여 위에서 제시한 절차에 따라 실제 요구분석을 해 본다. 이 방법을 통하여 교육체계를 수립할 수 있을 뿐만 아니라, 대학교 교양교육에 어떤 과정을 개설해야 하는가?도 이 방법을 통해서 가능하다. 또한 직원들이 요구하는 여름 휴가지 선정, 대학생들이 가장 원하는 여행지 선정, 영업사원에게 필요한 교육내용 선정 등 다양하게 활용할 수 있다. CHNA 조사 시 내용전문가 선정 및 직종·직급별 내용 도출을 위한 사례를 제시해 본다.

사례 1. CHNA 조사 시 내용전문가 선정 및 직종·직급별 내용 도출 실제

1. 직종 및 직급별 인원 배분
   (예 : 토목 직종의 사원 2, 대리 2, 과장 2, 차장 2, 부장 2로 구성
   건축 직종의 사원 2, 대리 2, 과장 2, 차장 2, 부장 2로 구성)
   – 교육내용과 직접 관련된 업무에 현재 근무하는 직원, 현 업무에 2년 이상 근무
   – 우수한 언어능력과 적극적인 행동방식, 필요점 조사에 적극적인 협조의사
   – 학습자 특성 파악에 대한 환기(ISD 모델 중 분석 : 학습자 분석, 환경분석 등에 대한 부분을 환기시켜 준다)
   – 브레인스토밍 설명 : 자유분방, 양보다 질, 판단 보류, 결합과 편승 등
   – 중요한 역할을 수행하고 있다는 것을 주지 : 실제로 회사의 교육내용으로 구성됨
2. 직종별로 각각의 직급에 대한 필요점을 하나씩 조사
   (예 : 토목직종의 사원에게 필요한 직무교육, 토목직종의 대리에게 필요한 직무교육, 토목직종의 과장에게 필요한 직무교육 등에 대하여 필요점 조사를 함
   직급이 단계별로 많을 경우 과장 이하 과장 이상의 2단계로 구분하여 하기도 함)
3. 실제로 실행할 경우에 직종별로 나누어서 한꺼번에 워크숍으로 실시
   (예 : 토목직종, 건축직종, 기계직종, 전기직종 등으로 나누어서 실시)
4. 각각의 직급에 공통으로 요구되는 필요점 조사 파악
   (예 : 토목, 건축, 기계, 전기, 설비 등 모든 직종·직급에 관계없이 공통으로 요구되는 필요점 조사를 파악함. 이것도 마찬가지로 과장 이하와 과장 이상으로 나누어 파악하는 것이 바람직함)

5. 내용진술은 구체적인 문장으로 진술
(예 : 안전관리, 토목실무, 시공실무, 교량, 댐, 이런 과목을 나열하는 것이 아니라 협력업체 직원에 대한 공사현장에서 안전관리 요령에 대한 교육이 필요하다. 성공사례 및 실패사례 발표교육이 필요하다와 같은 식으로 기술)
6. 경영관리교육의 경우 직종, 직급을 적절히 안배하여 SME를 선정
(예 : 토목 사원, 대리, 과장, 차장, 부장을 고려하여 인원 선정
건축, 기계, 전기, 설비 등도 마찬가지를 고려하여 인원 선정)
7. 경영관리교육의 경우 각각의 직급에 필요한 교육내용을 도출
(예 : 사원, 대리, 과장, 차장, 부장 또는 과장 이하, 과장 이상)
8. 도출되어야 할 직종 직급별 교육 필요점

구분	직무교육					계층교육	기타
	공통	토목	건축	전기	관리		
사원							
대리							
과장							
차장							
부장							
임원							

사례 2. CHNA를 통한 영업사원 교육과정 개선 방법

아래 사례는 영업사원 교육과정 개선을 위해 CHNA법을 통하여 교육필요점을 도출해 본다. 교육필요점을 도출하기 위해 영업사원 교육과정 개선에 관한 1차 교육필요점 조사, 영업사원 교육과정 개선에 관한 2차 교육필요점 조사, 영업사원 교육과정 개선에 관한 3차 교육필요점 조사, 영업사원 교육과정 개선에 관한 3차 교육필요점 조사 정리, 영업사원 교육과정 개선에 관한 4차 교육필요점 조사방법에 대한 예를 제시한다.

영업사원 교육과정 개선에 관한 1차 교육 필요점 조사

안녕하십니까?

현대사회가 정보화, 세계화에 이어 지식기반사회로 전환되면서 기업 내 인적자원을 어느 때보다 매우 중요하게 생각하고 있습니다. 우리 회사에서도 직원들의 경력개발 및 인재육성 차원에서 다양한 방법으로 교육을 많이 실시하고 있습니다. 특히 우리 회사에서는 영업사원 교육 중에서도 ○○○를 담당하고 있는 영업사원 교육에 대해서 매우 중요하게 생각하고 있습니다. 여러분들은 그동안 여러 번 교육훈련을 받을 기회가 많았을 것입니다. 그리고 영업현장에서 일을 하면서 느꼈던 애로사항도 많았을 것입니다.

본 설문은 여러분들이 업무를 하면서 이런 부분을 교육을 통해서 해결하여 주었으면 하고 바랐던 점이나 또는 교육을 받으면서 느꼈던 애로사항들에 대해서 솔직한 의견을 파악하여, 여러분의 경험들에서 나오는 의견과 요구사항을 충실히 반영시켜 더 좋은 교육훈련 계획을 수립하고자 합니다.

그러므로 이제 여러분들은 교육훈련이 아주 만족스러운 상태로 진행되고 훌륭한 교육성과를 얻었다고 생각해 보시고, 그렇게 영업사원들의 교육을 하기 위해서는 어떻게 하면 좋은지 여러분의 요구사항을 솔직하게 적어 주시기 바랍니다.

1.____________________

2.____________________

3.____________________

4.____________________

5.____________________

6.____________________

7.____________________

8.____________________

9.____________________

10.____________________

수고하셨습니다. 감사합니다.

영업사원 교육과정 개선에 관한 1차 교육 필요점 조사정리

(아래 문항들은 내용전문가를 통해 나온 표현을 가급적으로 수정 없이 기재한 것임)

항목	요구사항
1	종합병원 담당자와 개인의원 담당자를 분리해서 교육하는 것이 필요하다.
2	종합병원 담당자와 개인의원 담당자를 구분하지 말고 함께 교육시켜야 한다.
3	의사가 바라는 영업사원의 모습을 교육해야 한다.
4	성공사례 및 실패사례 발표교육이 필요하다.
5	영업활동에 필요한 임기응변력과 재치를 길러주는 교육이 필요하다.
6	의사나 약사, 간호원에게 쉽게 접근하는 방법과 업무처리 방법, 정보입수 방법의 교육이 필요하다.
7	세무에 관한 지식을 집중적으로 교육시킬 필요가 있다.
8	의료보험 업무에 관한 지식, 예를 들면 약가신청절차, 재심청구절차 등을 교육시킬 필요가 있다.
9	고가약을 사용했을 때 의보삭감을 피할 수 있는 방법을 교육할 필요가 있다.
10	전문의를 초빙하여 해당 과에 맞는 또는 필요로 하는 내용을 교육시키고 응용할 수 있는 기회를 가져야 한다.
11	의사와 제품에 관한 의견을 자유롭게 교환할 수 있을 정도로 제품 처리 능력을 길러야 한다.
12	거래처에서 많이 쓰고 있는 제품을 중점적으로 교육해야 한다.
13	제품교육 시에는 실물을 확인하면서 포장단위까지의 세부적인 교육을 할 필요가 있다.

영업사원 교육과정 개선에 관한 2차 교육 필요점 조사

아래 내용은 병원담당영업사원의 연수교육이 영업사원들에게 만족하게 이루어지기 위해 필요한 사항들입니다. 당신도 필요하다고 생각되는 항목이 있으면 체크(✓)표 해 주시기 바랍니다.

항목	체크	요구사항
1	✓	종합병원 담당자와 개인의원 담당자를 분리해서 교육하는 것이 필요하다.
2		종합병원 담당자와 개인의원 담당자를 구분하지 말고 함께 교육시켜야 한다.
3	✓	의사가 바라는 영업사원의 모습을 교육해야 한다.
4		성공사례 및 실패사례 발표교육이 필요하다.
5	✓	영업활동에 필요한 임기응변력과 재치를 길러주는 교육이 필요하다.
6	✓	의사나 약사, 간호원에게 쉽게 접근하는 방법과 업무처리 방법, 정보입수 방법의 교육이 필요하다.
7		세무에 관한 지식을 집중적으로 교육시킬 필요가 있다.
8	✓	의료보험 업무에 관한 지식, 예를 들면 약가신청절차, 재심청구절차 등을 교육시킬 필요가 있다.
9	✓	고가약을 사용했을 때 의보삭감을 피할 수 있는 방법을 교육할 필요가 있다.
10	✓	전문의를 초빙하여 해당 과에 맞는 또는 필요로 하는 내용을 교육시키고 응용할 수 있는 기회를 가져야 한다.
11		의사와 제품에 관한 의견을 자유롭게 교환할 수 있을 정도로 제품처리 능력을 길러야 한다.
12	✓	거래처에서 많이 쓰고 있는 제품을 중점적으로 교육해야 한다.
13	✓	제품교육 시에는 실물을 확인하면서 포장단위까지의 세부적인 교육을 할 필요가 있다.

영업사원 교육과정 개선에 관한 3차 교육 필요점 조사

아래 내용은 병원담당영업사원의 연수교육이 영업사원들에게 만족하게 이루어지기 위해 필요한 사항들입니다. 당신도 필요하다고 생각되는 항목이 있으면 체크(✓)표 해 주시기 바랍니다.

항목	체크	요구사항
1	✓	종합병원 담당자와 개인의원 담당자를 분리해서 교육하는 것이 필요하다.
2		종합병원 담당자와 개인의원 담당자를 구분하지 말고 함께 교육시켜야 한다.
3	✓	의사가 바라는 영업사원의 모습을 교육해야 한다.
4		성공사례 및 실패사례 발표교육이 필요하다.
5	✓	영업활동에 필요한 임기응변력과 재치를 길러주는 교육이 필요하다.
6	✓	의사나 약사, 간호원에게 쉽게 접근하는 방법과 업무처리 방법, 정보입수 방법의 교육이 필요하다.
7		세무에 관한 지식을 집중적으로 교육시킬 필요가 있다.
8	✓	의료보험 업무에 관한 지식, 예를 들면 약가신청절차, 재심청구절차 등을 교육시킬 필요가 있다.
9	✓	고가약을 사용했을 때 의보삭감을 피할 수 있는 방법을 교육할 필요가 있다.
10	✓	전문의를 초빙하여 해당 과에 맞는 또는 필요로 하는 내용을 교육시키고 응용할 수 있는 기회를 가져야 한다.
11		의사와 제품에 관한 의견을 자유롭게 교환할 수 있을 정도로 제품처리 능력을 길러야 한다.
12	✓	거래처에서 많이 쓰고 있는 제품을 중점적으로 교육해야 한다.
13	✓	제품교육 시에는 실물을 확인하면서 포장단위까지의 세부적인 교육을 할 필요가 있다.

영업사원 교육과정 개선에 관한 4차 교육 필요점 조사

설문 체크(✓)가 모두 끝났으면, 체크(✓)표시 한 것만 다시 한 번 읽어 보시고 가장 중요하다고 생각되는 것 3(20%)가지만 골라 ○표를 중복시켜 주십시오.

✓표만 된 것은 1점 / ○표가 중복된 것은 10점

〈문항별 응답자수와 점수 집계표〉

항목	응답자수		총점
	10점	1점	
1	2	4	24
2	2	5	25
3	1	6	16
4	0	3	3
5	3	5	35
6	1	6	16
7	3	2	32
8	5	1	51
9	0	3	3
10	2	3	23
11	1	5	15
12	7	6	76
13	1	1	11

영업사원 교육과정 개선에 관한 4차 교육 필요점 조사정리

순위별 문항의 내용 및 점수(33%)

우선 순위	항목	점수	요구사항
1	12	76	거래처에서 많이 쓰고 있는 제품을 중점적으로 교육해야 한다.
2	8	51	의료보험 업무에 관한 지식, 예를 들면 약가신청절차, 재심청구절차 등을 교육시킬 필요가 있다.
3	5	35	영업활동에 필요한 임기 응변력과 재치를 길러주는 교육이 필요하다.
4	7	32	세무에 관한 지식을 집중적으로 교육시킬 필요가 있다.

영업사원 교육과정 개선에 관한 5차 교육 필요점 조사

설문내용에서 나온 것을 정리하여 실제 교육대상자 전체에게 설문조사를 한다.

- 현재상태 : 아래 항목에 대해서 현재 자신(또는 직속상사, 직속부하)이 그 능력을 어느 정도 갖추고 있는지를 7점 척도상에서 평정
- 중요도 : 아래 항목에 대해서 업무를 수행하는데 어느 정도 중요한지를 7점 척도상에서 평정

항목	요구사항	중요도	현재상태
		1 2 3 4 5 6 7	1 2 3 4 5 6 7
1	거래처에서 많이 쓰고 있는 제품을 중점적으로 교육해야 한다.	1 2 3 4 5 6 7	1 2 3 4 5 6 7
2	의료보험 업무에 관한 지식, 예를 들면 약가신청절차, 재심청구절차 등을 교육시킬 필요가 있다.	1 2 3 4 5 6 7	1 2 3 4 5 6 7
3	영업활동에 필요한 임기 응변력과 재치를 길러주는 교육이 필요하다.	1 2 3 4 5 6 7	1 2 3 4 5 6 7
4	세무에 관한 지식을 집중적으로 교육시킬 필요가 있다.	1 2 3 4 5 6 7	1 2 3 4 5 6 7

- 필요도 산출 : 중요도와 현재상태의 차이를 교육이 필요한 정도라 규정하여 중요도 점수에서 현재상태의 점수를 뺀 값이 교육필요도 점수
- 선정된 필요교과목의 구분 : 본인평가, 직속상사 평가, 직속부하평가를 종합 분석하여 선정된 필요 교과목의 우선 순위를 정함
  - 매우 필요한 교과목 : 모든 평가자(본인, 직속상사, 직속부하 중)에 의해 필요 교과목으로 선정된 경우
  - 상당히 필요한 교과목 : 본인, 직속상사, 직속부하 중 둘에 의해 필요 교과목으로 선정된 경우
  - 필요한 교과목 : 본인, 직속상사, 직속부하 중 하나에 의해 필요 교과목으로 선정된 경우

2. 기관분석

기관분석도 분석단계에서 중요하다. 프로그램을 개발의뢰한 기관에 대한 분석이다. 개발기관의 설립에서부터 기관의 비전, 미션, 경영전략, 경영방침, 주요사업내용, 시설현황 등에 대한 분석이 반드시 필요하다. 거시적 관점에서 그 기관에 대한 분석뿐만 아니라 미시적 관점에서 개발의뢰한 기관 내의 특정 본부나 특정 부서의 업무내용 등과 관련된 내용을 분석해야 한다. 기관분석 시 필요한 양식은 아래 〈표 11-6〉과 같다.

표 11-6 기관조사 분석표

구 분	내 용
대표자 명	
설립연도	
전체 인원	
매출액	
주요사업 분야	
경영철학	
비전	
미션	
인재상	
경영전략	
조직도	
각각의 조직에서 하는 업무	
인사 및 교육제도	
기타	
프로그램 개발관련 기관분석 종합의견	

3. 현존자료분석

현존자료분석은 개발하고자 하는 내용과 관련된 현존자료를 잘 분석해야 한다. 프로그램 개발 시 현존자료분석을 잘 하면 실제 프로그램 개발과 관련된 내용에 대하여 많은 아이디어를 얻을 수 있다. 현존자료란 회사에서 수집하는 것으로 직원들의 업무 수행의 결과를 살펴보는 것을 말한다. 현존자료분석과 관련된 내용으로는 프로그램 개발과 관련된 내용을 중심으로 분석한다. 이때 현존하는 자료에 대한 분석뿐만 아니라 자료가 있더라도 그 자료에 대한 심층내용을 파악하기 위해 담당자와 좀 더 심도 있는 면담을 하는 것이 좋다.

예를 들면 영업사원의 판매실적보고서, 사고보고서, 고객불만보고서, 경영성과와 같은 것을 검토하는 것을 말한다. 이러한 현존자료분석의 핵심은 직원 개개인의 자료를 독립적으로 보는 것이 아니라 관련 자료들 간의 관계를 검토해 보아야 한다는 것이다. 또한 현존자료분석은 현장에서 실제로 일어난 결과에 대해서 면밀히 검토하는 것이 대단히 중요하다. 교육과 관련하여 예를 들면 교육체계도 또는 역량체계에 대한 부분, 프로그램 일정표, 프로그램 일정표상에 나와 있는 교재, 교안, 각종 설문지, 컨설팅 자료 등에 대한 내용을 검토해야 한다. 이때 각각의 자료에 대한 내용 검토뿐만 아니라 각각의 내용에 대하여 담당자의 의견을 충분히 수렴하는 것이 좋다.

현존자료분석 사례 1. 교육실적현황 분석

교육분야별	2012		2013		2014		2015 1/4	
집합교육	14.22	9%	21.95	8%	29.80	9%	12.48	15%
e-러닝	144.69	91%	246.08	92%	296.42	91%	68.80	85%
총합계	158.91	100%	268.03	100%	326.22	100%	81.29	100%

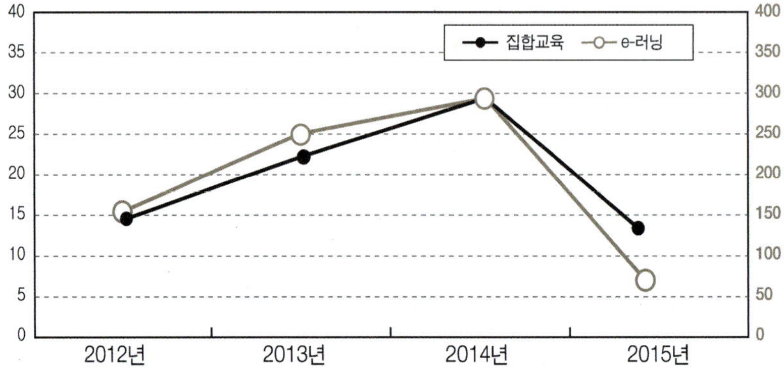

<한 번도 교육에 참여하지 않은 직원 수>

교육분야별	2012	2013	2014	2015 1/4
집합교육	302	158	73	239
e-러닝	82	9	2	38
집합 + e-러닝	57	7	2	16

현존자료분석 사례 2. 전체 교육과정 분석

안전교육체계

교육주관	교육과정 및 내용
안전팀	ㅇ안전체험관 교육(포항만 실시): '03.9월 ~ ㅇ사이버안전교육: 안전관리 일반+공정안전관리 실무 ㅇ사외 전문기관 위탁교육 진행 ㅇ인재개발원 집합교육시 출강: 신입사원, 주임/반장 양성교육 ㅇ신안전기법 도입교육(STOP, ILS 등) ㅇ사내 안전관련기준 변경 교육 등 ㅇ직영 및 협력업체 요청 교육(대수리작업 또는 휴지전 요청교육지원)
현업부서 자체교육 (법정의무교육)	ㅇ정기교육(근로자 정기교육) – 생산직(2시간/월), 사무직(1시간/월), 관리감독자(16시간/년) ㅇ유해위험작업 특별교육(16시간/작업투입전) ㅇ직무변경자교육(2시간/작업내용 변경시) ㅇPSM 적용공정 공정안전교육, 신입사원교육(8시간/신규채용시)
기타교육	ㅇ사외 전문가 초빙교육 ㅇ주임단 주관 안전교육(테마안전활동) 자료작성, 보급 ㅇ노경협의회 주관 안전활동 자료제작 지원 ㅇ신규보임 노무안전주임 교육

❖ 현재의 안전교육체계는 기본적이며 필수적인 지식전달에 중점을 두고 있으며, 피동적인 학습참여로 인하여 지식의 활용성이 미흡함.

현존자료분석 사례 3. 교육현황분석

구분	유형	교과정	교육목표	교육내용	교과목	교육방법	교육대상	시간		인원	비고
방재 분야	방재 분야 교육	재해 영향성 검토 과정	재해영향평가의 효과적인 운영으로 재난예방 능력 제고 재해영향성 검토에 대한 충분한 사례 학습 및 실무 능력 배양	충분한 사례와 실무 강사진 편성으로 실무 능력 배양 기술 및 최신 정보 습득으로 재난예방 능력 향상	• 방재업무 주요 시책과 방향(2H) • 지역별 안전도 진단(2H) • 재난관련법령 해설(2H) • 개발계획 사전 발생검토(2H) • 사전 재해 영향성 검토(3H) • 지자체 재난관리 평가제도(2H)	■ 강의형 □ 참여형	중앙, 지자체 5급 이하, 유관기관 실무요원	5	D	120 명	합숙
방재 분야	방재 분야 교육	재해 예경보 시스템 과정	신속한 재해예 경보체계 구축 재해유형별 효율적인 예경보시스템 활용	재난정책 및 재해 예경보 시스템 이해/ 재해 예경보 시스템 실습	• 방재업무 주요 시책과 방향(2H) • 재해 예경보 시스템 관리 운영(4H) • 홍수 경보시스템 이해(2H) • 기상방재(2H) • 유형별 재해예경 보시스템 활용 실습(7H)	■ 강의형 □ 참여형	중앙, 지자체 5급 이하, 유관기관 실무요원	5	D	80 명	비합숙
민방위 분야	민방위 교육	민방위 중견 관리 과정	민방위담당 중견공무원의 기본소양과 행정능력 배양 민방위 사태 발생 시 대처 능력 제고	행정환경변화에 부응할 새로운 사고와 대응 역량 강화를 위한 교육 민방위사태의 종합관리 대처 능력 확보를 위한 전문교과 운영	• 2008년도 민방위 주요시책과 방향 (2H) • 국가재난관리 정책(2H) • 민방위 교육 훈련 업무(2H) • 안전체험센터 체험교육(2H) • 비상시 긴급대피 및 구조(2H) • 화생방 방호(2H) • 가정에서의 응급처치(2H)	■ 강의형 □ 참여형	중앙, 지자체 6급 담당, 유관기관 실무요원	5	D	140 명	
…	…	…	…	…	…	…	…	…	…	…	…
…	…	…	…	…	…	…	…	…	…	…	…

4. 학습자분석

학습자분석이란 교육에 참가할 학습자들의 일반적인 특성(인구통계학적 요소)과 구체적인 특성(학습경험이나 배경)을 분석하여 교육과정에 반영할 점들을 찾기 위해서 하는 것이다.

(1) 학습자분석 목적

① 학습자가 현재 상태에서 할 수 있는 능력의 정도를 명확히 파악하기 위해
② 학습시켜야 할 교육내용에 적당한 학습자를 찾아내기 위하여
③ 학습자의 조건에 맞는 교수전략을 세우고 적절한 교육내용을 선정하기 위해

(2) 학습자 특성 파악 항목

- 일반적 특성 파악(인구통계학적 요소) : 학습자의 규모, 연령대, 성별, 업무부서, 근속년수, 경험의 폭 등에 관한 정보

(3) 구체적 특성 파악(학습경험이나 배경요소)

선수학습, 사전학습 정도(지식, 기능, 태도 등과 관련된), 직무경험수준, 현재의 능력수준, 학력수준, 특별히 요구되는 능력의 정도(전문용어), 직무환경의 특성, 학습자의 제약조건, 학습유형 등

학습자분석 시 필요한 양식은 다음 〈표 11-7〉과 같다.

표 11-7 학습자 분석표

	분석항목	분석내용	적용방안
일반적 특성	학습자 규모		
	연령대		
	직급		
	직종		
	성별		
	근속년수		
	기타		
구체적 특성	출발점행동(Entry Behaviors)		
	선수학습요소 (Prior Knowledge of Topic Area)		
	학문적 동기(Academic Motivation)		
	일반적 학습선호도 (General Learning Preferences)		
	집단특성(Group Characteristic)		
	기타		

학습자분석 사례 1. 일반적 특성 분석

- ○ **부인원 총원** : 505명(1선재공장 198명, 2선재공장 265명, 1그룹 2팀 42명)

  ※ 평균 근속년수 21.1년, 평균 연령 45.0세

- ○ **근무형태별** : 상주 102명(20%), 교대 403명(80%)
- ○ **입사학력** : 고졸 481명(95%), 대졸 24명(5%)
- ○ **주요직책별** : 일반 및 리더급 397명(79%), 반장 8명(16%), 주임 25명(5%)

○ 반별(공정별) 인원

반(공정)	가열	압연	냉각	시험	롤 관리	정정	설비점검	기타	계
인원(명)	65	135	41	75	70	23	18	78	505

○ 근속년수별

근속년수	5년 이하	6~10년	11~15년	16~20년	21~25년	26년 이상	계
인원(명)	23	5	68	110	144	155	505

○ 연도별 퇴직 예정인원

연도	2012	2013	2014	2015	2016	2017
인원(명)	2	11	15	28	37	38

제철소 주임, 반장급 직원의 근속과 연령

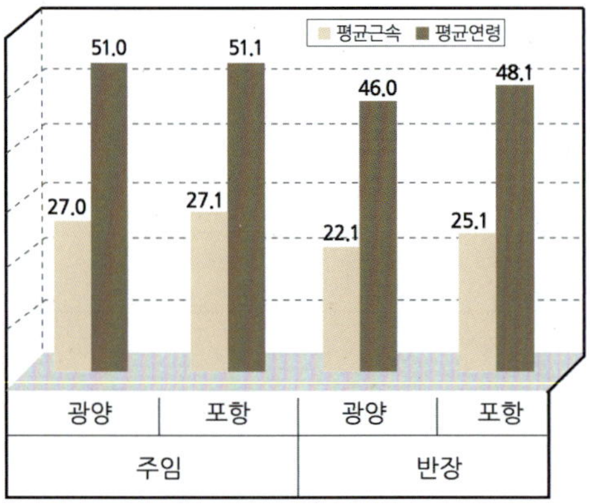

제철소 주임, 반장급 직원 수

구분	포항 제철소	광양 제철소	합계
주임급	535	468	1,003
반장급	1,346	1,046	2,392
합계	1,881	1,514	3,395

단위: 명 ('04.8.27. 현재)

❖ 주임급의 평균연령은 50세를 상회하며, 반장급도 40대 후반의 연령대를 분포함. 잔여근무기간이 실질적으로 3~5년 정도이므로 안전감독자로서의 혁신과 개선보다는 기존의 경험과 지식을 바탕으로 현상 유지를 추구하는 경향이 많을 수 있음.

학습자분석 사례 2. 구체적 특성 분석-학습자들의 교육내용 선호경향 분석

주임, 반장급 직원의 안전교육 내용 선호경향

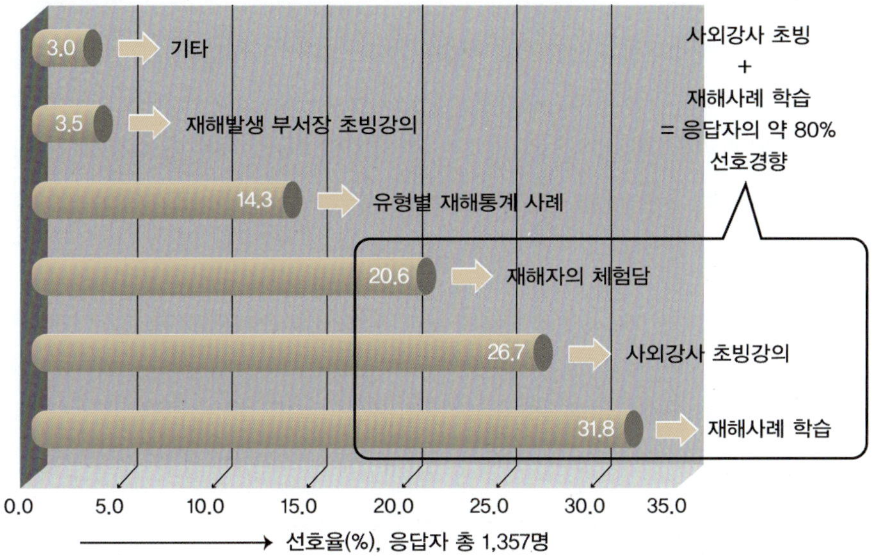

❖ 주임, 반장급 직원의 대다수는 안전관리에 필요한 지식보다는 실제현장에서 발생한 재해사례를 학습하거나 사외강사를 초빙하여 새로운 각도에서의 경험을 얻고자 함.

5. 환경분석

환경분석이란 프로그램 개발할 과정에 대한 여러 가지 상황을 말한다. 환경분석의 경우에 일반적 환경분석(3C, FAW, SWOT, 7S 등)과 관련되는 내용과 구체적 환경분석(교육과정과 직접 관련있는 내용) 두 가지 형태가 있다. 전자의 경우 거시적 환경분석에 해당되며, 후자의 경우 미시적 환경분석에 해당된다. 먼저 미시적 환경분석에는 해당 교육내용에 대한 전문가가 있는지, 교육내용을 얻을 수 있는 자료원의 여부, 타 기관에서 하고 있는 유사한 과정의 여부와 장단점, 특징, 과정을 개발 운영하는데 있어서의 장애요인 등을 파악하여 과정개발과 운영에 반영하는 것을 말한다. 환경분석 시 살펴볼 주요 내용은 다음과 같다.

(1) 교육과정에 대한 내용전문가 파악

내용전문가(Subject Matter Expert: SME)란 특정 주제 혹은 분야에 대해 전문적인 지식을 갖고 있는 사람을 말한다. 교육원 내·외부, 각 부처에 근무하는 사람들 중에서 교육내용과 관련된 전문가들을 파악하여 과정의 내용 자문과 내용 개발에 도움을 받을 수 있다. 더욱이 내부 개발이 어려울 때는 내용전문가를 직접 강사로 활용할 수도 있다.

(2) 내용 관련 자료원

교육내용과 관련하여 참고할 수 있는 국내외 도서, 논문, 인터넷 사이트 등을 파악하여 교육내용을 개발할 때 참고할 수 있다. 또한, 해당과정의 내용을 연구하는 대학이나 연구기관 등을 파악하는 것도 유용할 것이다.

(3) 외부 유사 과정 파악

해당 과정과 유사한 과정이 외부(타 교육원, 기업 연수원, 외부 교육기관)에서 운용되고 있는지를 파악한다. 각 과정의 장단점을 비교하고 특징들을 파악한다면 과정개발 시에 참고할 수 있다. 또한, 외부 연구 용역을 주기 위한 기초자료로 활용할 수 있을 것이다.

(4) 과정 개발 시 예상되는 장애요인과 그에 대한 해결방안

과정 개발과 관련하여 예상되는 어려움을 파악하고 그에 대한 해결책을 마련해 둠으로써 과정 개발을 하는 데 원활히 해나갈 수 있다.

미시적 환경분석 시 필요한 양식은 아래 〈표 11-8〉과 같다.

표 11-8 미시적 환경 분석표

1. 내용전문가 명단

성명	전문영역	소속	부서	직위	전화번호/FAX	E-mail

2. 관련 자료원

구분	기관	프로그램	구입 가능
국내			
해외			

3. 외부 유사 과정 분석

과정명	실시기관	과정목적	과정내용	주강사	기타

4. 과정 개발 시 예상되는 장애요인 및 해결방안

예상 장애요인	해결방안	비 고

환경분석 기법 예

3C 분석

환경분석 및 현상 파악을 위해서는 3C 분석이 필수적이다. 3C 분석이란 경쟁사분석, 고객분석, 자사분석을 말한다. 이 3C 분석과정에서 FAW 분석이 중요한 요소로 들어가며 각각의 분석을 하는 과정 중 고객분석에서는 Segmentation 및 Needs 분석을 해야 하며, 자사분석에서는 자사분석을 할 수 있는 중요한 기법으로 Business System 분석이 있다. 3C 분석을 그림으로 정리하면 [그림 11-2]와 같다.

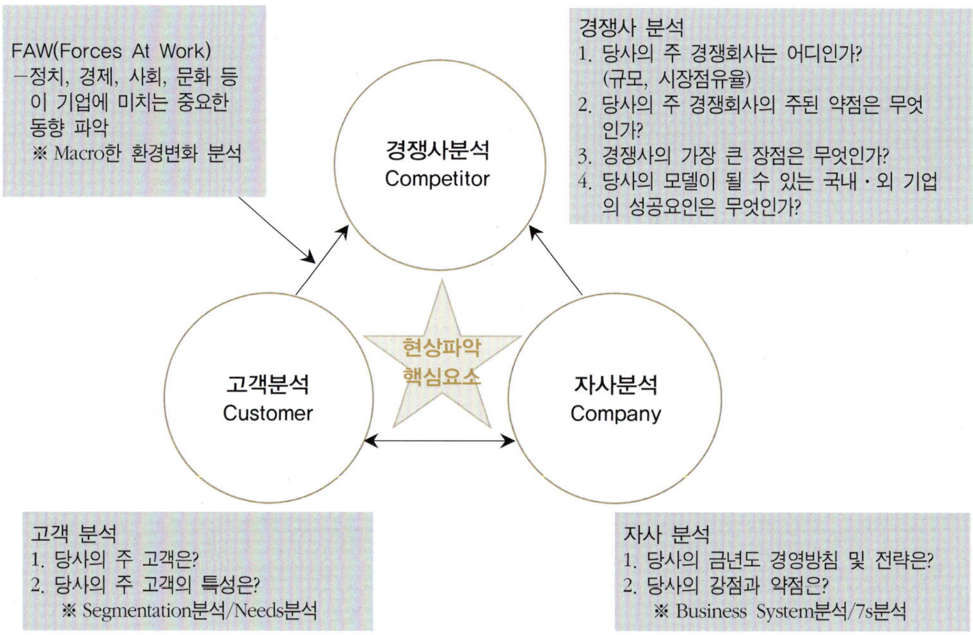

그림 11-2 3C 분석

① **경쟁사분석**(Competitor Analysis)

첫째, 경쟁사분석에서는 해당기업과 경쟁상대가 되는 회사가 어디인지를 철저히 분석하는 것이 급선무이다. 건설사인 경우에 최고의 건설사가 어디인지를 알아보아야 하며 이와 함께 가장 발전할 수 있는 건설사가 어디인지도 살펴보는 것이 무엇보다도 중요하다. 즉, 잠재적으로 최고의 건설사가 어느 회사가 될 것인지를 파악하는 것도 대단히 중요하다는 것이다. 둘째, 다음으로 중요한 것이 동종업계의 경쟁사 중 최고로 앞서가는 회사의 강점과 약점을 분석하는 일이다. 즉, 최고의 회사가 가지고 있는 강점은 무엇이고 약점은 무엇인가를 물적·인적 요소 등 다양한 요소를 가지고 분석해 보는 것이 필요하다. 물적 요소로는 제도와 같은 것이며, 인적 요소로는 최고경영자의 철학이나 그 회사의 문화와 같은 것이 해당된다. 셋째, 당사의 모델이 될 수 있는 기업으로 국내는 물론이고 국외는 어느 회사인지를 찾아보는 것이 중요하다. 그래서 그 모델이 되는 기업이 갖고 있는 최대의 강점을 찾아보는 것이 중요하다.

② **고객분석**(Customer Analysis)

당사의 주고객을 분석하는 일이다. 주고객에는 내부고객(회사 내 직원)과 외부고객(회사 외 고객)을 함께 분석하는 것이 필요하다. 여기서 중요한 것은 주고객을 분석하는 일이다. 주고객이란 우리 회사의 물건을 구매할 수 있는 고객을 말한다. 따라서 주고객이 누구인가를 분석하는 일은 대단히 중요하다. 예를 들면 남자인지 여자인지, 10대인지 20대인지 30대인지, 아니면 시골사람인지 도시사람인지 또는 미혼자인지 기혼자인지 등을 분석하는 일이 매우 중요하다. 이와 같은 방식으로 구분해 보는 것이 바로 세분화(Segmentation) 분석이다.

이 Segmentation은 예를 들면 주고객을 연령별로 구분해서 다시 그 속에서 성별, 다시 그 속에서 도시와 농촌, 기혼과 미혼 등으로 세분해 나가는 기법이다. 즉, 우선 한 가지 중요한 요소를 일단 정하고 거기서 더 세분해서 분석해 들어가는 기법이 바로 Segmentation이다. 이러한 Segmentation을 분석하는 것이 중요하다.

☞ **Segmentation** : Segmentation이란 시장을 하나로 보지 않고 몇 개로 구분하여 구분의 집합체로 보는 것이다. 따라서 Segmentation은 어떠한 형태이든 간에 이익과 결부시키는 것이 필요하고, 응용도가 높은 구분을 통합하여 새로운 Segmentation을 실시하는 것이 좋다. Segmentation을 하는 단계는 첫째, 고객 구분별로 고객의 특성을 분석하는 것이다. 예를 들면 고객의 특성을 연령별, 수입별, 성별, 지역별과 같이 특성을 일단 분석하는 일이

중요하다. 둘째, 상관성이 높은 축을 선정한다. 축은 하나로 선정하는 경우, 둘로 선정하는 경우, 셋으로 선정하는 경우 등 다양하게 선정할 수 있다. 하나로 선정하는 경우에는 수입을 하나의 축으로 하거나, 둘로 선정하는 경우에는 연령과 수입을 두 축으로 선정할 수 있다.

이럴 경우에는 연령과 수입을 조합하여 고객의 특성을 분석하는 것이다. 즉, 연령은 20대인데 수입은 높은 고객이거나 연령은 30대인데 수입은 낮은 경우 등과 같이 분석해 볼 수 있다. 축을 세 가지로 하는 경우는 연령, 수입, 지역으로 선정할 수 있다. 즉, 연령은 10대이면서 수입은 낮고 지역은 강남에 사는 경우 또는 연령은 30대이면서 수입은 많고 지역은 강북인 고객과 같이 하여 분석해 볼 수 있다. Segmentation의 예를 표로 제시하면 아래 〈표 11-9〉와 같다.

표 11-9 Segmentation의 예

연령	10대	20대	30대	40대
수입	고	저	하	최빈
성별	남	여		
지역	강남	강북	강서	강동

③ 자사분석(Company Analysis)

자사를 분석할 경우에는 여러 가지 방법을 동원해서 분석해 볼 수 있다. 예를 들면 Business System, SWOT, 7s 등 다양한 기법을 통해서 자사를 분석해 볼 수 있다. 이 기법을 여기서 다 소개하기는 곤란하므로 개략적으로 자사를 분석하는 방법에 대해서만 언급하자 한다. 우선 자사를 분석하기 위해서는 자사의 경영방침과 경영전략을 상세히 검토하는 것이 필요하다. 이 분석을 통해서 금년도의 세부적인 실천계획 수립이나 여러 가지 분석을 할 근거를 마련해야 한다. 그 다음으로 필요한 것이 자사의 현재 강점과 약점을 알아본다.

FAW 분석(Forces at Work)

FAW는 경영과 사업환경의 변화를 일으키는 매크로한 힘(요인)이다. FAW를 분석할 때 단지 FAW만 파악하는 것이 아니라 그 영향까지를 이해하여 빨리 대책을 실행하는 것이 중요하다. 예를 들면 정치구조가 여당에서 야당으로 바뀐다든지, 경제환경 중 노사관계가 판이하게 바뀐다든지, 국제관계에서 달러화가 아주 높게 올라간다든지, 각종 규제가 완화된다든지의 변화를 파악 후 여기에 대한 대책까지를 마련해야 한다는 것이다.

FAW 분석의 절차로는 다음과 같다. 첫째, 중요한 사업환경요인을 선정한다. 둘째, 중요사업환경요인의 사업 영향도를 추출한다. 셋째, 사업 영향도를 평가한다. 넷째, 해당사업의 기회요인과 위협요인을 파악한다. FAW 분석의 절차를 표로 제시하면 〈표 11-10〉과 같다.

표 11-10 FAW 분석

향후 5년간에 걸쳐 지속적으로 자사의 사업성과에 커다란 변화를 일으키리라고 생각되는 환경요인을 적고, 이러한 요인이 향후 사업성과에 어떤 영향을 미치게 될 것인지를 구체적으로 기술하십시오.

경영환경 변화	사업에의 영향	영향의 크기	기회요인/위협요인
• IMF체제 –고환율 –건설시장 개발	수주의 어려움	고	위협요인
• 국내외 환경규제 강화 –안전, 환경규제 강화 –각종 규제법 마련	안전, 환경을 고려한 사업	고	기회요인/위협요인

SWOT(Strengths, Weaknesses, Opportunities, Threats) 분석

SWOT 기법은 환경을 분석하는 기법이다. 즉, 자사의 강점과 약점을 확인하고, 외부환경의 기회적 요인과 위협적 요인을 규명하는 분석기법이다. 여기서 강점이란 해당기업이 경쟁기업과 비교하여 고객들로부터 경쟁우위에 있는 요소를 말하며, 약점이란 해당기업이 경쟁기업과 비교하여 고객들로부터 경쟁력이 떨어지는 요소를 말한다. 기회요인이란 해당기업 외부의 환경에서 유리한 기회요인이며, 위협요인은 해당기업 외부의 환경에서 불리한 위협요인을 말한다. SWOT 분석의 예를 표로 제시하면 〈표 11-11〉과 같다.

표 11-11 SWOT 분석의 예 1

구분		우리회사 내부환경	
		강점(Strengths)	약점(Weaknesses)
경영환경	기회 (Opportunities)	강점이면서 기회전략(I : SO) 기회를 활용하기 위해 강점을 사용하는 전략 (aggressive strategy)	약점이면서 기회전략(II : WO) 약점을 극복함으로써 기회를 활용하는 전략 (trrn around-oriented strategy)
	위협 (Threats)	강점이면서 위협전략(III : ST) 위협을 회피하기 위해 강점을 사용하는 전략 (diversification strategy)	약점이면서 위협전략(IV : WT) 위협을 회피하고 약점을 최소화하는 전략 (defensive strategy)

표 11-12 SWOT 분석 예 2

내적 요소 / 외적 요소	강점(Strengths) 1. R&D, 엔지리어링의 우수성 2. 막강한 판매 및 서비스 네트워크 3. 효율적인 생산 및 자동화 역량	약점(Weaknesses) 1. 한 가지 제품에 편중 2. 독일에서의 비용 상승(임금, 연료) 3. 미국에 공장 건설 시 미국의 노동조합에 대한 경험이 없음
기회(Opportunities) 1. 선택시장을 갖춘 고급 차에 대한 수요 증가 2. 미국에 부품공장 설립 시 이권 취득 보장 3. 클라이슬러와 아메리칸 모터즈에서 소형 엔진을 필요로 함	SO 전략 1. 가격체계가 다양한 고급/소형 차종의 복합생산라인 개발/생산(O1S1S2) 2. R&D, 엔지니어링, 생산 및 자동화에 대한 경험을 살려 부품공장 설립 3. 크라이슬러와 아메리칸 모터즈에 소형 엔진 판매(O3S3)	WO 전략 1. 가격 수준이 다양한 경쟁모델 개발(O1W1) 2. 독일에서의 비용상승에 대처, 미국에 공장을 건설하고 미국 노동조합에 대한 경험있는 미국 경영인을 고용함(O2W2W3)
위협(Threats) 1. 마르크화에 대한 달러화의 평가절화(화폐교환율) 2. 일본과 미국 자동차업체로부터의 경쟁 3. 오일 부족 및 가격 상승	ST 전략 1. 미국에 공장을 건설하여 화폐교환율 영향을 줄임(T1T2S1S3) 2. 앞선 설계기술로 경쟁에 대처(T2T3S1S2) 3. 연료주입기를 사용, 연료소모율 개선 및 열효율이 좋은 디젤 엔진 개발(T3S1)	WT 전략 **A. SO 전략을 지향(약점의 강점화)** 1. 탄력적 생산라인을 개발, 경쟁 위협 축소(T2W1) **B. 폭스바겐이 선택하지 않은 방법** 1. 크라이슬러나 아메리칸 모터즈와 공동운영(T1T2W2W3) 2. 미국 시장에서 철수(T1T2W2W3)

- 1단계 : 사업의 종류, 지리적 영역, 경쟁상황, 최고경영층의 지향성(기업의 프로필 설정)
- 2단계 : 경제적, 사회적, 정치적, 인구통계학적 요소, 제품과 기술, 시장과 경쟁에 대한 파악 및 평가
- 3단계 : 미래에 대한 예측 및 평가
- 4단계 : 관리와 조직, 운영, 재정, 마케팅, 기타 등 SW 파악
- 5단계 : 대안 개발
- 6단계 : 전략 선택
- 7단계 : 1~6단계까지의 일관성 테스트 및 응급계획 마련

구분	주요환경변화			기회요인	위협요인	대응/추진전략	기대효과
	요인	현재	미래				
외부환경	시설임대	공급자와 수요자의 영향력 대등	수요자 중심	차별화된 서비스 제공으로 경쟁우위 선점가능	낙후된 시설로 인해 타연수원과 비교하여 경쟁력 약화 가능성 상존	• 고정고객화를 위한 영업강화 • 서비스 차별화 실현 • 지속적 시설 개보수	지속적 임대매출 확대
외부환경	교육컨설팅	수요자의 필요성 미약	수요자의 필요성 증대	공급자의 적극적 마케팅 가능	공급자 간 경쟁 심화	• 고용보험 인정기관으로써 서비스강화 • 진단도구, 프로그램 개발능력 배양	적극적 시장진출
내부환경	종업원수	1,900명	2,600명 (700↑)	○○○분야의 사업수행가능 및 인적자원 확보	관리대상인원 증가로 개별교육 Needs 충족에 제한적	• DDD연수담당자 충원	DDD업종 특성을 수용하는 교육운영
내부환경	조직문화	KKK류 단일문화	DDD+KKK 문화적 갈등발생	문화적 갈등극복을 통한 Synergy 증대	집단이기주의, 책임회피의식 만연	• ○○○과정 통합 실시 • 신 기업문화 W/S 개발운영	한 방향, 동질의 조직문화 형성
내부환경	교육체계	학점제를 바탕으로 건설 시공 특성이 반영된 집합 교육형태의 교육체계	DDD특성을 포함하는 기술교육 필요	합병된 조직특성을 살린 교육체계 정립	KKK위주의 교육 운영(DDD 특성 사장 우려)	• 통합교육체계 수립 및 DDD관련교육 분과 신설, 과정 개발	지속적 체계적 인재개발

- Ⅰ : SO(Strengths Opportunities)의 경우 회사 내부로는 강점을 갖고 있으면서 환경요인으로는 기회요인이 있는 구간이다. 이럴 경우에 회사에서는 공격적인 전략을 활용할 수 있다. 조직이 가지고 있는 강점을 갖고 기회요인을 적극적으로 공략할 때 성공할 수 있을 것이다.
- Ⅱ : WO(Weaknesses Opportunities)의 경우 회사 내부에는 약점이지만 외부환경은 기회요인으로 다가오는 경우에 해당되는 구간이다. 따라서 회사에서는 약점을 개선함으로써 외부환경의 기회요인을 잘 활용할 수 있다. 이 구간에서는 회사의 약점을 잘 개선하는 것이 무엇보다 중요하다.
- Ⅲ : ST(Strengths Threats)의 경우 회사 내부에는 강점이지만 외부환경은 위협요인으로 다가오는 경우에 해당되는 구간이다. 따라서 이 구간에 있을 경우 위협을 회피하기 위해서는 조직 내부의 강점을 잘 활용하는 전략을 사용하는 것이 대단히 중요하다.
- Ⅳ : WT(Weaknesses Threats)의 경우 회사 내부요인이 약점이 있으면서 외부환경도 위협요인에 해당되는 구간이다. 이 구간에서는 위협을 회피하고 약점을 최소화하는 전략을 수립하는 것이 중요하다. I 구간이 공격적인 전략을 구사해야 한다고 보면 Ⅳ구간에서는 주로 방어적인 전략을 수립하는 것이 중요하다.

SWOT 기법은 실제로 내·외부의 환경을 분석하는 경우가 많다. 즉, 환경은 내부환경과 외부환경으로 크게 둘로 나눈다. 그런 후 내부환경의 요인과 외부환경에 대하여 우리 조직에게 중요하게 영향을 미칠 수 있는 것을 선정한 후 현재와 미래에 어떻게 변화할 것인지를 예측해 본다. 그런 후 이 환경요인들이 우리에게 기회요인이 되는 것과 위협요인이 되는 것을 확인해 본다. 기회요인과 위협요인을 추출한 다음 대응전략을 세워 보고 기대효과는 어떤 것인지를 파악해 보면 내부환경과 외부환경을 분석하는 동시에 이에 대한 적절한 대응책도 수립할 수 있다.

7s모형

7s모형에는 전통적 7s모형과 맥킨지의 7s모형이 있다. 전통적 7s모형의 주창자는 파스칼(R. T. Pascale)과 아토스(A. G. Athos) 이 두 사람으로 이들은 The Art of Japanese Management(1981)에서 전통적 7s모형을 제시하였다. 전통적 7s모형의 목적은 각 기업이 공통적으로 보유한 7S의 유기적 관계를 바탕으로 고유의 기업문화를 이해하고 분석하도록 하였다.

7s의 구성요소로는 다음과 같은 것이 있다.

① 공유가치(Shared Value)
가치관, 이념, 전통가치 및 기업의 기본목적 등(가장 중요한 요소)

② 전략(Strategy)
장기적인 목적/계획, 장기적인 차원의 배분패턴 등(장기적인 방향 설정)

③ 구조(Structure)
조직구조, 직무설계, 권한관계, 방침/규정 등(구성원 역할과 상호관계 지배)

④ 관리시스템(System)
관리제도/절차, 각종 시스템 등(경영정보/의사결정과 운영의 틀)

⑤ 구성원(Staff)
인력구성, 능력/전문성, 가치관/신념, 욕구/동기, 지각/태도, 행동패턴 등

⑥ 기술(Skill)
각종 기계/장치, 하드/소프트웨어, 관리기법(동기부여, 행동강화, 갈등/변화/목표/예산관리) 등

⑦ 리더십스타일(Style)
조직체의 개방적, 참여적, 온정적, 유기적 성격 등

7s를 적용하는 방법으로는 다음과 같이 대별해서 볼 수 있지만, 대부분 7s는 전체적인 조직을 진단하거나 현상을 분석하기 위해 많이 사용한다. 즉, 조직을 전체적 관점에서 일반적으로 분석하거나 부분적 적용하는, 즉 현안 이슈 및 문제를 해결하기 위해 특정 요소를 중점적으로 분석해 볼 수 있다.

표 11-13 7s 모형을 적용한 예

구분	문제점	강약점	개선 방향	개선과제
전략 (Strategy)	① 전략 부재 ② 보수적 ③ 공통의식 결여	① 방향성 부재 ② 내실경영	전략혁신	① 고부가가치 공사로 차별화 ② 기회선점의 전략 ③ 전략 공유
조직구조 (Structure)	① 조직기능 중복 ② 외부환경 변화에 대한 대응 지연 ③ 조직의 비대화와 효율성 결여	① 낭비요인 ② 사업 실패	조직운영 시스템 혁신 / 자율책임 경영체제	① 조직 재검토 (Reengineering) ② 기획실 주관하에 사전 대비책 강구 ③ 조직 재검토 (Restructuring)
운영제도 (System)	① 의사결정 지연 (권한위양 불충분) ② 업적평가가 느슨함 ③ 정체적 인사이동	② 승진기회 多 ③ 다기능인재 小		① 적극적인 권한위양 ② 업적평가 재검토 ③ 정기적인 순환근무 실시
인재 (Staff)	① 적재적소의 인사 운용 미흡 ② 우수인재가 임원층에 적음 ③ 우수인재가 입사하지 않음	① 능력의 누수 ③ 경쟁력 저하		① 소질/능력에 바탕을 둔 인사 실시 ② 21C 리더양성을 위한 교육 실시 ③ 회사 이미지 제고 및 복지제도 향상
조직능력 (Skill)	① 신규분야(핵/폐기물)의 경험자 부족 ② 정보수집 및 기획 조사능력 부족	① 다각화 불가능 ② 기획 부족		① 국내외 위탁근무 및 교육 실시 ② 정보 수집/분석 인프라 구축
기업풍토 (Style)	① Top-Down ② 적당주의 ③ 무사안일/보신/무기력/실패경험	① 일방적 ② 품질/안전문제		① Top과 대화 추진/제안제도 활성화 ② 고객만족을 전제로 한 완벽주의 ③ 적극적 자세, 패기, 도전의식 고양
기업이념 (Shared Value)	① 한숲정신 전파 미약 ② 위험부담이 있는 일은 하지 않음	① 기업문화 미약 ② 보신주의	사고 / 행동 혁신	① 한숲정신의 구현방안 구체화 ② 실패 허용, 재도전 기회 부여

6. 목표분석

기업에서 목표분석(objective analysis)은 거시적으로 조직적 차원의 비전과 미션, 부서별 비전과 미션, 직무별 임무(duty), 과업(task), 세부 역량, 즉 지식·기능·태도 등으로 구분하여 분석하는 것이 있다.

목표분석의 경우 두 단계로 구분할 수 있다. 첫 번째 단계는 학습영역을 구분하는 데서 출발하고, 두 번째 단계는 학습자가 목표를 성취했을 때 무엇을 할 수 있을 것인지를 정확히 기술하는 것이다.

첫 번째 단계인 학습영역이 어떤 것인가?를 먼저 분석한다. 목표분석 방법으로 가네가 제시한 5가지 학습과제영역(지적 기능, 운동기능, 언어정보, 인지전략, 태도)으로 구분하거나 블룸이 제시한 3가지 학습영역(인지적 영역, 정의적 영역, 운동기능적 영역)으로 구분하면 된다. 예를 들면 고등학교 과목의 경우 체육은 어떤 학습영역에 속하는가? 체육은 가네가 제시한 영역 구분으로 볼 때 운동기능 50%, 지적 기능 10%, 언어정보 10% 인지전략 20%, 태도 10%로 구분해 볼 수 있다. 블룸의 분류로 보면 체육은 운동기능적 영역 50%, 인지적 영역 30%, 정의적 영역 20%로 구분해 볼 수 있다. 이렇게 구분하는 이유는 학습영역이 어떤 것에 해당되느냐에 따라 수업전략이 달라질 수 있기 때문이다.

두 번째 단계인 학습자가 목표를 성취했을 때 무엇을 할 수 있을 것인가?이다. 하나의 교수목표를 가르치기 위해 필요한 시간은 목표에 따라 달라질 수 있다. 작은 목표일수록 무엇을 가르쳐야 하는지 분석하기 쉽다. 이 단계에서는 그 목표를 성취했을 때 정확히 무엇을 할 수 있을 것인가를 단계별로 기술하는 것이다. 즉, 그 목표를 달성하기 위해 필요한 1단계, 2단계, 3단계, 4단계, 5단계 등이 있을 것이다. 이러한 목표성취의 단계를 기술하는 것이 두 번째 단계의 목표분석이다.

미시적으로는 지식 · 기능 · 태도를 달성하기 위해 필요한 목표를 분석하는 것이 있다. 미시적 목표분석 방법으로는 수업설계(instruction design) 부분의 내용을 참고하기 바란다. 이는 교육과정, 과목, 차시 등을 결정하는 데 중요한 기준으로 사용한다.

구체적인 목표분석의 예는 〈표 11-14〉와 같다.

표 11-14 목표분석 예

목　　표: 책 또는 CD 표지 디자인하기
학습영역: 운동기능 (첫 단계의 목표분석에 해당: 학습영역 구분)

◉ 목표를 성취했을 때 할 수 있는 것(두 번째 단계의 목표분석에 해당)

1단계	여러 가지의 책 또는 CD 표지들의 샘플을 볼 수 있다.
2단계	표지디자인하는 방법에 대해 설명할 수 있다.
3단계	학습자는 어떤 형태로 디자인할 것인지 아이디어를 구성할 수 있다.
4단계	다양한 종류의 글씨체와 시각자료를 가지고 표지디자인 시 유의사항 설명할 수 있다.
5단계	책 또는 CD 표지 디자인을 직접 스케치할 수 있다.

7. 직무분석

1) 직무분석의 개념

직무분석(Job Analysis)이란 특정 직책 혹은 직급에 있는 사람들이 현재 직접 수행하고 있는 일들을 규명하는 작업을 말한다. 즉, 해당 직무를 수행하는 데 필요한 기능(function), 임무(duty), 과제(task)를 밝히는 것을 말한다.

2) 직무분석의 필요성

직무를 이루고 있는 업무 중 가장 높은 우선순위를 지닌 중대한 업무와 그 업무를 가능하게 하는 데 필요한 기술과 지식의 습득에 자원을 집중적으로 투자하고자 할 때 필요하다. 따라서 별로 중대하지 않은 업무에 투자되고 있을지도 모르는 자원의 낭비를 막기 위한 접근이 요구된다.

3) 용어의 정의

① 직무(Job)

직원 한 개인에 의해 수행되는 몇 개의 기능이나 임무가 모여서 특정 담당업무를 형성한 상태를 의미한다. 이에 반해서 지위(position)란 오직 한 사람이 수행하는 특정 기능이나 책무 관련 업무라고 볼 수 있다. 예컨대, 특정 직무에 대해서 네 사람을 채용해서 각각의 사람에게 다른 기능이나 책무가 부여됐다면 해당 직무에 네 가지 다른 지위가 부여된 경우라고 볼 수 있다.

② 기능(Function)

직무를 구성하는 3~5가지의 주요 업무를 말한다. 즉, 전체 직무 중 하나의 독립된 하위부문이다. 또한 관련된 임무(duty)들의 집합이다.

③ 책무/임무(Duty)

직무구조나 성격이 복잡할 경우 기능에서 과제를 추출하기가 곤란한 경우 기능을 한 단계 더 깊이 분석할 때 나타나는 기능의 성공적인 수행에 필요한 하위업무라고 볼 수 있다.

④ 과제/업무(Task)

주어진 책무를 성공적으로 수행하는 데 필요한 독립적인 최소 업무단위이다.

교육담당자의 직무를 간단히 분석해 보면 다음과 같다. 교육담당자의 직무는 교육을 기획하고 운영하며 관리하는 일을 수행하는 것이다. 이러한 일을 수행하기 위해 팀 내에 필요한 담당자가 따로 있다. 교육기획 담당자, 교육운영 담당자, 교육관리 담당자가 있다. 물론 이 3가지 일을 구분하지 않고 한 사람이 수행하는 경우도 있다. 교육담당자가 해야 하는 직무를 세분화 해 놓은 것이 기능이다. 이 기능들을 잘 수행하기 위해 필요한 임무가 있다. 예를 들면 교육기획업무를 수행하기 위한 임무에는 교육체계 수립, 중장기 계획수립, 교육제도 기획 등이 있다. 교육운영 업무를 수행하기 위한 임무에는 과정개발, 과정운영, 강의 등이 있다. 교육관리 업무를 수행하기 위해서는 교육실적관리, 교육예산 편성과 같은 임무가 있다. 이러한 임무를 잘 수행하기 위해 필요한 과제가 있다. 예를 들면 중장기 교육계획 수립을 하기 위해 필요한 과제가 경영방침 파악, 요구분석, 계획수립과 같은 과업을 수행한다. 이러한 과업을 잘 수행하기 위해 필요한 하위과제들이 있다. 예를 들면 경영방침을 파악하기 위한 하위과제로 비전, 미션 파악, 중점추진전략 조사와 같은 일들이 있다. 이러한 일을 수행하는 데 필요한 지식, 기능, 태도가 있다. 이렇게 세부적으로 직무를 분석하는 것이 직무분석이다. 직무분석의 예는 [그림 11-3]직무 · 기능 · 임무 · 과제 · 지식 · 기능 · 태도 간의 관계와 같다.

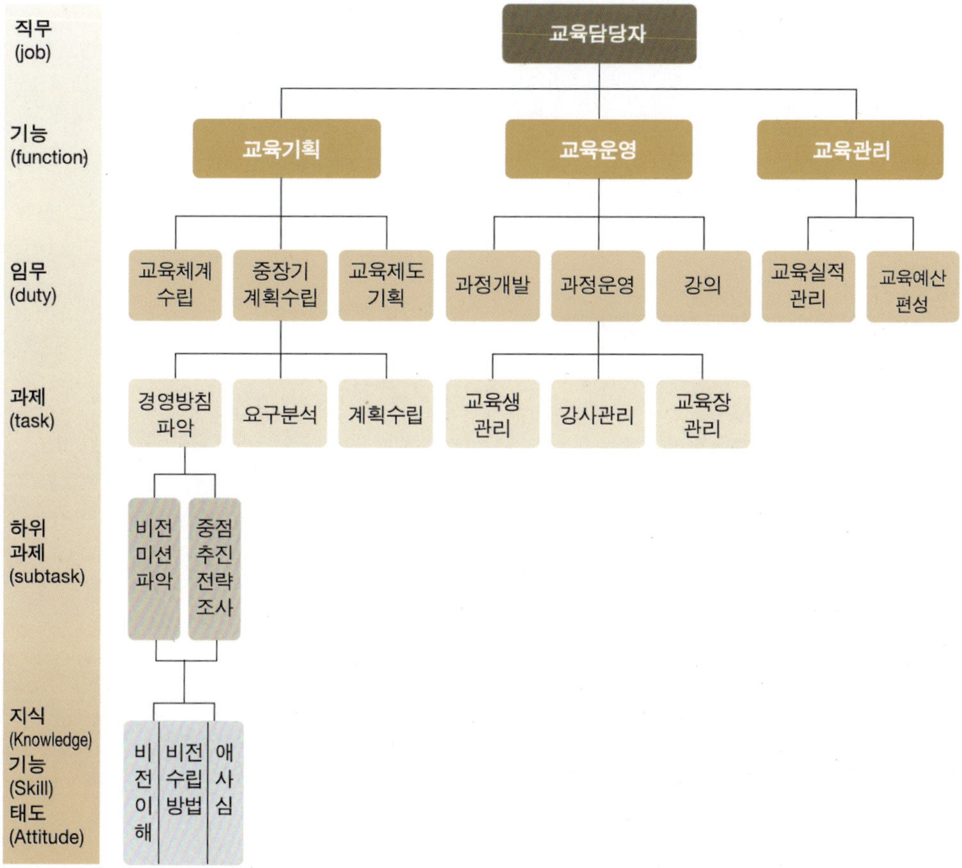

그림 11-3 직무·기능·임무·과제·지식·기능·태도 간의 관계

직무 · 과제분석의 절차는 직무분석을 먼저 실시하고 분석한 직무에 대하여 수행차이 분석을 실시한다. 수행차이 분석에서 나온 내용을 지식, 기능, 태도로 어떻게 육성할 것인지를 결정한다. 그림으로 제시하면 아래 [그림 11-4]와 같다.

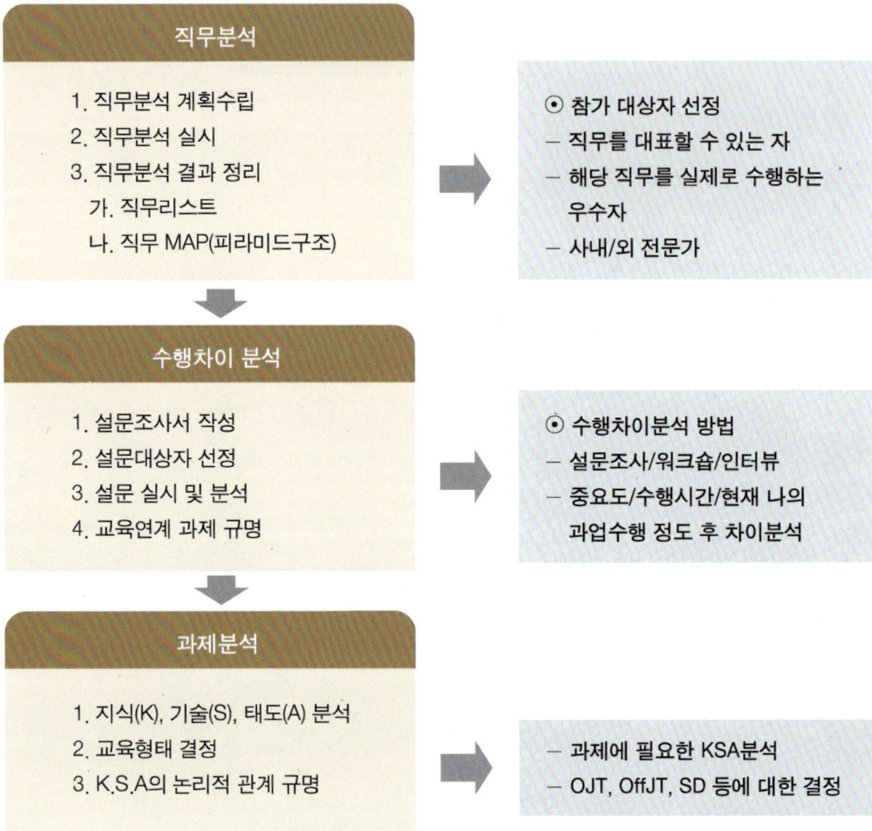

그림 11-4 직무·과제 분석의 절차

위 [그림 11-4]를 보면 첫째, 직무분석을 실시한다. 먼저 직무분석 계획을 수립하고 직무를 대표할 수 있는 적임자를 선정하여 직무·기능·임무·과제를 분석한다. 분석한 내용을 직무 피라미드 형태 또는 직무리스트로 정리하는 것이 1차 단계이다. 둘째, 정리된 직무내용을 설문지 형태로 만든다. 왜냐하면 직무분석을 하는 이유 중의 하나는 필요 없는 직무를 줄이기 위한 목적과, 다른 하나는 직무에 필요한 교육이 무엇인가를 파악하기 위한 목적이 있다. 이 단계에서 두 가지 목적을 달성하기 위해 수행차이분석을 실시한다. 셋째, 직무분석의 마지막 단계인 과제분석에서 나온 내용을 중심으로 이 과제를 수행하기 위해 필요한 지식·기능·태도를 분석하여 어떻게 교육을 실시할 것인가를 결정한다. 각각의 단계에서 필요한 내용과 기법들을 좀 더 구체적으로 살펴본다.

4) 직무분석 시 과제의 진술방법

과제 진술 시 다음과 같은 것에 유의하여야 한다.

① 가능한 한 간결하고 정확하게 진술한다.
   예) 교육지표를 작성한다.

② 행위동사로 시작하고 목적어를 포함한다.
   예) 코러스 내에 교육이수 대상자를 쳐 넣는다.

③ 해당 과제에 대한 전문인이 아니더라도 이해할 수 있어야 한다.

④ 미사여구는 쓰지 않는다.

⑤ 한 과제에 한 진술만 한다. 즉, 행위동사 간의 "AND"를 사용하지 않는다.
   예) '경영방침을 파악하고 교육목적을 진술한다'와 같이 두 가지 진술은 피해야 한다.

⑥ 과제에 요구되는 교육이나 지식, 기능 등을 포함하지 않는다.
   예) 교육 필요점 조사능력

⑦ 두문자어나 약어를 사용하지 않는다.
   예) CBC나 OJT에 기초

5) 직무분석방법

직무분석하는 방법에 대하여 알아본다. 여기서는 워크숍을 통해 직무분석하는 방법을 소개한다.

(1) 직무분석자 선정

직무분석자는 참가자의 대표성을 고려하여 주요 참가자는 반드시 해당 직무를 최고로 훌륭히 수행하는 사람을 선발해서 분석하는 것이 좋다.

(2) Job·Function Domain 분석

① 개념 공유 : 직무·임무·과제의 개념에 대해 참석자 모두가 이해할 수 있는 기회를 갖는다.

② 참석자에게 백색 A4용지를 10여 장씩 나누어 주고 자신이 수행하고 있는 직무를 큰 글씨로 적게 한다.

③ 모두 거두어서 벽에 테이프로 붙인다(유사하게 진술된 것은 한쪽에 모아 붙인다).

④ 기능을 결정한다.

- 참석자들이 제출한 기능진술문을 하나씩 살펴보고 기능을 결정한다.
- 모호하게 결정된 진술문은 직접 쓴 당사자에게 그 내용의 의미를 확인한다.
- 임무나 과제수준의 진술문은 제외시킨다.
- 기능의 결정은 모든 참석자의 합의에 의해 결정한다.

⑤ 기능으로 결정된 진술문(원안 혹은 수정안)은 청색 A4용지에 다시 적어 벽에 붙인다.

⑥ 벽에 붙어 있는 백색 A4용지의 진술문들에 대해 모든 협의가 끝나면, 청색 A4용지에 적어 놓은 직무의 진술문들을 재확인하고, 혹시 빠져 있거나 미흡하게 진술된 것이 없는지 확인한다.

⑦ 기능 각각에 대해 차례로 Duty를 분석한다.

⑧ Function Domain분석 순서대로 진행하며, 하나의 기능이 모두 끝나면 다음 직무에 대해 반복 실시한다.

⑨ Task Domain을 분석한다. Duty 각각에 대해 차례대로 Task를 분석한다.

⑩ 내용을 정리한다. 즉, 직무 Map를 작성한다. 직무→기능→임무→과제를 피라미드식으로 작성한다.

6) 직무분석 내용 예

- 직무(Job) : 연수담당자
- 기능(Fucntion) 1 교육기획

  기능(Function) 2 교육운영

  기능(Function) 3 교육관리
- 임무(Duty) 1 : 교육체계수립
- 과제(Task) 1-1. 내부환경을 분석한다.
  - 하위과제(Sub-Task) 1-1-1. 경영방침을 파악한다.

    1-1-2. 현장의 교육필요점을 조사한다.

    1-1-3. 내부 강·약점을 분석한다.

    1-1-4. 내부환경을 정리한다.
  - 하위과제(Sub-Task) 1-2. 외부환경을 분석한다.

    1-2-1. 외부환경 변화의 흐름을 파악한다.

    1-2-2. 외부환경 변화가 당사에 미치는 영향을 이해한다.

    1-2-3. 외부환경 변화를 정리한다.
- 과제(Task) 1-2. 교육중점 추진사항을 수립한다.
  - 하위과제(Sub-Task) 1-2-1. 내·외부환경을 분석한다.

    1-2-2. 타사의 교육중점 추진사항을 벤치마킹한다.

    1-2-3. 당사의 교육요구를 파악한다.

7) 수행문제 분석

(1) 목적

교육대상자들이 수행하는 직무들 중 직무의 향상을 위해 교육이 필요한 기능·임무·과제를 규명하기 위해 실시한다.

(2) 방법

설문조사, 워크숍, 인터뷰 등과 같은 것이 있다. 설문조사의 경우 업무의 중요도, 업무수행상의 난이도, 업무수행빈도 등을 고려하여 전체 교육대상자를 대표할 수 있는 표본이 되도록 설문대상자를 선발한다. 즉, 우수수행자와 보통수행자로 구성한다. 또한 수행차이분석은 교육수혜대상에 따라 조사대상이 달라진다. 즉, 교육수혜대상이 보통 수행능력을 보이는 직원일 경우에는 우수수행자와 보통수행자를 구분하여 별도로 설문을 실시하고, 교육수혜대상이 해당 직급자 전체일 경우에는 우수 및 보통 수행자의 구분 없이 한 대상으로 설문을 실시한다.

(3) 설문작성의 실제

귀하 본인이 현 직책을 수행하면서 실행하고 있는 실제 상황을 고려하십시오.

만약 설문에서 누락되었다고 생각되는 중요한 과업이 있다면, 해당 부분이 끝나기 바로 전에 빈 공간에 기술해 주시고, 그 문항에 대해서도 같은 요령으로 표시해 주십시오.

중요도

'현재 나의 역할/직무를 성공적으로 수행하는 데 해당 과업이 얼마나 중요한가?'를 기초로 표시하는데, 미래에 보다 중요해질 것인지도 동시에 고려한다. 표시방법은 만일 해당 과업이 나의 현 직무를 위해 필수적이며, 보다 많은 관심을 가지고 수행하고 있는 과업이라면 중요도는 7등급이며, 중요하지만 별로 중요하게 다루고 있지 않으면 1등급을 표시한다. 단, 현재 전혀 수행하고 있지 않는 과업이라면 0등급을 표시한다.

수행 안함		중요하지 않다		보통이다		매우 중요하다	
0	1	2	3	4	5	6	7

수행시간

'현재 해당 과업을 수행하는 데 얼마나 많은 시간을 할애하는가?' 표시방법은 수행시간을 1년 단위로 생각하되, 해당 과업에 소요한 시간의 종합으로 평가한다. 즉, 자신의 직무수행 전제를 대비하여 상대적으로 많은 시간을 할애하는 과업에는 7등급을, 상대적으로 적은 시간을 할애하는 과업에는 1등급을 표시한다. 단, 전혀 수행하지 않는 과업이라면 0등급을 표시한다.

할애 안함		적은 시간 할애		보통이다		매우 많이 할애	
0	1	2	3	4	5	6	7

현재 나의 과업 수행 정도

'현재 나는 해당 과업을 "어느 정도 잘" 수행하고 있는가?' 표시방법은 해당 과업의 수행에 있어 다른 사람보다 뛰어나다고 생각하면 7등급에 표시하고, 잘 수행하지 못하여 나의 직무수행에 현재 어려움을 겪을 때가 있다면 1등급에 표시한다. 단, 현재 수행하고 있지 않는 과업이라면 0등급에 표시한다.

수행 안함		애로가 많음		별 문제 없음		매우 탁월하다	
0	1	2	3	4	5	6	7

※ 설문내용

1. 내부환경분석	중요도	수행시간	현재과업수행정도
1-1. 경영방침을 파악한다.	0 1 2 3 4 5 6 7	0 1 2 3 4 5 6 7	0 1 2 3 4 5 6 7
1-2. 현장의 교육 필요점을 조사한다.	0 1 2 3 4 5 6 7	0 1 2 3 4 5 6 7	0 1 2 3 4 5 6 7
1-3. 내부 강·약점을 분석한다.	0 1 2 3 4 5 6 7	0 1 2 3 4 5 6 7	0 1 2 3 4 5 6 7

(4) 설문결과 활용

설문결과에 따라 교육필요도를 추출한 다음 과제를 수행하기 위해 필요한 지식 · 기능 · 태도의 과목을 정한 후 교육형태를 결정하면 된다. 이러한 내용을 표로 제시하면 아래 〈표 11-15〉와 같다.

표 11-15 직무분석에 따른 지식 · 기능 · 태도 구성

소속	인력개발팀	직무명	교육계획수립	
담당자	홍길동	직급	과장	
목표 : ○○회사의 교육계획수립을 역량중심모델에 근거하여 작성할 수 있다.				
직무내용 (해야 할 일)	지식 (알고 있어야 되는 것)	기능 (할 수 있어야 되는 것)	태도 (필요한 생각 행동, 방법)	관련자료
1. 교육계획수립	1. 회사 전반에 대한 이해 2. 교육학이론 3. 교육과정개발 방법 이해 4. HRD흐름 이해 5. 타사의 교육계획 동향 6. 역량중심교육 계획수립방법	1. 교육목표기술 방법 2. 교육계획수립 방법 3. 필요점 분석 방법 4. 과정개발기법 5. 전산처리능력 6. 역량중심과정 개발기법	1. 분석력 2. 종합력 3. 창의력 4. 서비스마인드 5. 연구자세 6. 대인관계 7. 책임감 8. 적극성	회사방침 경영이념 타사관련자료

Chapter

12

설계(Design)단계

개 요

이 장에서는 평생교육 프로그램 개발방법 중 설계단계를 소개한다. 설계단계에서 해야 할 일은 ① 목표설계, ② 내용설계, ③ 교수설계, ④ 평가설계이다. 설계된 안은 실제 개발 시 바로 적용되기 때문에 교육과정에 대한 분명하고 상세한 내용으로 구성되어야 한다. 각 과정별, 과목별 세부내용과 시간 및 교육방법들이 구체적으로 설계되어야 한다. 이 장에서는 설계단계에서의 세부활동내용을 소개한다.

학습목표

1. 목표설계 시 목표를 진술하는 방법에 대하여 3명의 학자별로 설명할 수 있다.
2. 내용설계 시 내용을 설계하는 방법에 대하여 설명할 수 있다.
3. 교수설계 시 Gagné의 9events 수업설계 방법에 대하여 설명할 수 있다.
4. 평가설계 시 Kirkpatrick의 4단계 평가방법에 대하여 설명할 수 있다.
5. 이해촉진테스트(Concept Clarification Test: CCT) 진행방법을 설명할 수 있다.

1. 교수설계 변인

설계단계에서 해야 할 일은 크게 목표설계, 내용설계, 수업설계, 평가설계, 동기설계가 있다. 이들을 설계하기 전에 먼저 살펴보아야 할 일이 있다. 즉, 교수설계 변인과 관련되는 내용을 먼저 살펴본 후 설계해 나가는 것이 바람직하다. 여기서는 라이겔루스(Reigeluth)와 메릴(Merill)이 제시한 교수설계 변인을 중심으로 살펴본다. 이들은 교수설계 변인으로 크게 3가지를 제시하고 있다.

첫째, 교수조건(condition)이다. 교수조건 변인에서는 ① 교과내용의 특성을 살펴야 한다. 즉, 각각의 교과내용은 다루고 있는 지식이나 지식의 구조가 다르기 때문에 학습의 내적 조건과 외적 조건을 다르게 접근해야 한다. 가네가 제시한 학습영역 5가지나 블룸이 제시한 학습영역 3가지 중 어느 영역에 속한 것인가를 분석해야 한다. 여기에 따라 학습의 내적 조건과 외적 조건도 달라진다. ② 도달하고자 하는 수업목적, 성취수준이 어떤 것인가를 분석해야 한다. 수업목적이나 성취수준에 따라 학습내용수준이 달라질 수 있기 때문이다. ③ 수업목적을 달성하기 위해 어떤 제한점이 있는지 살펴보아야 한다. 즉, 수업목적을 달성하기 위해 필요한 교수매체, 시간, 인적·물적 자원 등을 살펴야 한다. ④ 학습자원의 특성을 파악해야 한다. 이 학습자의 특성에는 인구통계학적 특성(전체 인원수, 연령, 성별, 학력, 직종, 근속년수, 직급 등)과 학습자의 내적 특성(학습동기, 선수학습요소, 태도 등)을 파악한다.

둘째, 교수방법(method)이다. 교수방법 변인에는 ① 조직적 전략이 있어야 한다. 수업내용을 설계할 때 필요한 전략이다. 교과내용을 구성할 때 어떻게 조직하는 것이 바람직한가를 생각해야 한다. 교과내용을 구성할 때 거시적 조직전략과 미시적 조직전략이 있다. 거시적 조직전략의 경우 교과내용을 구성할 때 필요한 전략이다. 다시 말하면 교재를 편집할 때 필요한 전략이다. 라이겔루스는 정교화 전략으로 7가지(정교적 계열화, 선수학습능력의 계열화, 요약자, 종합자, 비유, 인지전략자극자, 학습자 통제)를 제시하고 있다. 교재를 만들 때 이 7가지를 생각하면서 구성할 필요가 있다. 미시적 조직전략의 경우 메릴은 내용요소전시이론을 제시하고 있다. 단위 수업을 조직

할 때 필요한 전략이다. 단일개념이나 원리를 가르칠 때에는 정의 제시, 사례 제시, 연습문제 제시, 대안 제시, 각종 매체 활용, 각종 교육방책 활용 등으로 수업전략을 제시하고 있다. ② 전달전략이다. 수업의 전 과정을 수행하는 방법을 말한다. 가네는 9가지 단계로 설명하고 있다. 주의집중, 학습목표 제시, 선수학습회상자극, 자극자료 제시, 학습지침 제공, 수행행동 유도, 수행결과에 대한 피드백, 수행결과 평가, 기억 및 전이촉진이다. ③ 관리전략이다. 교수과정 중 언제 어떤 조직 및 전달전략의 요소들을 사용할 것인가를 결정하도록 하는 전략이다. 예를 들면 학습자관리전략, 평가관리전략, 동기유발전략 등을 들 수 있다.

셋째, 교수결과(outcomes)이다. 교수결과 변인에는 효과성(effectiveness), 효율성(efficiency), 매력성(appeals)이 있다. 효과성이란 많은 학생이 학습목표를 성취하게 하는 것이다. 효율성이란 학습에 소요되는 시간이 단축되고 경제적으로 목표 달성 정도를 의미한다. 매력성이란 학습자의 흥미를 유발시켜 주고 유지시켜 주는 것을 의미한다.

이상과 같은 내용을 정리하면 〈표 12-1〉 라이겔루스와 메릴(Reigeluth-Merill)의 교수설계 변인 분류와 같다.

표 12-1 라이겔루스와 메릴의 교수설계 변인 분류

1. 교수조건 (condition)	1-1. 교과내용의 특성	• 각각의 교과내용은 다루고 있는 지식이나 지식의 구조가 다르기 때문에 학습의 내적 조건과 외적 조건을 다르게 접근해야 함. 예) 가네의 학습영역 분류 5가지 : 언어정보, 지적 기능, 운동기능, 태도, 인지전략 블룸의 학습영역 3가지 : 인지적 영역, 정의적 영역, 운동기능적 영역 • 학습의 내적 조건 각각의 학습영역에 따라 서로 다른 선수기능과 인지적 처리단계가 요청됨 • 학습의 외적 조건 학습자의 인지과정을 도와주도록 요청되는 환경적 자극

1. 교수조건 (condition)	1-2. 교수목적	• 도달하고자 하는 수업목적, 성취수준
	1-3. 제약점	• 교수매체, 시간, 인적·물적 자원 등
	1-4. 학습자 특성	• 인구통계학적 특성 : 전체 인원수, 연령, 성별, 학력, 직종, 직급 등 • 학습자 내적 특성 : 학습동기, 선수학습요소, 태도
2. 교수방법 (methods)	2-1. 조직적 전략	• 거시적 전략 : Reigeluth의 정교화 이론 7가지 정교화 전략 ① 정교적 계열화 ② 선수학습능력의 계열화 ③ 요약자 ④ 종합자 ⑤ 비유 ⑥ 인지전략자극자 ⑦ 학습자 통제 • 미시적 전략 : Merrill의 내용요소전시이론 단일개념이나 원리 등을 가르치고자 할 대 수업을 조직하는 전략 ① 정의 제시 ② 사례 제시 ③ 연습문제 제시 ④ 대안 제시 ⑤ 각종 매체 활용 ⑥ 각종 교육방책 활용 등
	2-2. 전달전략	• 수업의 전 과정을 수행하는 방법(도입, 전개, 종결) 가네의 9events ① 주의집중 ② 학습목표 제시 ③ 선수학습회상자극 ④ 자극자료 제시 ⑤ 학습지침 제공 ⑥ 수행행동 유도 ⑦ 수행결과에 대한 피드백 ⑧ 수행결과 평가 ⑨ 기억 및 전이촉진
	2-3. 관리전략	• 교수과정 중 언제 어떤 조직 및 전달전략의 요소들을 사용할 것인지를 결정하도록 하는 전략 예) 학습자관리, 평가관리 등
3. 교수결과 (outcomes)	3-1. 효과성 (effectiveness)	• 많은 학생들이 학습목표를 성취함을 의미함
	3-2. 효율성 (efficiency)	• 학습에 소요되는 시간이 단축되고 경제적으로 목표 달성 정도를 의미함
	3-3. 매력성 (appeals)	• 학습자의 흥미를 유발시켜 주고 유지시켜 주는 것을 의미함

2. 목표설계

설계단계에서 해야 할 일들은 목표설계, 내용설계, 교수설계, 평가설계, 운영설계이다. 설계된 안은 실제 개발 시 바로 적용되기 때문에 교육과정에 대한 분명하고 상세한 내용으로 구성되어야 한다. 각 과정별, 과목별 세부내용과 시간 및 교육방법들이 구체적으로 설계되어야 한다. 설계단계에서의 세부활동내용은 아래 [그림 12-1]과 같다.

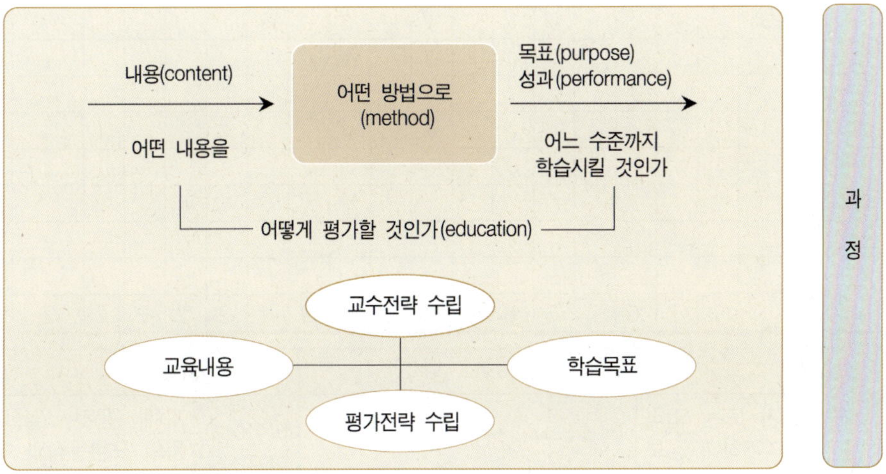

그림 12-1 설계단계의 세부활동

학습목표 진술방법은 학자들에 따라 다양하다. 여기에서는 대표적으로 블룸(Bloom), 메이거(Mager), 가네(Gagné) 세 학자의 입장에서 살펴본다.

1) 블룸(Bloom)의 이원목표 분류표

블룸은 인간행동의 영역을 인간의 앎에 관한 인지적 영역(cognitive domains), 느낌에 관한 정의적 영역(affective domains), 사고기능이나 육체적 움직임을 나타내는 심리·운동적 영역(psychmotor domains)으로 분류하고 있다. 이를 표로 나타내면 아래

〈표 12-2〉와 같다.

표 12-2 블룸의 이원목표 분류표

문항번호	문항 내용(소단원)	인지적						정의적					운동기능적						배점
		지혜	이해	적용	분석	종합	평가	감수	반응	가치화	조직화	인격화	반사동작	기본동작	지각능력	신체기능	숙련조작	비언어적 의사소통	
1	개인레슨		√	√	√	√	√	√	√										
2	오케스트라		√	√	√	√	√	√	√		√								
3	음악사	√	√					√	√										
4	마스터클래스		√	√		√	√	√	√	√	√	√							
5	향상음악회		√	√		√	√	√	√			√							
6	퓨전음악	√	√	√				√	√	√									
7	실내악		√	√	√	√	√	√	√		√								
8	음악제						√	√	√	√	√	√							
9	레포츠												√	√	√	√	√		
10	수상스키													√	√	√	√	√	
11	요가																	√	
계		2	7	6	3	5	6	8	8	3	3	3	1	2	2	2	2	2	

인지적 영역		정의적 영역		운동기능적 영역	
평가	내적 증거 또는 외적 준거에 의거하여 정보의 가치를 판정함			비언어적 의사소통	자세, 몸짓, 얼굴표현 등의 표현동작과 그 밖의 창의적인 동작
종합	여러 정보를 결합해서 새로운 형태의 전체적인 정보를 만듦	인격화	자신의 행동을 이끄는 인생 가치관을 형성함	숙련동작	놀이, 운동경기, 춤, 예술 등의 종목에서의 숙련동작
분석	정보를 개념요소, 관계, 원리 등으로 나눔	조직화	자신의 가치판단을 명료화하면서 체계화함	신체능력	지구력, 힘, 유연성, 민첩싱, 반응시간, 기민성
적용	학습한 정보를 학습했던 것과는 약간 다른 상황에 이용함	가치화	반응한 여러 자극 가운데 특정한 것에 대하여 수용과 선호를 나타냄	지각능력	근육운동 감각, 시각, 청각, 촉각 및 이들의 협응 능력
이해	내용의 의미를 파악, 추론, 해석	반응	자극에 자발적으로, 만족스럽게 반응을 보임	기본동작	걷기, 달리기, 도약하기, 밀기, 당기기 등
지식	이미 배운 내용의 정보를 기억함	감수	자극에 주의를 기울임	반사동작	단편적 및 상호 단편적 반사 행동 동작

2) 가네(Gagné)의 과제분석 접근

가네는 과제영역을 5가지, 즉 지적 기능, 운동기능, 언어정보, 인지전략, 태도로 제시하였다. 특히 지적 기능의 경우 위계에 따라 가장 낮은 차원인 신호학습에서 가장 높은 차원인 문제해결학습으로 학습과제 영역의 위계를 제시하였다. 가네는 교육 프로그램 개발을 할 때 과제 영역이 무엇이냐에 따라 다르게 접근해야 한다고 주장하였다. 특히 미시적 교수설계(ID) 시 과제영역이 어떤 것이냐에 따라 다르게 접근해야 한다. 예를 들면, 지적 기능의 경우 위계에 따라, 운동기능의 경우 절차에 따라, 교수설계를 하는 것이 바람직하다. 5가지 영역에 대한 내용을 표로 정리하면 아래 〈표 12-3〉과 같다.

표 12-3 가네(Gagné)가 제시한 학습의 5가지 범주

학습된 능력	수행
지적 기능 (intellectual skill)	문제해결을 위하여 개념이나 규칙을 활용하는 것 : 구체적인 사례를 회상하고 학습자극에 변별적으로 반응하는 것 가네는 지적 기능을 블룸이 채택한 복잡성의 차원에 따라 다음과 같이 8개의 유형으로 위계화 • 유형8 : 문제해결학습(problem solving) • 유형7 : 규칙학습(rule learning) • 유형6 : 개념학습(concept learning) • 유형5 : 변별학습(discrimination learning) • 유형4 : 언어연결학습(verbal association learning) • 유형3 : 연쇄학습(chain learning) • 유형2 : 자극-반응학습(stimulus-response connection) • 유형1 : 신호학습(signal learning)
운동기능 (motor skills)	신체적 운동을 유연하고 적절한 계열에 따라 실행하는 것 : 신체운동, 지각운동, 심리·운동기능 등 모두가 포함되며 속도, 정확성, 힘, 유연성 등이 준거
언어정보 (verbal skills)	정보를 진술하는 것 : 학교학습의 초기단계, 혹은 특정 학습과제의 초기단계에 가장 많이 필요로 하는 능력

학습된 능력	수행
인지전략 (cognitive strategies)	문제에 관한 새로운 해결방안을 모색 : 자신의 사고와 학습과정을 통제하기 위한 다양한 방법을 활용하는 것
태도 (attitude)	특정한 방식으로 행동할 것을 선택하는 것 : 태도는 정의적 영역의 행동을 총칭해서 지칭하는 능력, 태도를 어떤 사물, 인물, 사건에 대해 개인의 행동을 선택하게 영향을 미치는 내적 상태로 규정

3) 메이거(Mager)의 목표진술방법

메이거 입장에서 목적(goals)과는 달리 목표는 구체적으로 다음 요건을 갖추었을 때 진정한 의미에서의 목표라고 한다. ABCD(Audience, Behavior, Condition, Degree)이다. 그 내용은 아래와 같다.

첫째, A(Audience)는 학습대상자를 말한다. 즉, 리더십 프로그램을 받은 팀장, 과장을 말한다.

둘째, B(Behavior)는 행위동사를 말한다. 성취행동 또는 최종행동(terminal performance)이다. 학습목표를 달성했을 때 학습자가 최종적으로 보여주어야 하는 구체적인 행동을 행위동사로 표현해야 한다. 예를 들면, '안다', '이해한다', '인식한다'와 같은 것은 직접 관찰하기 어렵다. 이 같은 목표를 메이거는 암시적 목표(implicit objectives)라고 했다. 메이거는 목표진술 시 이와 같은 암시적 목표보다는 명시적 목표(explicit objectives), 즉 관찰 가능한 동사들을 쓸 것을 주장하고 있다. 행위동사 예는 다음 〈표 12-4〉와 같다.

셋째, C(Condition)는 조건을 말한다. 행동이 발생할 것으로 기대하고 있는 중요한 조건을 제시하는 것이다. 즉, 어떠한 조건 하에서 학습목표를 달성하는지를 명시해 줄 필요가 있다. 이를테면 사용될 장비나 재료, 그 행동을 관찰할 수 있는 장소, 시

표 12-4 행위동사 표현의 예

구분		동사	실례
지적영역	지식	정의하다, 묘사하다, 확인하다, 명칭을 붙이다, 목록을 만들다, 이름을 대다, 진술하다	'빛'이라는 용어를 정의하다 A와 B의 연관성을 진술하다
	이해	계산하다, 비교하다, 토의하다, 식별하다, 그리다, 스스로 설명하다, 예를 들다, 해석하다, 풀다	A의 2가지 예를 들다 실험결과를 그래프로 그린다
	적용 분석 평가 종합	추론하다, 결정하다, 예측하다, 연관시키다, 보여주다, 사용하다, 분석하다, 분류하다, 창작하다, 비평하다, 설계하다, 계획하다	A물질의 순도를 판단하고 이유를 밝힌다(평가) 고체의 무게를 측정하는 새로운 절차를 설계한다(종합)
정의적 영역		선택하다, 조직하다, 반응하다, 참가하다, 완성하다, 감상하다	실험실 작업을 할 때의 안전 절차를 선택한다
심리운동적 영역		조립하다, 짓다, 측정하다, 깨끗이 하다, 설계하다, 분해하다, 고정시키다, 만들다, 칠하다, 감싸다	전기 땜질을 인두를 갖고, 구리 선을 기계적으로, 전기적으로 완전하게 납땜한다

간, 그 외 환경, 학습자에게 주어질 정보 등이 주어지는 것을 말한다. 예를 들면 오픈 북 테스트를 했을 경우, 팀원의 잘못된 부분을 발견했을 때, 전자계산기를 주었을 때, 공식을 제공했을 때, 10분을 주었을 때 등이 조건에 해당된다.

넷째, D(Degree)는 정도를 말한다. 최종행동의 성취가 어느 정도로 정확해야 목표가 달성되었다고 판정할 수 있는가의 준거(criterion)의 제시이다. 학습자가 목표를 달성했는지의 여부를 판단할 수 있는 근거 또는 기준을 마련해야 한다는 것이다. 그러한 행동을 어느 수준까지 습득해야 하는가에 대한 평가기준에 해당된다. 평가기준의 경우 정밀성, 속도, 달성해야 할 % 혹은 수치, 허용 오차, 정확성, 우수성의 정도 등이 있다. 예를 들면, 같은 실수를 다시는 하지 않도록 질적인 측면에서는 예시 목표에서와 같이, 양적인 측면에서는 3가지 상품결점을 찾아내고 시작부터 15분 이내에 고친다. 100m 달리기를 11초 내로 달린다. 10개 중 9개 이상 찾아낸다.

학습목표는 이러한 네 가지 요건을 갖추어야 하지만 실제로 목표 기술과정에서는 네 가지 요건이 모두 필요하지 않는 경우가 많이 발생할 수 있다. 이 요건들을 학습목표에 모두 포함시키면 오히려 학습목표의 본질적 의도를 왜곡할 수도 있으며, 목표기술과정에 투자되는 시간이 많이 소요되므로 목표기술 자체에 회의적인 반응을 불러일으킬 수 있다. 따라서 이러한 학습목표가 갖추어야 할 네 가지 구성요소를 모든 상황에 일률적으로 적용하기보다는 주어진 상황의 특성을 감안하여 적용할 필요가 있다.

목표진술방법에 있어서 학자들마다 조금씩 차이가 있다. 테일러(Tyler), 메이거(Mager), 가네(Gagné), 그론룬드(Gronlund)의 목표진술방식을 비교하면 다음 〈표 12-5〉와 같다.

표 12-5 목표진술방식 비교

테일러	메이거	가네	그론룬드
① 학습자를 주어로 하여 ② 학습내용 또는 학습자료와 함께 ③ 도착점 행동으로 명세적으로 진술	① 학습자를 주어로 하여(A: Audience) ② 행위동사 (B: Behavior) ③ 도착점 행동이 일어나는 상황 및 조건 (C: Condition) ④ 도착점 행동 명시 (D: Degree)	① 학습자의 ② 도착점 행동 (핵심 동사)과 ③ 그 행동이 일어나는 조건과 함께 ④ 보조동사를 구체적으로 진술할 것을 요구	일반적 학습목표 (학습내용과 함께 '안다' 또는 '이해한다' 등과 같은 내재적 행동으로 진술) 명세적 학습목표 (관찰되고 측정될 수 있는 행위동사로 진술) ① 학습내용과 함께 ② 학습자를 주어로 하여 ③ 교수-학습의 결과로 변화
① 학습자는 ② 삼각형의 합동 조건을 ③ 열거할 수 있다	① 학생은(A) ② 십 단위 수를 두 개씩 무작위로 뽑아 만든 20개의 덧셈 문제를 주면, 계산기를 사용하지 않고(C) ③ 20개 문제 가운데 적어도 18개는(D) ④ 정확히 계산할 수 있다(B)	① 학생은 ② 어미가 se로 끝나는 한 쌍의 낱말을 교재나 사전을 보지 않고 ③ 그것을 소리 내어 ④ 낱말을 구분할 수 있다	1. 조선시대에 중요한 역사적 사실을 알기 (일반적 학습목표) 1.1 날짜, 사건, 관련 인물을 확인하기 (명세적 학습목표) 1.2 특정 역사적 사건의 특징을 기술하기 (명세적 학습목표)

4) SMART 목표진술방법

SMART한 목표진술방법의 경우 S는 Specific으로 목표가 구체적인가? M은 Measurable로 목표가 측정가능한가? A는 Achievable로 목표가 달성가능한가? R은 Relevant로 목표가 관련성이 높은가? T는 Time-bounded로 시간이 정해져 있는가에 대한 것이다. SMART한 목표진술방법은 기업체에서 목표설정할 때 많이 사용하는 기법이다. 좀 더 구체적인 내용은 〈표 12-6〉, 〈표 12-7〉과 같다.

표 12-6 SMART한 목표진술방법

구분	내용
Specific (구체적)	• 목표가 정확하고 구체적인가? • 목표가 최종 결과물에 초점이 맞추어져 있는가?
Measurable (측정가능한)	• 양적 또는 질적 측면에서 달성 정도를 측정할 수 있는 방안이 포함되어 있는가? • 측정할 수 있는 구체적 기준이 무엇인가?
Achievable (달성가능한)	• 도전적인가? • 담당자의 역량수준과 상황을 고려할 때 최대로 노력한다면 달성가능한가? • 과거 성과는 어떠한가?
Relevant (관련성이 높은)	• 목표는 상위조직의 목표와 연계되어 있는가? • 외부환경, 이해관계자, 고객분석과 관련되어 있는가? • 다양한 정보로부터 분석, 추론된 강점과 약점이 충분히 반영되어 있는가?
Time-bounded (시간 제한적)	• 최종결과의 마감시한이 있는가? • 수립된 시작 일자가 있는가?

표 12-7 SMART한 목표진술방법 예

구분	예
Specific (구체적)	• 나는 아이에게 책을 읽어주겠다. • 배낭여행 자금을 준비한다. • 안전관리자들에게 필요한 리더십 프로그램 개발
Measurable (측정가능한)	• 나는 한 달에 30분씩 아이에게 책을 읽어주겠다. • 500만 원을 모아서 • 안전관리자들이 리더십 프로그램 개발을 통해 1년에 안전사고율을 10% 개선

Achievable (달성가능한)	• 나는 매일 30분씩 아이에게 책을 읽어주겠다. • 아르바이트를 해서 • 기존의 정기적 안전교육 대신 1박2일 인성 프로그램 중심으로
Relevant (관련성이 높은)	• 나는 아이가 책을 읽는 습관을 갖도록 매일 30분씩 책을 읽어주겠다. • 윤리적으로 문제가 되지 않는 방법으로 • 회사의 안전관리 정책을 기반으로 하여
Time-bounded (시간 제한적)	• 나는 아이가 초등학교에 입학하기 전까지 책을 읽는 습관을 갖도록 매일 30분씩 책을 읽어주겠다. • 올 연말까지 • 7월부터 12월까지

3. 내용 설계

학습내용 설계는 학습목표를 달성하기 위하여 필요한 교육내용을 선정하는 것이다. 내용선정 시 참고사항은 다음과 같다. 첫째, 학습목표를 달성하기 위하여 필요한 학습내용과 관련 자료들을 수집·분석한다. 둘째, 교육내용에 대해 잘 알고 있는 내용전문가를 찾는다. 내용전문가는 프로그램 개발 관련 기관의 전문가와 외부전문가를 동시에 찾는다. 셋째, 내용과 관련된 자료가 수집되면 그 내용의 정확성과 최신성을 검토한다. 넷째, 학습자의 요구와 학습목표에 맞는 최종 내용을 선정한다. 다섯째, 내용이 학습자가 실제로 할 수 있는 내용 위주로 선정되어야 한다.

교육내용 설계 전에 기본적으로 살펴야 할 일들은 다음과 같다.

첫째, 교육내용 선정기준의 문제이다. 교육내용 선정 시 ① 가장 우선적 고려기준으로 설정된 교육목표를 달성할 수 있는 것이어야 한다. ② 주관적 기준으로 학습자의 발달단계에 합치되어야 한다. ③ 객관적 기준으로 사회성과 시대성을 반영할 수 있는 것이어야 한다. ④ 최소필요량의 원칙이다. 교육목적을 달성할 수 있는 최저요구수준의 분량으로 선정하는 것이 바람직하다.

둘째, 교육내용의 선정 원리이다. ① 기회의 원칙이다. 교육목표 달성에 직결되는 경험이 선정되어야 한다. ② 만족의 원칙이다. 학습경험과정에서 학습자들이 만족감을 얻을 수 있는 경험을 선정하여야 한다. ③ 가능성의 원칙이다. 달성가능한 것이어야 하며 학습자들의 행동변화가 가능한 것이어야 한다. ④ 동경험 다성과의 원칙이다. 한 가지 학습경험으로 여러 가지 교육목적을 동시에 달성할 수 있는 것이면 좋다. ⑤ 동목표 다경험의 원칙이다. 같은 목표로 여러 가지 학습경험을 할 수 있는 경험을 선정하는 것이 좋다. ⑥ 전이의 원리이다. 학습내용을 통해 현업에서 활용되고 실천될 수 있는 내용이 바람직하다. ⑦ 협동의 원리이다. 토의나 함께 실습을 통할 수 있는 내용이면 더 좋다.

셋째, 교육내용의 조직 원리이다. ① 계속성의 원리로 이는 종적인 것으로 동일 내용을 반복적으로 학습할 수 있게 조직하는 것이다. ② 계열성의 원칙으로 수준을 높인 동일 내용의 반복으로 깊이와 넓이를 더해가는 나선형이 되도록 조직하는 것이다. ③ 통합성의 원칙으로 이는 횡적인 것으로 여러 영역에서 학습하는 내용들이 학습과정에서 서로 연결되고 통합되어 의미 있는 학습이 되도록 한다. 예를 들면 수학에서 배운 배율의 개념을 사회과의 축적과 관련지어 조직하는 것과 같은 것이다.

넷째, 교육내용의 조직방법이다. ① 논리적 방법으로 교과나 학문적 구성에 따라 조직하는 것이다. 즉, 아는 것에서 모르는 것, 쉬운 것에서 어려운 것, 단순한 것에서 복잡한 것, 구체적인 것에서 추상적인 것, 가까운 것에서 먼 것 순으로 배열하는 것으로 교과중심·학문중심 교육과정에 적용가능하다. ② 심리적 방법으로 학습자의 심리적 특성에 따라 구성하는 것이다. 경험중심 교육과정 구성에 적용이 가능하다. ③ 절충적 방법으로 논리적 방법과 심리적 방법을 절충하는 방법이다. 나선형 교육과정, 중핵교육과정 구성 적용에 가능하다.

1) 내용 설계 시 설계대상자 선정방법

주 대상자는 특정 과제와 관련된 업무에 능통한 사내·외 우수 업무수행자(star performer)나 내용전문가(subject matter expert)가 되어야 한다. 우수 업무수행자의 선정 시 기준과 원리는 다음과 같다.

① 교육내용과 직접 관련된 업무에 현재 근무자
② 현 업무에 2년 이상 근무자
③ 요구분석에서 도출된 수행문제와 관련된 직무에서 바람직한 수준(should-belevel)의 지식과 기술을 수행하는 사람
④ 언어능력이 좋고 적극적인 행동방식을 가진 사람
⑤ 과제분석에 도움을 주려는 긍정적인 참여의사를 표시한 사람
⑥ 산출된 과제의 상호심의(cross-examination)를 통한 신뢰성과 타당성의 제고를 위해 다수의 업무수행자

2) 학습자분석 선행

학습자의 특성은 크게 일반적인 특성과 특정 학습내용의 학습 여부에 대한 정보가 있다. 일반적인 특성에는 학력, 언어능력, 학습의 동기화 정도, 장애 여부(시각, 청각, 보행), 교수매체(컴퓨터, 실물 등) 작동 가능 여부, 학습자의 지역적 분포, 학습자의 수 등이 있다. 이 중 학력과 언어능력이 학습내용을 결정하는 데 중요한 정보가 될 수 있다. 특정 학습내용의 학습 여부에 대한 정보에는 선수학습(prerequisites)과 사전학습(prior learning)으로 구분할 수 있으며 모두 공히 내용 결정에 영향을 미친다. 학습자 특성에 대해 어떤 정보가 필요한가를 파악한 후 해당 정보를 제공해 줄 정보원을 규명하는 작업이 필요하다. 학습자 특성의 파악을 위한 정보원은 이전 교육담당자 학습자의 상사나 부하, 학습자 자신, 시험결과, 관련문서나 기록 등이 있다. 학습자의 특성은 주어진 상황에 따라 다양한 자료수집 방법을 활용하여 도출할 수 있다.

3) 교육내용을 도출할 때 가장 유의해야 할 부분[1]

① 기존의 문헌이나 관련 교재에 의존하는 것은 금물 : 교육목표와 교육내용 등과 관련된 기존의 교육 프로그램 존재 여부 확인

② 교육목표나 경영성과목표를 달성하기 위해 업무에 필요한 교육내용(need to know)만을 도출하여 중요성이 적은 '알면 좋은 내용(nice to know)'을 배제

③ 사내에서 교육내용과 관련된 직무에서 탁월한 업무수행능력을 가지고 있는 우수 업무수행자나 사외의 내용전문가

④ 기존에 존재하는 문헌이나 교재에 대한 의존을 탈피하고 참고만 함

⑤ 내용의 타당성과 신뢰성을 위해 하나의 우수 업무수행자나 내용전문가에게 의존해서는 안 됨

4) 상세한 교육내용을 결정방법

① 해당과제와 관련된 우수 업무수행자 15명을 선발

② 본인들의 업무 장소를 떠난 제3의 장소에 초빙해서 연구자를 포함한 교육, 훈련 부문 담당자가 촉진자(facilitator)의 역할을 하는 워크숍(workshop)의 형태

③ 5명의 우수 업무수행자와 교육팀에서 2명의 촉진자가 한 조가 되어 총 3개조

④ 각각의 조는 앞의 넓은 벽면을 중심으로 자리를 잡고 5명의 수행자는 벽면을 보면서 자리를 잡음

⑤ 수행자들에게 사인펜과 포스트 잇 형태의 카드를 제공한 후 벽면의 측면에 수행자들이 볼 수 있는 위치에 플립차트를 설치

⑥ 플립차트에는 세부교육내용이 도출될 교육목표, 경영성과목표, 제목 형태의 과제, 학습자 특성 등이 미리 기술

⑦ 전체 수행자들에게 워크숍의 전체 과정, 방법, 진행 시 유의사항 등을 주지시

1) 최욱(1998). 과제분석의 실천적 통합모평. **기업교육연구**, 1(1).

키기 위한 사전교육을 실시

⑧ 교육내용은 단순히 알면 좋은(nice to know) 차원이 아니라 교육목표, 경영성과 목표를 성취하기 위해 업무와 직결되어 꼭 알아야 할 내용(need to know)

※ 꼭 알아야 할 내용이란?

- 중요도(importance) : 특정 업무와 직접 관련해서 중심이 되거나 기본이 되는 내용
- 결과의 심각성(criticality of the consequence) : 업무에서 실수하였을 때 회사나 본인에게 중대한 피해를 줄 수 있는 상황과 관계된 내용
- 빈도성(frequency) : 직결된 업무에서 자주 사용되는 교육내용
- 실수율(error rate) : 업무에서 실수가 자주 발생되는 상황과 관계된 내용
- 안전문제(safety concerns) : 화재, 산업재해 등과 같은 안전사고의 위험이 높은 상황과 직결된 내용

⑨ 도출된 과제와 과제숙련도에 대해 상호심의(cross-examination)

교육내용을 선정하는 방법은 다음 〈표 12-8〉과 같다.

표 12-8 우선순위 설정에 의한 프로그램 내용 선정방법

학습목표						
프로그램 내용	프로그램 내용 선정기준					
	목표와 일치성	교육 가능성	중요도	결과의 심각성	빈도성	가용 자원
리더십 이해	○	○	○			○
영향력	○	○	○		○	○
리더십 진단	○	○	○			○
리더의 행동	○	○	○	○	○	
리더와 관리	○					○
인간행동	○				○	

프로그램 내용 선정기준의 경우 상황에 따라 바뀔 수 있다. 또한 척도도 다르게 할 수 있다. 예를 들면, 목표와의 일치 가능성이 1. 매우 그렇다, 2. 그렇다, 3. 보통, 4. 그렇지 않다, 5. 전혀 그렇지 않다 등으로 평가할 수 있다.

5) 교육내용 배열방법

학습내용의 위계란 학습자가 학습목표를 가장 효과적으로 달성할 수 있는 방향으로 학습내용과 관련 제반 활동들을 배열하는 것이다. 내용상의 특성 및 학습자의 특성에 따라 가르쳐야 할 내용의 순서를 정하는 일이다. 교육에 있어 강의내용을 선정하는 것도 중요하지만, 선정한 내용을 어떤 식으로 배열하여 어떻게 제시하는가도 매우 중요하다.

① 쉬운 내용에서 어려운 내용의 순서
② 간단한 것에서 복잡한 것
③ 어느 정도 알고 있는 것에서 전혀 생소한 것
④ 구체적인 것에서 추상적인 것
⑤ 포괄적인 것에서 상세한 것
⑥ 시간적 순서(과거 – 현재 – 미래)
⑦ 전체 – 부분 계열화(전체 개요 제시 – 각론)
⑦ 단계적 계열화(일이 일어나는 순서대로 제시)
⑧ 일반적 내용에서 특수한 내용으로(기초적인 내용에서 구체적인 내용으로)

4. 교수설계

1) 가네(Gagné) 9 events

교수설계 단계에서는 실제 강의활동을 설계하는 단계이다. 강의활동 설계 시 가장 널리 알려지고 활용되고 있는 부분이 Gagné 9 events 이다. 실제 강의활동을 할 때 어떻게 강의를 하면 학습자들이 가장 잘 학습효과를 낼 수 있는가? 하는 부분은 끊임없이 연구되어 오고 있다. 가네는 수업사태와 수업전략을 크게 아홉 단계로 나누어 설명하고 있다. 가네에 의해 개발된 수업의 사태(event of instruction)는 단위 수업, 즉 일정한 시간에 마칠 수 있는 주제 혹은 목표를 달성하기 위하여 활용할 수 있는 일련의 순차적 활동이자 교수방법으로 구성되어 있다.

가네의 입장에서 학습목표를 성공적으로 달성하기 위해서는 내적 조건과 외적 조건이 충족되어야 한다고 보았다. 학습의 내적 조건은 학습목표와 관련된 사전지식을 학습자가 가지고 있느냐와 관련된 본질적 조건과 학습자가 학습할 동기를 가지고 있느냐와 관련된 보조적 조건이 있다. 이러한 내적 조건이 확보된 상태에서 외적 조건이 중요한 기능을 한다는 것이다. 가네의 9 events는 체계적인 외적 조건을 위한 아이디어로 내적 조건이 확보되어 있다고 하더라도 외적 조건이 제공되지 못할 때 성공적인 학습이 잘 이루어지지 않는다고 보았다. 단위 수업을 할 경우 아홉 단계를 거쳐 수업할 경우 학습자들이 학습을 가장 효과적으로 잘 할 수 있다는 것이다.

그러나 학교 현장이나 수업하는 교사들이 이 아홉 단계 모두를 거쳐서 강의하지는 않는다. 경우에 따라서는 몇 단계를 하지 않고 지나가는 경우도 많이 있다. 여기서 중요한 것은 아홉 단계의 아이디어이다. 강의도 서론이 있고 본론이 있고 결론이 있다는 것이다. 서론 부분에서 해야 할 일, 본론 부분에서 해야 할 과제, 결론 부분에서 해야 할 부분 등이 있다. 즉, 실제로 강의를 많이 하는 강사나 교사, 교수들의 경우 아래 아홉 단계에 대해서 항상 머릿속에 염두에 두고 강의를 할 필요가 있다는 말이다. 수업설계를 위한 가네의 9 events에 대한 내용은 다음 〈표 12-9〉와 같다.

표 12-9 가네(Gagné)의 9 events에 따른 강의활동 계획

구 분	수 업 전 략
1. 주의집중	• 수업과 관련된 화두를 재미있는 문제나 게임을 도입한다. • 문제 선정 동기 및 문제해결 활동의 중요성을 토대로 간단한 예화를 들어 설명한다.
2. 학습목표 제시	• 이번 과정을 마치면 어떤 것을 해결할 수 있는지 의도하는 문제에 대한 해결책을 주지시켜 준다.
3. 선수학습 회상자극	• 관련 문제해결 전략이나 필요한 인지적 지식을 회상할 수 있도록 학습자를 고무시켜 준다. 즉, 지난번에 학습했던 내용을 질문하거나 소개한다.
4. 자극 자료의 제시	• 해결되어야 할 문제의 독특한 특징을 설명해 주거나 관련된 문제에 대해 많은 자극자료를 제시해 준다.
5. 학습 지침의 제공	• 문제해결에 필요한 단서를 제공해 준다.
6. 수행행동의 유도	• 문제해결에 이르는 일반적인 과정을 설명하고 문제해결활동에 학습자를 적극적으로 참여시킨다.
7. 수행결과에 대한 피드백	• 문제해결을 위해 이제까지 동원된 해결책이나 활동 그 자체에 대한 타당성에 대한 피드백을 해 준다.
8. 수행결과의 평가	• 문제해결활동 결과를 팀별로 평가 후 평가결과에 대해서 공유할 수 있는 기회를 갖는다.
9. 기억 및 전이 촉진	• 유사한 문제 상황에 일반화시킬 수 있도록 주어진 문제 상황에서 일반적인 특징을 추출할 수 있도록 해 주고 학습자에게 비슷한 문제 상황을 제시하고 실제로 적용할 수 있는 기회를 제공해 준다.

가네의 9 events에 따른 강의활동 계획 사례를 예시로 나타내면 〈표 12-10〉과 같다.

표 12-10 가네(Gagné)의 9 events에 따른 강의활동 계획 사례

<table>
<tr><th colspan="6">학 습 과 정 안</th></tr>
<tr><td>단원명</td><td>표현－표지 꾸미기</td><td>차시</td><td>2/3</td><td>대상</td><td>중학교 2학년 남학생</td></tr>
<tr><td>학습 목표</td><td colspan="5">• 표지 디자인의 목적을 알고 표현할 수 있다.
• 표지를 꾸미기 위해 필요한 문자, 그림, 사진 등을 활용할 수 있다.</td></tr>
<tr><td rowspan="2">교재</td><td colspan="3">교 사</td><td colspan="2">학 생</td></tr>
<tr><td colspan="3">교과서, 지도안, 흑판, 컴퓨터, 빔프로젝터, 작품계획서, ppt, 참고자료</td><td colspan="2">교과서, 필기도구</td></tr>
</table>

학습 과정	학습 내용	시간 (분)	교수-학습활동		학습 자료	도달시 유의점
			교사	학생		
도입	주의 집중	8	• 인사를 하고 출석을 부른다. –빈 자리를 확인한다. • 독특한 형식의 CD자켓을 보여주며 그것이 무엇인지 질문한다.(이소라 4집: 책과 비슷한 형식을 가지고 있는-책이 아니라 CD임을 알려주고 다양한 형태로 만들 수 있는 것을 알려준다.)	• 인사한다. • 학습태도를 갖추고 주목한다.		자연스럽게 수업 분위기를 조성한다.
	학습 목표 제시	8	• 학습목표를 제시한다. • 자신이 좋아하는 책이나 음악의 표지를 디자인할 것임을 이야기한다.	• 학습목표를 다 같이 읽어본다.	ppt	본인이 직접 표지 디자인할 수 있다는 자부심을 심어준다.
	선수 학습 회상 자극		• 표지디자인의 정의와 그 조건에 대해 확인하고 학습내용을 언급한다.	• 전시 학습내용을 떠올리며 확인한다.		대답을 유도하여 자연스럽게 익히도록 한다.
전개	자극 자료 제시		• 표지디자인 방법에 대해서 설명한다. –교과서와 참고자료들을 보면서 다양한 표현방법을 익힌다. –예시작을 보여주며 아이디어를 구상하는 방법을 제시해 준다.	• 방법을 예시작과 친구가 아이디어를 구체화시키는 것을 보며 자신의 아이디어와 비교하며 익힌다.	ppt	예시작과 비교하면서 자연스럽게 조건을 다시 한 번 익히도록 유도한다.
	학습 지침 제공	10	• 문자, 그림요소의 배치와 형태, 크기, 색채 계획 등은 어떻게 하는 것이 좋은지 살펴보고 제작과정을 익힌다. –여러 글씨체들을 보며 느낌을 비교해 본다. –사진을 사용했을 때와 일러스트를 이용했을 때의 느낌 차이를 확인해 본다. • 제작과정을 시각자료로 보여주면서 제작과정을 익힘과 동시에 재료의 선택 방법을 익힌다.	• 여러 종류의 책과 CD 표지를 보며 자신이 사용할 수 있는 재료와 표현방법을 생각해 본다.	ppt	다양한 종류의 글씨체와 시각자료를 제공한다. 학생들이 고정관념을 가지지 않도록 유의해서 설명한다.

학습 과정	학습 내용	시간 (분)	교수-학습활동		학습 자료	도달시 유의점
			교사	학생		
응용	수행 행동 유도	17	• 표지디자인 시 고려해야 할 사항들을 질문하여 다시 한 번 정리한다. • 작품계획서의 작성방법을 구체적으로 예를 들어 설명한다.	• 질문에 대답하면서 조건을 다시 한 번 머릿속에 떠올린다. • 설명을 들으면서 자신의 작품을 정리한다.	작품계획서	잘 표현할 수 있는 주제와 소재를 찾을 수 있도록 도와준다.
	수행 결과 피드백		• 작품계획서의 문항들에 답을 채워가면서 자연스럽게 자신의 아이디어를 구체화시키고 스케치할 수 있게 한다.	• 작품계획서를 성실히 작성하며 스케치를 한다.		중간과정에서 수정을 도와주어 디자인 컨셉에서 너무 벗어나지 않도록 지도한다.
응용	수행 결과 피드백		• 순회지도하며 잘못된 곳을 보완할 수 있도록 지도한다. • 전체적으로 유의사항을 다시 알려주며 스케치를 보완하여 밑그림을 완성하도록 한다.			모든 학생이 실습하고 있는지 확인한다.
정리 및 평가	수행 결과 평가	10	• 잘된 스케치 한두 개를 발표시킨다. • 디자인 조건에 기준하여 평가한다.	• 스케치를 마무리하고 발표준비를 한다. • 완성된 표지 스케치를 앞에서 발표한다.		디자인 조건에 맞추어 평가할 수 있도록 한다.
	기억 및 전이 촉진		• 표현과정 중 발견된 문제점을 알려준다. • 형성평가의 문제 답을 학생들에게 유도하여 표지디자인의 조건을 다시 익힌다.	• 대답한다.	ppt	
			• 과제(작품계획서 완성 및 보완)를 제시하고 다음 시간에 스케치 한 것을 토대로 작품을 완성할 것을 예고하고 준비물을 알려준다. • 인사를 하고 마친다.	• 경청하고 인사한다.		

2) 도입 · 전개 · 종결방법[2)]

강의의 기본을 이루는 구성요소에는 크게 도입(서론)과 전개(본론), 종결(결론)로 구성된다. 각각의 단계에서 강의를 잘하기 위한 방법에 대해서 알아본다. 도입할 때 5분 관리는 주의집중으로 하고 전개할 때 15분 관리는 폭탄이 설치되어 있어야 한다. 폭탄이란 사진, 유머, 게임, 동영상, 각종 사례 등 주의집중시킬 수 있는 것을 말한다. 종결할 때 5분 관리는 감동적으로 마치는 것이 좋다. 이렇게 하는 이유가 있다. 우리 몸속에 좋은 호르몬인 세로토닌 · 엔도르핀 · 다이돌핀이 있다. 편안할 때 나오는 세로토닌이 있다. 잘 알려지지 않았으나 자주 만들어지고 좋은 곳에 갈 때마다, 좋은 소식을 들었을 때. 좋은 음악을 들었을 때, 아주 좋은 경치를 만났을 때 수시로 생산되는 약이다. 마음의 긴장을 없애주고 혈압을 안정시켜 주고 잠이 오게 하는 호르몬인 멜라토닌을 분비케 해주고 엔도르핀도 생산케 도와주며 우울증에 탁월한 효과도 있다. 도입할 때 주의집중하면 이 세로토닌이 분비된다.

웃거나 즐거울 때 나오는 호르몬이 엔도르핀이다. 이 엔도르핀은 우리 몸속에서 생성되는 약으로 웃으면 나오는 희한한 호르몬이다. 배꼽을 쥐고 눈물이 나올 정도로 웃을 때 가장 많이 생산된다. 사람의 엔도르핀은 살 수 없지만 돼지 엔도르핀은 살 수 있다고 한다. 1mg에 2,000만 원 정도 한다. 웃으면 되는데 왜 돈 주고 사는가? 엔도르핀 효과는 진통효과가 있다. 모르핀의 200배로 면역력을 증강시킬 뿐만 아니라 스트레스도 해소한다. 특히 NK세포를 증가시켜 암을 줄어들게 하고 심장질환을 없애준다. 전개해 나갈 때 폭탄을 많이 쓰면 엔도르핀이 분비된다.

감동을 받으면 나오는 다이돌핀이 있다. 감동적인 강론을 들을 때, 노래를 들을 때, 성가를 부를 때 나온다. 감동의 정도에 따라 다르게 분비된다. 가슴이 벅차 눈물이 나오며 얼굴은 일생에서 가장 행복한 모습을 띤다. 피부에 닭살이 돋으며 심

2) 윤옥한(2008). **명강의교수법**. 서울: 학지사. pp.104-115.

하면 전율이 오를 때 가장 많이 분비된다. 약효는 엔도르핀의 4,000배 효과가 있으며 어떠한 크기, 어떠한 형태의 암도 없어질 수 있게 할 수 있으며 통증도 순간에 없어지게 하고 모든 괴로움에서 완전히 벗어나게 할 뿐 아니라 죽음의 고통도 벗어나게 하는 대단한 효과가 있다. 결론을 맺을때 감동적으로 마치는 이유가 여기에 있다.

(1) 도입(서론)–10%

도입 부분은 보통 주의집중, 동기부여, 강의 개요 설명과 같은 것으로 이루어진다. 대부분 자기소개 시간이 도입되는 경우가 많다. 이 도입부분은 강의할 시간이 어느 정도냐?에 따라서 10%가 되기도 하고 5%가 되기도 한다. 강사가 상황에 맞게 시간을 할애하면 된다.

질문 1 : 강의는 언제부터 시작되는가?

강의는 강사가 문을 열고 들어올 때부터 시작된다. 이때 비언어적인 부분이 대단히 중요하다. 즉, 어떤 강사들은 학습자들과 눈도 마주치지 않고 자신감 없는 행동을 하는데 이는 좋지 못한 행동이다. 학습자들은 강의장 문을 여는 순간부터 관찰을 한다. 그러므로 강사는 자신감 있는 행동으로 미소를 짓고 눈을 마주치면서 가능하다면 반갑습니다, 안녕하세요 등과 같은 말을 시작하는 것이 좋다.

도입 시 주의집중하는 방법에는 다음과 같은 것이 있다. 무슨 일이든 서론・본론・결론의 형태로 구성된다. 영화도 그렇고 연극도 그렇고 도입 부분, 전개 부분, 결론 부분이 있다. 연애하거나 협상할 때도 마찬가지다. 바로 작업 들어가지는 않는다는 것이다. 연애할 때 바로 자빠트릴 수 있는 건 아니다. 호구 조사부터 시작해서 모든 진행된다. 도입하는 방법의 몇 가지 예를 소개한다.

"저한테 배정된 시간이 두 시간인데 120분 동안 속강하겠습니다. 신바람나면 30

분 정도 더 할 작정입니다."라고 하면 청중들은 눈이 동그래진다. "그런데 무작정 그렇게 하는 것이 아니고 한 10분 20분 정도 해보고 여러분들의 눈치를 살펴보겠습니다. 여러분들의 눈치를 살펴봐서 여러분들이 들을 의사가 없다고 생각되면 저는 바로 끝내겠습니다. 여러분들이 들을 의사가 없다는 표시로 차고 있는 시계를 흔들어 주시면 바로 끝낼 겁니다. 그런데 한두 명만 흔들면 절대로 안 끝냅니다. 3분의 2 이상 흔드시면 바로 끝내겠습니다. 만약 한두 명만 흔들면 흔드는 사람만 내보내겠습니다."라고 한 후 "여러분들에게 몇 가지 당부 말씀이 있습니다. 어떤 학습자들은 제 강의에 너무 매료되어 감사하다는 표시로 고개를 깊숙이 숙이시는 분들이 있는데 그럴 필요는 없습니다. 좀 심한 분들은 엎드려 절까지 하는데 전혀 그럴 필요는 없습니다. 감사하다는 표시는 제 강의가 모두 끝났을 때 한 번만 해주시기 바랍니다." 등이 바로 5분 관리 내용이다. 이렇게 청중들을 주의집중시킬 수 있는 말을 미리 준비해서 서론을 말하는 것이다.

'찹쌀떡 가래떡, 떡볶이 콩떡'을 일단 몇 번 따라하게 한다. 리듬을 타면서 하면 더욱 재미있다. 그런 후 이번에는 '떡' 할 때에는 '떡'에만 박수를 치게 한다. 예를 들면 '찹쌀떡(박수) 가래떡(박수) 떡(박수)볶이 콩떡(박수).' 그 다음엔 '떡'에는 말을 하지 말고 박수만 치게 한다. '찹쌀(박수) 가래(박수) (박수)볶이 콩(박수) 이렇게 잠깐의 게임을 한 후 본론으로 들어간다.

두 사람이 손을 잡고 흔들면서 '멍멍이랑 놉시다. 멍멍이랑 놉시다.' 한 후 서로 마주 보면서 손바닥을 마주친다. 그러면서 '멍짝, 멍멍짝짝, 멍멍멍짝짝짝 등으로 열 번까지 해 본 후 본론으로 들어간다. 이상과 같이 서론, 즉 도입하는 방법들을 잘 연구해서 시작하는 것이 좋다.

주의집중은 자기소개 즉, 자신의 이름을 갖고 하는 경우가 있다. 예를 들면 00회사에서 자기소개 시간에 자신의 이름을 Air System 이라고 쓴 적이 있었다. 그 사람 이름은? 공기식 이었다. 이와 같은 식으로 하는 것도 하나의 방법이 된다.

신체적인 특성을 가지고 자신을 소개할 수도 있다. 즉, 키가 작은 경우 여러분들은 모두 다 키가 저보다 커서 참 좋겠습니다. 키가 크니까 멀리 내다볼 수 있겠죠. 그런데 저는 키가 작아서 낮게 보면서 자세히 볼 수 있습니다.

시사적인 이야기를 갖고 시작할 수도 있다. 50년 전 오늘은 무슨 일이 있었을까요? 라고 화두를 갖고 시작하든지 오늘 아침 신문을 보니까 어떤 일이 있었는데 여러분들은 어떻게 생각하십니까? 라고 시작해도 좋다. 누구나 다 아는 사실의 시사적인 이야기를 갖고 하던 강사가 준비한 흔적을 남겨주는 것이 좋다.

강의주제와 관련된 화두로 시작할 수도 있다. 예를 들면 창의력 개발 강의의 경우 다음과 같은 예로 시작할 수 있다. 건설회사의 경우 롤러 기사가 있다. 성실한 롤러 기사는 어떤 기사일까요? 안전법규를 준수하고, 시간을 잘 지키며, 롤러를 잘 관리하는 등 이런 기사가 성실한 롤러 기사가 아닌가? 생각됩니다. 그런데 창의적인 롤러 기사는 어떨까요? 제가 알고 있는 롤러 기사 중에 실제로 그런 롤러 기사가 있었는데 참으로 기하더라고요. 해운대 백사장에 롤러를 끌고 갑디다. 거기서 한 번 짝 밀고 가면 어떻게 될 것 같습니까? 카펫처럼 되겠죠. 그런데 바퀴에 글자를 새겨서 밀고 가면 어떨까요? 그것이 바로 광고가 되는 것이죠. 이와 같이 창의력이란 것은 바로 이런 것이 아닐까? 생각됩니다. 이렇게 화두를 시작해도 된다.

유머를 갖고 시작하는 경우도 좋다. 유머를 갖고 시작할 경우에는 가급적이면 Y담은 가급적 피하고 뒷맛이 괜찮은 유머를 활용하는 것이 좋다. 어떤 강사의 경우 Y담으로 시작해서 Y담으로 끝나는 경우가 있는데 이렇게 하는 경우는 좋지 않다.

인사나 박수에 대한 부분으로 시작할 수도 있다. '여러분들이 저에게 박수를 쳐

주셨는데 박수에는 어떤 의미가 있을까요?'라고 앞에 있는 사람에게 슬쩍 질문해 본다. 옆 사람이 발표할 경우 '쿳숀 먹고 옆에 있는 사람이 대답하시네요.'라고 말을 시작할 수도 있다. '박수에는 아마 열과 성을 다해서 강의를 해 달라는 의미로 박수를 보내 주셨을 거라고 생각합니다. 그런데 처음보다 마지막에 박수를 받는 것이 더 의미가 있을 것이라고 생각됩니다. 마지막에 박수를 받을 수 있게 열심히 하겠습니다'라고 시작할 수 있다.

첫 말을 학습자 배려로 시작할 수 있다. '저한테 이렇게 귀중한 시간을 내 주신데 대해 먼저 감사드립니다.'라는 말을 함으로써 학습자에 대한 배려의 표시를 한다. 그런 후 '비록 제가 모든 것을 다 알지는 못하지만 제가 알고 있는 범위 내에서 최선을 다해서 귀중한 시간을 내신 것에 대해 최소한 몇 가지만이라도 가지고 갈 수 있도록 노력하겠습니다.'라고 말을 함으로써 자신감과 철저한 준비를 했다는 것을 보여줌으로써 학습자들이 관심을 갖고 들을 수 있도록 동기를 유발시켜 준다.

도입이 중요한 이유가 있다. 말에는 서론, 본론, 결론이 있어야 한다. 서론, 본론, 결론을 어떻게 말해야 하는가? 첫째, 서론 또는 처음 도입하는 말의 5분 관리를 잘해야 한다. 왜냐하면 처음 도입 5분 관리를 잘 못하면 사람들이 잘 집중하지 않는다. 인상 이론 중 일관성 오류 이론이라는 것이 있다. 이것은 사람들이 첫 인상을 결정하는 것은 2~5초 사이에 결정된다는 것이다. 그런데 한 번 첫인상을 결정하면 처음부터 끝까지 그 인상을 갖고 가려고 하는 경향이 바로 일관성 오류 이론이다. 그러므로 처음 시작을 잘 못하면 끝까지 그 인상을 갖고 가려고 하는 경향 때문에 처음 5분 관리를 잘 해야 한다. 그 처음 5분 관리는 바로 주의집중하는 말로 시작하는 것이 좋다. 내가 무엇으로 청중들에게 말할 때 주의집중시킬 것인가는 미리 준비해 두어야 한다.

주의집중 방법

강의를 잘해 나가기 위해서 우선 가장 중요한 것 중의 하나가 학습자들의 시선을 끄는 일이다. 그중 강의를 시작하는 시점에서 학습자들이 강의를 들어보아야 겠다는 마음가짐을 갖게 만드는 것이 중요하다. 이러한 측면에서 어떻게 학습자들의 주의를 집중시켜 나갈 것인가 하는 부분을 상당히 많이 고민해야 한다. 여기서는 개인차이를 중심으로 학습자들의 주의집중하는 방법에 대해서 알아본다. 사람은 다 개인차이가 있다. 즉, 너와 나는 다르다. 그러므로 원만한 인간관계를 유지하기 위해서는 사람마다 다 개인차이가 있다는 것을 인정해야 한다. 즉, 상대방은 나와 다르기 때문에 상대방 나름대로의 가치와 존엄성을 인정해 주어야 한다. 그러나 대부분의 사람들이 너는 나와 다른 생각, 다른 사고방식, 다른 가치관 등을 가지고 있다는 것을 인정하지 않고 일방적으로 너의 생각은 틀리고 내 생각만이 옳다는 사고방식을 가지고 살아가고 있다. 이러한 사고방식 때문에 인간관계에서 많은 갈등이 야기된다. 지금부터는 나와 다른 사람이 다 다르다는 것을 확인하기 위해 실습을 해 본다.

질문 1. 아래 빈 칸에 원을 세 개 그리고 그 위에다 선을 그어 보라
(문장에 충실해서 하면 된다)

질문 2. 아래 도형 중 당신이 좋아하는 도형을 한 가지만 골라 보라

가. 나. 다. 라.

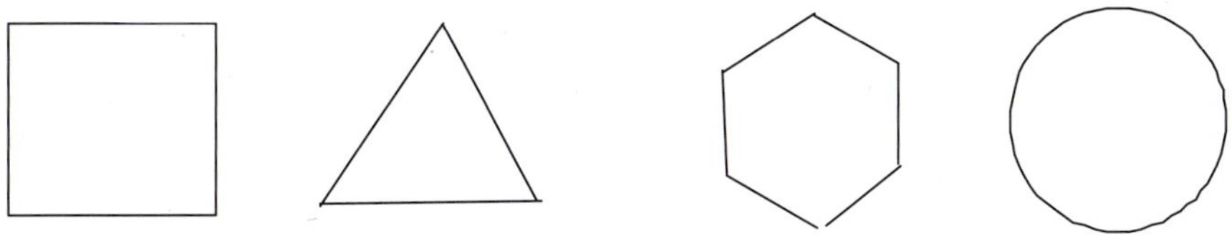

질문 3. 아래 영문을 보면 '-------ake up'이라고 쓰여 있는데 당신은 뭐라고 읽고 싶은가?

-----------ake up

질문 4. 양쪽 손가락을 서로 엇갈리게 하여 깍지를 껴 보라

질문 5. 당신은 신을 왼쪽부터 신는가? 오른쪽부터 신는가?

질문 6. '행복'이란 단어와 연상되는 단어를 8가지만 적어 보라

개인차이 실습 확인 피드백

질문 1. 아래 란에 원을 세 개 그리고, 그 위에다 선을 그어 보라. 의 경우

가. 다음 그림들과 유사하게 그린 경우(단순 명쾌형)

- 매사에 분명함을 좋아하는 타입

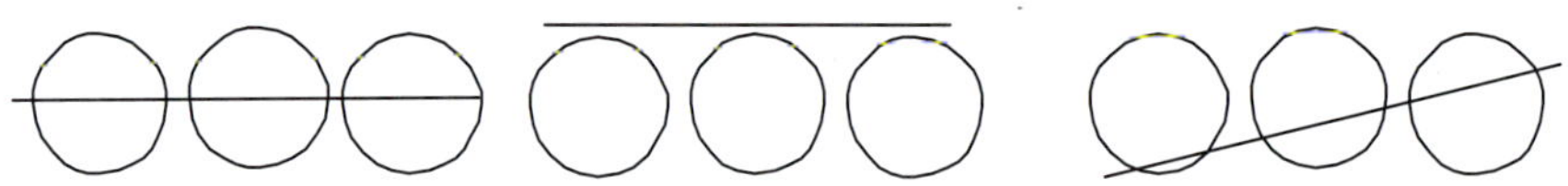

나. 다음 그림들과 유사하게 그린 경우(예술적 감각형)

- 예술적 감각이 뛰어난 사람이 잘 그리는 타입

다. 다음 그림과 유사하게 그린 경우(구성적 감각형)
  - 구성력이 뛰어난 사람이 잘 그리는 타입

이처럼 '원을 세 개 그리고 선을 하나 그어 보라'는 간단한 질문에도 개개인이 가지고 있는 소질이나 특성에 따라서 반응하는 양식이 다양하게 나타난다.

질문 2. 아래 도형 중 당신이 좋아하는 도형은 어느 것인가?의 경우

가. 사각형을 좋아하는 사람은 주로 합리적이고 논리적인 사람
나. 삼각형을 좋아하는 사람은 주로 인내심이 있고 끈기가 있는 사람
다. 육각형을 좋아하는 사람은 주로 현실에 불만족하고 변화를 추진해 나가고자 하는 사람
라. 원을 좋아하는 사람은 주로 원만한 인간관계에 가치를 두고 있는 사람

위와 같은 해석은 반드시 그런 것은 아니지만 대체로 그런 경향이 있다는 것이다. 즉, 여기서는 사람에 따라서 좋아하는 도형도 다 다르다는 것을 알 수 있다.

질문 3. 어떻게 읽을 것인가? 의 경우

영문을 보면 '-----ake up!이라고 쓰여 있는데 당신은 뭐라고 읽고 싶은가? 에 대하여 여러분은 아마 W, M, T 중 어느 한 글자를 넣어서 읽었을 것이다. 이 경우에는 이 문장 앞부분과의 문맥, 읽는 이의 기억 속에 있는 사고방식 등에 따라서 Wake up, 또는 Make up, Take up 등으로 읽었을 것이다. 이처럼 사람은 동일한 자극에 대해서 자기가 가지고 있는 인식이나, 정

보를 받아들이는 인지 구조가 어떤 것이냐에 따라서 각각 다른 반응을 나타낸다는 것이다. 이와 같이 개인은 다 다르다.

질문 4. 양쪽 손가락을 엇갈리게 하여 깍지를 껴 보라 의 경우

어떤 사람은 왼쪽 엄지손가락이 위로 올라와 있고 어떤 사람은 오른쪽 엄지손가락이 위로 올라와 있을 것이다. 이처럼 사람마다 양쪽 손가락을 엇갈리게 하여 깍지를 끼는 방법도 다 틀리다.

질문 5. 당신은 왼쪽부터 신을 신는가? 오른쪽부터 신을 신는가? 의 경우

어떤 사람은 왼쪽부터 신을 신으며 어떤 사람은 오른쪽부터 신을 것이다. 여기서 우리가 알 수 있는 것은 신발 하나를 신는 것도 개개인마다 다르다는 것이다.

질문 6. '행복'이란 단어와 연상되는 단어 8가지를 적어 보라의 경우

자신이 적은 8가지와 다른 사람이 적은 8가지를 비교해서 보면 아마 똑같은 단어가 몇 개 나오지 않을 것이다. 대부분이 5가지 이하로 나올 것이다. 이처럼 우리가 사용하는 일상적인 용어에 대해서도 연상되는 단어가 다른 것은 모든 사람이 다 다른 가치관 기준을 가지고 있기 때문이다.

이상에서 실습한 바와 같이 인간은 개인마다 다 다르다. 굳이 이러한 실습을 하지 않더라도 우리는 인간은 개인차이가 있다는 것을 알고 있다. 우선 겉으로 드러나는 차이로는 키가 큰/키가 작은, 피부가 흰/피부가 검은, 뚱뚱한/야윈, 눈이 큰/눈이 작은 등으로 사람마다 다 다르다. 겉으로 드러나지 않는 차이로는 유전인자, IQ, 염색체, 사고방식 등이 있다. 인간이 이렇게 제각기 다른 이유는 태어난 부모, 교육환경, 경험, 가치관, 생활방식 등이 다르기 때문이다.

이와 같이 인간 한 사람 한 사람은 다 다르다. 이 세상에서 똑같은 사람은 하나도 없다. 일란성 쌍생아도 똑같지가 않다. 그러나 사람들은 겉으로 드러나는 차이는 인정하면서도 겉으로 드러나지 않는 차이는 인정하지 않으려고 한다. 예를 들면 '저 여자 예쁘다', '저 여자 잘 생겼다', '저 남자 멋있다', '저 애는 왜 저렇게 생겼어' 등과 같이 겉으로 드러나는 차이는 잘 구분한다. 그러나 겉으로 드러나지 않는 차이는 잘 인정하지 않고 종종 사람마다 개인차이가 있다는 것을 잊어버리고 다투는 일이 대단히 많다. 예를 들면 처음 만난 연인의 경우 서로가 살아온 나름대로의 경험이나 습관이 있기 때문에 그것이 서로 잘 맞지 않는 경우가 있다. 그런데 그 잘 맞지 않는 경험이나 습관을 서로 인정해 주지 않으면 두 사람의 관계는 멀어지게 된다. 그러므로 대인관계에서 무엇보다도 중요한 것은 인간은 모두 다 다르다는 것을 인정해야 한다는 것이다. 즉 사람마다 다르다는 것을 알고 인정하고 나서 서로 다른 점을 대화를 통해서 풀어 나가는 것이 원만한 대인관계를 유지해 나가는 좋은 방법이다.

이상과 같은 내용으로 주의를 집중해 나갈 수 있다. 그러나 주의를 집중해 나가는 방식을 교육내용이 무엇이냐에 따라서 다르게 구성될 수 있을 것이다. 그리고 강사의 특성에 따라 주의집중 방식을 다르게 해 나갈 수도 있을 것이다. 그러나 한 가지 중요한 사실은 학습자들의 흥미를 끌어낼 수 있는 내용과 방식을 연구하여 강의에 임하는 것이 바람직하다.

생각해 보기

이미지의 가치

평소에는 매우 조용하고 차분하지만 술만 마셨다 하면 망가지는 여성을 생각해 보자. 평소의 차분하고 조용한 이미지를 먼저 많이 보아왔던 사람들의 80%는 그 여자는 술버릇만 나쁘지 조용하고 정숙하다라고 하는 반면에 술에 취해 망가진 모습을 먼저 본 사람들의 80% 정도는 그 여자는 그렇고 그런 여자라고 평가한다는 것이다.

다음 내용을 상상해 보라. 인상이 좋지 않은 사람이 복도에서 커피를 마시면서 이쪽으로 걸어오고 나도 커피를 마시면서 복도를 걸어가고 있다. 그런데 인상이 좋지 않은 사람이 나에게 커피를 엎질렀을 경우 나는 인상이 좋지 않은 사람에게 무슨 말을 할 것인가? 아마 세탁비용을 달라고 할지 모른다. 어떤 사람은 이렇게 질문하니까 인상이 좋지 않은 사람이 저쪽 복도에서 걸어오면 마주치지 않고 다른 곳으로 피해서 간다고 대답하는 사람도 있다. 이번엔 반대로 내가 커피를 상대방에게 무심결에 엎질렀다고 가정해 보자. 어떤 소리를 들을 것인가? 상대방 이미지에 따라 사람들은 반응하는 형식이 달라질 수 있다.

대관령 양떼 목장에 가면 양들이 이미지가 좋은 사람이 지나가면 다 내려온다는 전설이 있다. 김태희가 지나가니까 몇 마리가 내려왔는가? 다 내려왔다. 저자가 지나가니까 몇 마리가 내려왔는가? 한 마리다. 그 한 마리가 내려와서 혼자 중얼거리고 있었다. 뭐라고 하는지 가서 들어보니까? 어떤 새끼가 밀었어! 유머다.

여러분들이 과일가게에서 과일을 산다고 가정해 보자. 어떤 과일을 고를 것인가? 아마 겉모습이 쭈글쭈글하고 얼룩이 많이 진 과일을 고르지는 않을 것이다. 겉모양이 반들반들하고 예쁜 것을 선호할것이다. 과일을 고를 때도 이렇게 겉모습 이미지를 본다. 과일은 스스로 이미지를 만들어 낼 수 없다. 사람이 이미지를 만들어 주는 것이다. 그런데 인간은 스스로 자신의 이미지를 만들어 낼 수 있다. 이것이 이른바 이미지 관리(image making)이다

인상을 관리하기 위한 몇 가지 법칙

첫째, 콘크리트 법칙이 있다. 이 법칙은 인상이 한번 결정되면 바꾸기가 쉽지 않다는 것이다. 첫인상은 콘크리트처럼 쉽게 굳어져버린다는 것이다. 우리 뇌는 처음 보고 느낀 것을 가장 오래 기억하도록 되어 있다. 그러므로 첫인상은 지속성이 있다. 한번 이미지화된 첫인상을 바꾸는 데는 무려 40시간의 재 면담이 있어야 한다는 것이다. 사실상 40시간을 재면담하기란 가족외에는 쉽지 않다. 그러므로 첫인상이 중요하다. 정치인 중 이회창의 이미지는 '대쪽이미지'였다. 2007년 대통령선거에서는 그 대쪽 이미지를 바꿔보려고 수십 년간 써온 무테안경을 얇은 금속으로 바꾸기도 하고, 특유의 뾰쪽한 턱을 부드럽게 처리하도록 해도 차가운 대쪽이미지를 벗어나는 데는 한계가 있었다는 것이다. 이미지 경영의 저자인 매리 미첼은 '첫 이미지를 만들 수 있는 두 번의 기회란 없다'고 주장한다.

둘째, 부정성의 법칙이 있다. 한번 전과자는 사회에 발붙이기 힘들다고 하듯이 부정적인 특징이 긍정적인 것보다 인상형성에 더 강력하게 작용하는 것. 다른 사람에게 어떤 사람에 대한 평가를 부탁했을 때 그 평가가 부정적인 피드백이 되었을 경우 좋은 사람임에도 불구하고 부정적인 측면만 보이게 된다. 만일 어떤 사람이 당신에 대하여 사기꾼이라는 말을 다른 사람을 통해서 들었다고 가정해보자. 그 사람이 당신을 만났을 때 당신이 사기꾼이 아니더라도 사기꾼의 인상을 가지게 된다는 것이다. 이러한 나의 부정적인 인상은 회복하기가 어렵다는 것이다. 이런 것들이 부정성의 법칙이다.

셋째, 거울법칙이 있다. 거울은 절대 먼저 웃지 않는다. 내가 상대방과의 관계에서 내가 웃지 않으면 상대방도 웃지 않을 가능성이 많다는 것이다. 인사를 할 때 실험 한번 해보라. 내가 먼저 '안녕하세요. 만나서 반갑습니다.' 웃으면서 하면 상대방도 웃으면서 그렇게 인사할 것이다. 반면에 무뚝뚝하거나 아무 표정 없이 인사를 하면 상대방도 똑같이 그렇게 인사할 것이다.

넷째, 본뜨기법칙이 있다. 이 법칙은 내가 좋아하는 사람의 모습을 그대로 따라하면 그 사람과 좋은 관계를 형성하는 데 도움이 된다는 것이다. 다리를 꼬고 앉으면 나도 다리를 꼬고 앉거나, 팔짱을 끼고 있으면 나도 팔짱을 한다. 이것이 본뜨기법칙이다. 회사에서 존경하는 상사가 있으면 그 사람의 행동을 모방하는 예가 바로 이것이다. 상사가 피우는 똑같은 담배를 피운다든지 상사의 자세를 따라 하는 행동 등이 바로 이러한 예이다.

(2) 전개하는 방법

전개를 할 때에는 매 15분마다 폭탄을 설치하여야 한다. 폭탄의 역할을 하는 것이 바로 동영상, 플래시, 유머, 게임, 흥미를 끌 수 있는 사례 등이다. 폭탄이 없는 대중 연설이나

설교나, 강의는 그 자체가 바로 폭탄이다. 사람들은 재미가 없어도 15분 정도는 주의집중이 가능하다. 그런데 15분 정도가 지나면 말하는 사람의 목소리가 일정하고 목소리의 크기도 작고 내용도 지루하다면 졸음이 온다. 그래서 연설이나 강연을 할 때 매 15분 정도마다 폭탄이 설치되어 있어야 한다. 폭탄을 터트리면 조는 사람도 바로 깬다. 사실 연설이나 강연 내용이 중요하지 폭탄이 중요한 것은 아니다. 그럼에도 불구하고 대부분의 청중들은 폭탄을 터트릴 때는 눈이 반짝 반짝 빛나다가 중요한 이론적인 내용이나 좀 지루한 내용을 설명하면 조는 경우가 허다하다. 그래서 폭탄의 역할이 중요한 것이다. 연설이나 강연을 할 때 매 15분마다 폭탄이 설치되어 있으면 재미없는 이론적인 내용도 조는 사람 없이 주의집중을 하게 할 수 있다. 그런데 이 폭탄은 연설내용이나 강연내용과 관련이 있는 폭탄이면 더욱 좋다. 가장 좋은 폭탄은 학습자의 눈높이에 맞는 사례이다.

전개할 내용 배열은 다음과 같이 한다. 전체에서 부분으로, 시간적 순서에 의해, 공간적 순서에 의해, 쉬운 것에서 어려운 것으로, 아는 것에서 모르는 것으로, 일반적인 것에서 특수한 것으로, 중요한 것에서 덜 중요한 것으로, 전개는 강의의 주 내용을 설명하는 것이다. 본론을 강의할 때에도 주제에 따라서 서론, 본론, 결론의 형식으로 구성하는 것이 바람직하다. 학습내용의 경우에도 항상 관심 끌기 부분이 꼭 들어가는 것이 좋다.

켈러(Keller)는 학습내용을 전개할 때 즉, 수업을 해 나가는 데 있어서 어떻게 하면 매력적으로 할 수 있을 것인가에 대한 전략을 체계적으로 종합하여 ARCS(attention, relevance, confidence, satisfaction)이론을 제안하였다. 그는 한 인간이 어떤 과제를 해결하고자 하는 노력과 실제로 행하는 수행, 수행의 결과에 영향을 미치는 개인특성 변인과 환경 변인이 학습동기에 많은 영향을 미친다고 보았다. 이 중 환경 변인이 학습자들의 동기 수준을 결정짓는 중요한 역할을 하게 되는데 그 환경 변인으로 주의집중(attention), 관련성(relevance), 자신감(confidence), 만족감(satisfaction)의 네 가지가 있다고 보았다. 이 네 가지 관점에서 어떻게 동기를 유발하게 할 것인가를 살펴본다.

주의집중(attention)이다. 이것은 지각적 수준에서 인식의 수준까지 끌어올려야 한다. 즉, 단순한 재미 수준에서 벗어나서 흥미를 일으킬 수 있도록 해야 한다. 단지 웃기기 위해 플레이보이 잡지를 보여주거나, Y담 수준에서 벗어나서 인식의 수준 또는 강의와 연결지어서 하는 것이 좋다. 주의집중을 하기 위해서는 재미있는 유머도 좋지만 학습자들이 흥미를 가질 수 있는 내용을 찾아내는 것도 중요하다. 또는 이슈나 심각한 이야기를 던지는 것도 하나의 방법이 될 수 있다. 이렇게 학습자들의 주의를 유발하고 유지시킬 수 있도록 하기 위해서는 지각적 각성(perceptual arousal), 탐구적 각성(inquiry arousal), 변화성(variability)을 계속해서 학습자들에게 제시해야 한다는 것이다. 지각적 각성의 경우 이 수업이 정말 흥미롭게 진행될 것이다라고 하는 학습자들의 기대를 불러일으킬 수 있도록 강사는 재미있는 그림과 같은 것을 보여주는 것이다. 탐구적 각성의 경우 학습자들의 지적 호기심을 유발시키는 것으로 질문을 한다든지 문제를 제시하는 것 등으로 주의를 집중시킬 수 있으며 변화성이란 학습자들의 지루함을 덜어 주기 위해 다양한 학습방법을 도입하거나 목소리를 변화 있게 하거나 하는 방법을 쓰면 될 것이다.

관련성(relevance)이다. 내가 왜? 이 학습을 하는가? 이 학습을 하고 난 후 어떤 도움이 되는가?를 명확히 해 주는 것이 중요하다. 현재 학습이 재미가 있고 이득이 될 수 있다는 것을 확인시켜 주는 것이 필요하다. 즉, 내적 인센티브를 줄 때 가장 효과적이다. 예를 들면 면허 취소되기 전에 안전수칙 불이행으로 시험 쳐서 80점 이상 맞으면 15일 감면받는 그런 교육이 있다. 안전 수칙에 대한 강사는 우리가 지금까지 배운 주의 집중이나 서론 본론 결론 다 무시하고 바로 강의에 돌입한다. 그렇게 하더라도 학습자들은 어떻습니까? 눈이 말똥말똥 반짝반짝 하면서 강의를 듣는다. 이렇게 하더라도 강사의 강의에 학습자들은 아주 잘 빨려든다. 이것이 바로 관련성이다. 나와 직접적인 관련성이 있기 때문에 교수학습이론을 완전히 무시하더라도 학습은 잘 이루어진다. 특히 자격교육의 경우가 대부분 관련성이 매우 높다는 것이다. 질문 반대로 관련성이 가장 낮은 교육은 어떤 것이 있을까요? 민방위 교육이다. 이 관련성에는 모티브 일치, 목적지향성, 친밀성으로 구성된다. 위의 예에서 볼 수 있는 부분은 학습자의 모티브와 일치되기 때문에 학습을 잘 할 수 있었던 예라고 볼 수 있다. 목적 지향성의 경우 학습자들에게 수업을 하는 목적을 구체적이고 분명하게 이야기 해 줄 경우 학습이 더 잘 될 수 있다는 것이다. 친밀성의 경우 새로운 교육내용이라고 하더라도 학습자들이 이전에 배웠던 내용과 유사한 것처럼 유의미하게 연결시켜 주는 부분이 필요하다.

자신감(confidence)이다. 개인들에게 자신감을 갖게 해 주는 것이 중요하다. 학습자들이 긍정적인 피드백을 받을 수 있게 한다. 따라서 강사는 학습자들이 쉽게 대답할 수 있는 것을 질문한다든지, 답을 할 수 있는 학습자에게 질문을 하는 것이 필요하다. 그런데 강사가 자기자랑만 한다든지, 아주 어렵게 질문을 하거나 답을 아주 못하도록 질문을 할 경우 학습자들은 쉽게 좌절하게 된다. 학습자들이 자신감을 가질 수 있도록 하는 것이 중요하다. 강사 중에 자기만 잘 났고 학습자들은 아예 미숙한 사람 취급하는 강사들이 의외로 많이 있다. 그래서 자기만 알고 있는 내용을 고의로 질문하여 학습자들을 완전히 무시해 버리는 경우가 있는데 이것은 바람직하지 않다는 것이다. 이러한 자신감은 학습 성공에 대한 기대감을 다루고 있으며 학습요건, 성공기회, 개인적 통제로 구성된다. 학습요건은 이번 수업에서 기대하는 것이 무엇이고 어떻게 평가할 것인가? 와 같은 정보를 학습자들에게 제공하는 것이다. 성공의 기회는 위에서 제시한 바와 같이 학습자들이 대답할 수 있는 질문을 통해 학습자들에게 성공의 기회를 부여하는 것이다. 개인적 통제의 경우 학습자들이 자기주도적인 학습을 할 수 있는 여건을 마련해 주는 것이 필요하다는 것이다.

만족감(satisfaction)이다. 학습자들에게 만족감을 주는 것도 중요하다. 즉, 학습자들이 교육 중간 중간에 운동을 좀 넣어 달라고 할 경우, 또는 야외 수업을 하자고 할 경우 특별히 문제가 없을 경우 수용하는 것이 좋다. 그런데 이럴 경우 조심해야 할 것이 그냥 운동하게 내 버려두거나 하면 안 된다. 운동도 어디까지나 수업의 연장에서 하도록 해야 한다. 철저한 규칙을 정해서 또는 교육과 연관 지어서 할 수 있도록 해야 한다. 즉, 학습자들의 성숙도를 고려해서 관리를 잘 해야 한다. 이 만족감에는 성취에 대한 만족감뿐만 아니라 교육적인 측면외의 만족감도 고려해 두는 것이 필요하다. 이러한 만족감은 내재적 강화, 외재적 보상, 공정성으로 구성된다. 내재적 강화의 경우 학습자들이 내적인 만족을 통해 스스로 동기유발 될 수 있게 학습자들의 내재적 자존심에 대한 언어적인 강화를 하는 것이며, 외재적 보상의 경우 어떤 과제를 해결 했을 경우 칭찬이나 외적 보상을 제공하는 것이다. 공정성의 경우 실제로 수업한 내용에서 시험문제를 출제한다든지 학습자 모두에게 공정하게 대해 주는 부분 등이 여기에 해당된다.

생각해 보기

4×7=27이 맞는가? 28이 맞는가?

주변상황에 에너지 낭비 말고 자신의 길을 간다. 어느 한 고을에, 이무식이 동네에 다니면서 4×7=27이라고 하면서 다니고 있었다. 동네에 다니면서 매번 4×7=27이라고 한다. 옆에 윤비전 씨가 볼 때 분명히 4×7=28인데 이무식이 4×7=27이라고 하니 답답해 미칠 지경이었다. '윤비전이 너는 왜 자꾸 4×7=27이라고 하느냐?'라고 물으니 이 무식은 4×7=27아니냐고 반문하는 것이었다. 분명히 4×7=28이 맞지 않은가? 그래서 윤비전이 이무식에게 그럼 당신 말이 맞는지 내 말이 맞는지 원님에게 가서 물어보자고 제의하였다.

그래서 이무식도 좋다고 하여 원님에게 판결을 맡기기로 하고 원님에게 두 사람이 갔다. 윤비전이 '원님 4×7=28이 맞지요. 판결해 주십시오'라고 하니까 원님이 이무식은 석방하라고 명하였고 윤비전은 곤장 28대를 쳐서 내 보내었다. 윤비전 입장에서는 얼마나 억울한가? 분명히 자신의 답이 맞는데 왜 나를 곤장 치는가? 억울하여 원님에게 그 이유를 물었다.

그러자 원님이 하는 말이 다음과 같았다. 4×7=28이라는 것을 삼척동자도 다 안다. 그런데 굳이 확실히 맞는 답을 가지고 여기까지와서 따지는 당신이 바로 한심한 사람이 아닌가? 그렇지 않은가? 그래서 당신에게 곤장을 친 것이다라고 말하였다.
우리는 살아가면서 이와 같은 4×7=27이 맞다고 하는 또라이들을 많이 본다. 그런데 그 또라이들과 싸우면 누가 또라이가 되는가? 나는 전국으로 출장을 자주 다니므로 이런 경우를 가끔씩 본다. 자동차를 갖고 지방으로 출장 가는 중에 있었던 일이다. 고속도로를 규정 속도인 100km로 2차선을 달리고 있는데 갑자기 1차선에서 스포츠카가 내 차 앞으로 빠르게 추월하여 지나갔다. 너무 놀란 나머지 경광등을 켜고 클랙슨을 울렸다. 그런데 갑자기 그 스포츠카가 천천히 속도를 줄여 내 차 앞에서 50km로 가는 것이었다. 그래서 차선을 바꾸어 다시 1차선으로 비켰다. 그랬더니 다시 1차선으로 내 앞을 가로막으며 천천히 달리는 것이었다. 아마 경광등과 클랙슨 때문에 화가 났던 모양이다. 그래서 나도 화가 나서 다시 창문을 열고 클랙슨을 누르면서 개XX야라고 하려고 하는 순간 갑자기 4×7=27이 생각났다. 그래서 차창 밖으로 손을 흔들며 미안하다고 하니까 그제서야 그냥 다시 제속도로 달리기 시작했다.

이때 내 성질대로 했더라면 즉 고속도로 한 복판에서 삿대질을 하며 젊은 친구와 싸웠더라면 누가 4×7=27이 되는가? 생각해 보라. 살아가면서 이런 일이 가끔씩 있다. 그때마다 4×7=27을 생각하면 웬만한 것들은 그냥 지나갈 수 있다. 나의 비전이 확실히 만들어져 있다면 그 비전을 달성해 나가는 데 방해가 되는 요소들은 모두 제거하며 비전을 달성해 나가는 것에만 매진할 수 있다.

(3) 마무리하는 방법

끝맺음을 가장 잘 못하는 사람은 누구인가? 교장 선생님이다. 교장 선생님들 조회할 때 "끝으로 여러분들에게 한 말씀 드리고 마치겠습니다." 그러다가 "마지막으로 한 말씀 더 드리겠습니다." 그러다가 "결론적으로 말씀드려서..." 잘 마무리 못하는 사례이다. 왜 이렇게 될까? 마무리를 무엇으로 할 것인지 정해지지 않은 상태에서 "끝으로 여러분들에게 한 말씀 드리겠습니다."라고 하면서 머릿속으로 끝으로 정리하면서 이야기를 하다가 보니 마음에 들지 않아서 다시 "마지막으로 여러분들에게..."라고 말을 이어간다. 끝마무리 할 때에도 반드시 어떤 말로 마무리 할 것인지 머릿속에 미리 정해져 있어야 한다. 그렇지 않으면 위와 같은 방식으로 끝을 맺는 경우가 많다. 이때 종결하는 방법은 감동적으로 마무리한다. 처음 5분 관리도 중요하지만 마무리 5분 관리도 중요하다. 처음 5분 관리는 주의집중할 수 있는 내용으로 시작하였고, 중간에 폭탄 즉 유머나 재미있는 내용으로 15분 관리를 하였지만 마무리 5분 관리는 감동적인 영상이나 감동적인 문구나 감동적인 말로 끝내주는 것이 좋다.

종결부분은 주로 요약과 복습시간, 재 동기부여 및 강조할 부분 강조하고 마지막 말을 하고 끝내는 것이다. 강의를 아무리 시작부터 중간까지 잘 하더라도 마지막 5분을 잘 정리하지 못하면 학습자들에게 강한 인상을 심어주기가 어렵다. 따라서 마지막 결론을 맺을 때에는 힘 있고 강하게 그리고 아주 깊은 인상을 줄 수 있도록 해야 한다. 그러므로 끝맺음에 대한 부분을 미리 준비해 두는 것이 필요하다. 실제로 끝맺음을 가장 잘 못하는 사람들의 경우 끝으로, 마지막으로, 결론적으로와 같이 해서 정해진 시간을 넘기면서까지 결론을 맺지 못하는 경우가 많이 있다.

끝맺음을 아주 잘 한 사례를 제시하면 경제 특강을 아주 잘 하시는 강사 한 분의 예를 들어본다. 그 분은 경제특강을 주제로 강의하면서 마무리에서는 다음과 같은 맺음말로 끝을 맺으면서 반전과 학습자들에게 강한 인상을 심어주는 예가 있다.

'지금까지 우리나라 경제에 대해서 말씀드렸는데 개인적으로 재테크도 많이 하시는 것도 중요하지만 마지막으로 여러분께 한 가지만 말씀드리고 마칠까 합니다. 인생에서 가장 중요한 것 중의 하나는 돈, 명예, 권력을 추구하는 것도 좋지만 이것을 잃으면 모두 다 잃는 것입니다. 무엇이겠습니까?' 예. 건강입니다, 앞으로 건강관리 잘 하시기 바랍니다. 이상 마치겠습니다.

또 다른 예는 다음과 같이 할 수도 있다.

'지금까지 적극적으로 경청해 주셔서 감사드립니다. 이상 마치겠습니다.'

강사과정에서 끝맺음을 할 때의 사례는 다음과 같이 하는 경우가 좋다.

"저는 '오늘'이란 말을 좋아합니다. 오늘이란 단어에는 어떤 의미가 있을까요? 오늘이란 어제 죽은 사람들이 그토록 바라던 내일이 바로 오늘입니다. 만약 여러분들이 내일 죽는다고 생각하고 오늘을 산다면 옆에 있는 사람이 나쁜 사람 한 사람도 없고, 떨어지는 먼지도 새롭게 보이고, 이슬 한 방울도 아주 영롱하고 찬란하게 보일 겁니다. 오늘이란 이만큼 소중합니다. 하루하루를 충실히 살아가시기 바랍니다. 감사합니다."

"우리가 학교 다닐 때 한 번쯤은 네 잎 클로버를 찾아본 경험이 있을 것이다. 네 잎 클로버의 꽃말이 무엇인지 알고 있습니까? 행운입니다. 그런데 세 잎 클로버의 꽃말은 무엇인지 아십니까? 행복입니다. 대부분의 사람들은 행운을 찾고자 하는데, 저는 행운보다 더 소중한 것이 행복이라고 봅니다. 그런데 행복을 옆에 두고서 행운을 좇는 어리석음을 범하는 경우가 많습니다. 지금 여러분 곁에는 행복이 있습니다. 그 행복을 잘 지켜 나가는 것이 더 중요할지도 모릅니다. 오늘 여기서 행복해야 내일 거기서도 행복할 수 있습니다. 모두 다 행복하시기 바랍니다. 감사합니다."

"아주 옛날에 소와 사자가 살고 있었다. 둘은 너무 사랑하여 엄마 아빠의 반대에도 무릅쓰고 결혼하였다. 너무 사랑하기 때문에 둘은 최선을 다해서 서로를 섬겼다. 소는 소 나름대로 최선을 다하여 자기가 먹어본 음식 중 가장 싱싱한 풀과 야채 등을 육식동물인 사자에게 매일 갖다 주었다. 사자도 사자 나름대로 최선을 다하여 자기가 먹어본 음식 중 가장 싱싱한 육회 고기 등을 채식동물인 소에게 매일 갖다 주었다. 처음엔 조금씩 먹었는데 둘이 이렇게 계속 최선을 다해서 결국 소와 사자는 엄마 아빠의 반대에도 불구하고 결혼했지만 헤어졌다는 것이다. 소 같은 최선, 사자 같은 최선의 경우 최선이 오히려 독이 될 수 있다. 우리도 그렇지 않은가? 나는 당신에게 최선을 다 해주는데 당신은 왜 나에게 그러냐? 나도 당신에게 최선을 다 해주는데 당신은 왜 나에게 그러냐? 우리가 최선을 다 한다고 할 때 특히 인간관계에 있어서는 상대방 입장에서 상대방이 원하는 것에 대하여 최선을 다해야 한다. 나만을 위한 최선이 될 때 그 최선이 오히려 독이 될 수 있다."

3) 교안 작성법

여기에서는 교안 작성방법에 대해서 알아본다. 교안이란 강사가 학습자를 지도하는 교수활동의 기반이 되는 학습지도안으로서 교수활동의 단계 및 내용을 자세히 기록하여 놓은 것이다. 이러한 교안을 작성하면 좋은 이유는 첫째, 교육목표에 맞는 강의가 될 수 있다. 둘째, 강의에 일관성을 유지할 수 있다. 셋째, 시간관리를 잘 할 수 있다. 넷째, 자신감을 가질 수 있다. 다섯째, 작성 중 자신도 배울 수 있다. 여섯째, 강의를 개선하는 것이 가능하다.

교안 작성 시 주의할 점으로 첫째, 구체성이다. 교안은 구체적으로 작성되어야 한다. 둘째, 정확성이다. 교안은 명확하게 볼 수 있도록 깨끗해야 한다. 셋째, 실용성이다. 교안은 교수활동에 실질적으로 사용될 수 있도록 작성되어야 한다. 넷째, 평이성이다. 교안은 쉽게 작성되어야 한다. 다섯째, 논리성이다. 교안은 논리적이고 체계적으로 작성되어야 한다. 이러한 교안의 구성은 도입, 전개, 종결의 3단계로 구성된다.

도입 단계에서는 주로

- 주의집중 단계 : 주어진 문제에 대한 주의를 집중시키는 단계
- 동기부여 단계 : 문제를 해결하고 배워야겠다는 학습동기를 일으키는 단계
- 학습개요 단계 : 수업의 전개방향을 제시해 주는 단계
- 타 과목 또는 과정과의 관련성을 주는 단계가 포함되면 강의의 약 10%를 차지한다.

전개 단계는 약 80%, 종결 단계는 약10%로

- 요약 : 전개 단계에서 설명된 많은 내용 중 특히 강조할 만한 내용만 간추려서 강조한다.
- 재동기부여 : 학습한 내용이 과연 중요한 것이고 필요한 것이었다는 점을 깨닫게 하여 기억을 돕고 다음 과목과의 연관성을 이해하게 한다.
- 종결 : 감사, 참고서적 소개, 개인적 이야기 등을 한다.

교안 작성에 대한 평가방법으로는

1. 구체성 : 교안이 구체적으로 작성되어 있는가?
2. 명확성 : 교안은 명확하게 볼 수 있도록 깨끗하게 작성되어 있는가?
3. 실용성 : 교안은 교수활동에 실질적으로 사용될 수 있도록 작성되어 있는가?
4. 평이성 : 교안은 쉽게 작성되어 있는가?
5. 논리성 : 교안은 논리적이고 체계적으로 작성되어 있는가?
   즉, 도입, 전개, 종결의 3단계로 구성되어 있는가?
6. 도입단계에 대한 평가
   - 주의집중 단계 : 주어진 문제에 대한 주의를 집중시키는 단계가 있는가?
   - 동기부여 단계 : 문제를 해결하고 배워야겠다는 학습동기를 일으키는 단계가 있는가?
   - 학습개요 단계 : 수업의 전개방향을 제시해 주는 단계가 있는가?

타 과목 또는 과정과의 관련성을 주는 단계가 있는가?

7. 전개 단계에 대한 평가
   - 설명(해설), 시범(중요한 내용을 강조), 실습(시행), 감독(관찰), 평가(효과적인가의 여부)를 반복적으로 행하고 있는가?

8. 종결 단계에 대한 평가
   - 요약 : 전개 단계에서 설명된 많은 내용 중 특히 강조할 만한 내용만 간추려 강조하고 있는가?
   - 재동기부여 : 학습한 내용이 과연 중요한 것이고 필요한 것이었다는 점을 깨닫게 하여 기억을 돕고 다음 과목과의 연관성을 이해시키고 있는가?
   - 종결 : 감사, 참고서적 소개, 개인적 이야기 등이 있는가?

9. 교육목표를 달성하는 수단(내용의 구성이나 교수방법)을 썼는가?
10. 도입은 교육생의 관심과 흥미를 끌 만한가?
11. 전개에서 무엇을 특히 문제로 삼고 어떻게 의견을 끌어내고 파고드는지 등이 명확히 되어 있는가?
12. 학습자의 의견을 끌어내고 파고들기 위한 질문은 간결히 표현되어 있는가?
13. 또 그러한 기법은 적절한가?
14. 정리는 도달목표를 나타내는 것인가?

4) 교안의 종류

(1) **백지식 교안** : 문제 해법식에 적합하다.

교육내용(강사의 활동, 강의내용)

① 문제와 조건을 구비해 주고 질문과 답변을 학습자들 자신이 하게 하고 강사는 질문에 응하기만 하면 된다.

② 구체적인 문제 진술과 사실 제기의 방법이 고도화되어야 하며 학습자의 자질이 상당한 수준에 도달하지 않으면 안 된다.

③ 사고내용, 조직력이 활발해지고 참여의식과 창의성이 개발된다.

(2) **이난식 교안** : 강의식 교안에 적합하다.

교육내용(교수활동)	보조자료 사용계획(유의점)

① 학습 정도가 이해를 목적으로 하고 짧은 시간에 많은 내용을 전달하는 경우에 적합하다.

② 기능, 태도, 감상 등의 내용에 대한 주제에는 적합지 않다.

(3) **삼난식 교안** : 유도식 교안에 적합하다.

학습성과	교육내용(교수활동)	보조자료 사용계획(유의점)

① 예상 결론이 있고 문제의 해결을 학습자가 하고 질문은 강사가 하는 방법으로 학습 진행을 하는 방법에 적합하다.

② 각 질문에 대해 예상되는 답변을 사전에 예측하고 그에 대한 질문으로 학습효과를 거두기 위한 방향으로 유도하여야 한다. 따라서 철저한 학습준비가 필요하다.

③ 노력에 대한 성과가 적을 수 있으므로 경험 있는 강사가 주도하여야 한다.

(4) **다난식 교안** : 시범 실습식에 적합하다.

항목	시간	방법	교육내용(교수활동)	학습자의 활동	비고

전개 단계에서 필히

① 설명 단계 : 해설

② 시범 단계 : 중요한 내용을 강조

③ 실습 단계 : 실행

④ 감독 단계 : 관찰

⑤ 평가 단계 : 효과적인가의 여부를 반복적으로 행하여야 한다.

5. 평가설계

평가설계 시 첫째, 평가의 목적을 분명히 한다. 교육 프로그램의 평가목적을 구체적이고 정확하게 기록하고 평가목적에 맞추어 평가하고자 하는 내용과 그 하위 요소를 간략하게 서술한다. 평가내용과 하위 요소의 진술에는 평가내용의 범위를 밝히고 범위 선정의 적절성과 타당성을 기술하는 것이 바람직하다. 둘째, 평가대상을 결정한다. 평가대상은 전집(population)조사가 가장 이상적이지만, 평가대상을 표집(sampling)할 경우에는 평가대상자의 수와 표집방법을 확정하여야 한다. 평가대상자의 수를 명시하는 것은 평가를 위한 자료수집에 필요한 평가도구, 비품의 소모량, 예산, 시설 등과 관련된 기본 통계자료를 추산하기 위하여 필요하다. 셋째, 평가추진 일정이다. 프로그램 평가의 전체 추진 일정에 대한 계획은 단계적으로 정확하게 명시하여야 할 뿐만 아니라 업무담당 책임자, 협조부서, 협조내용 등도 간단하게 기술하여야 한다. 특히 평가실시 일자, 요일, 시간 등을 명시하고 실제 평가에 소요되는 시간도 추정하여 기술하여야 한다. 넷째, 평가설계이다. 평가설계는 평가를 위한 자료의 수집, 분석, 비교할 수 있는 가장 적절한 절차를 선정하고 그 이유를 간단하게 기술한다. 구체적으로는 실험집단과 통제집단 구성, 평가 횟수, 실시 시기, 평가결과의 비교기준 등을 기술한다. 다섯째, 평가도구 제작이다. 자료수집을 위한 평가도구를 표준화된 검사를 사용할 것인가, 새로 제작하여 사용할 것인가 등을 결정한다. 표준화된 검사도구나 기존 도구를 사용할 경우에는 제작년도, 신뢰도, 타당도, 규준 등에 관한 정보를 기술하고 부분적으로 수정・보완하여 사용하는 경우에는 어떤 부분을 무슨 이유로 어떻게 수정할 것인가도 명시한다. 새로 제작하는 경우에는 제작절차를 구체적으로 명시한다.

평가설계 시 평가결과의 활용에 대한 부분도 고려한다. 교육 프로그램 평가는 의사결정에 필요한 정보를 제공하기 위한 활동이기 때문에 평가결과도 평가실시 목적이 실현될 수 있도록 사용되어야 한다. 적절한 평가방법과 도구를 사용하여 자료를 수집하고 치밀하게 분석하여 평가보고서가 잘 구성되었더라도 평가결과가 적절하게 활용되지 않는다면, 시간, 예산, 노력의 낭비에 불과할 것이다. 교육 프로그램 평가결과는 다양한 영역에서 활용가능하다. 평가설계와 관련된 구체적인 내용은 마지막 6단계 평가에서 자세하게 다룬다.

이해촉진 테스트(Concept Clarification Test: CCT)

1. CCT 개요

CCT라는 것은 테스트의 명칭이 붙어 있지만 오히려 테스트 방식을 이용한 연수기법의 일종으로 이해촉진을 위한 보조기법으로 활용되고 있다. 연수기법에는 강의를 중심으로 한 것과 체험학습을 중심으로 한 것으로 대별할 수 있는데 이 CCT는 새로운 스타일의 체험학습방식의 하나라 할 수 있다. 즉, CCT는 말 그대로 개념명료화 시험 또는 이해촉진 테스트로써 활용할 수 있다.

2. 활용목적

(1) 집단회의에 의해 학습내용의 이해를 촉진시킨다(집단역학의 응용).

(2) 이해하는 데 애매한 점이나 불명료한 개념을 명확화 한다.

(3) 이해하기 불투명한 점을 발견한다.

(4) 팀 활동의 기본이나 집단토의의 효율을 인식시킨다.

(5) 컨센서스(일치)의 중요성을 인식시킨다.

(6) Feed-Back기법을 활용하기 위한 장을 만든다.

3. 진행방법의 순서

(1) 과정이 끝난 후에 대체로 실시한다.

(2) 개인별로 시험을 한 번 친다.

(3) 개인별로 시험을 친 후 조별로 똑같은 시험문제를 다시 한 번 친다(이때 조별 정답을 맞추는 과정에서의 유의점을 설명해 준다. 즉, 다수결에 의해서 하지 말고 전원이 참가하여 정답을 맞춘다. 둘째 잘하는 사람 한 사람이 일방적으로 정답을 맞추어서 오지 말고 서로 왜 그 정답이 맞고 틀리는지를 잘 토론한 다음에 전원합의에 의해 정답을 맞춘다. 이때에는 노트나 책을 가지고 시험을 보도록 한다).

(4) 정답 제시

(5) 그룹효율의 분석과 비교

(6) 오답항목의 추가강의 및 해설

4. CCT의 실 例

조 명	개인최고	개인최저	개인평균	팀 점수	팀 효율
1 조	17	14	15.3	17	36
2 조	18	16	16.75	19	69
3 조	17	13	15.2	17	37
4 조	18	17	17.3	17	-11

◎ $팀효율 = \frac{팀\ 점수 - 개인\ 평균}{총점 - 개인\ 평균} \times 100$

5. CCT 실시결과표

항목 / 그룹	그룹토의 이전			그룹토의 결과				
	최고 점수	최저 점수	평균 점수	팀의 점수	그룹 효과	Resource 활용	팀효율	그룹점수보다 높은 점수를 받은 사람 수
1조	22	14	17.5	21	+3.5	+1	46.6%	5
2조	18	16	17	16	-1	-2	-12.5%	2
3조	20	17	18	21	+3	-1	42.8%	2

- 그룹효과 : 팀의 점수－평균점수
- Resource : 인간의 능력자원
  즉, 그 사람의 지식, 경험, 견해, 판단력 등의 능력을 의미한다.
- Resource 활용의 의미 : 그룹토의 이전에 최고점수를 받은 사람의 능력을 팀 점수를 내는 데 어느 정도 활용했는가를 나타내는 것

◎ $팀효율 = \frac{팀\ 점수 - 개인\ 평균}{총점 - 개인\ 평균} \times 100$

예를 들어 만점이 25점일 경우 1조는 만점－평균점수(25－17.5＝75.)분의 팀의 점수－평균점수(21－17.5＝3.5). 그러므로 팀 효율은 46.6%이다.

CCT 문제

팀명 : 소속 : 성명 :

아래 문항을 읽고 적당한 답을 고르시오.

1. 교육을 한다고 할 때 기본적인 과정이 있다. 교육의 과정을 크게 4단계로 구분할 수 있는데 그 단계가 맞게 구성된 것은? ( )

① 교육목표→ 교육과정→ 교수학습과정→ 교육평가
② 교육목표→ 교수학습과정→ 교육과정→ 교육평가
③ 교수학습과정→ 교육과정→ 교육목표→ 교육평가
④ 교육과정→ 교수학습과정→ 교육목표→ 교육평가

2. 교육평가를 설명한 것 중 틀린 것은? ( )

① 1단계 평가는 반응평가로 교육실시 후 설문지로 하는 평가이다.
② 2단계 평가는 학습평가로 교육실시 후 시험으로 하는 평가이다.
③ 3단계 평가는 행동평가로 교육실시 후 3~6개월 후에 하는 평가이다.
④ 4단계 평가는 투자회수율 평가로 교육효과를 검증하는 평가이다.

3. 교육 훈련 개발 학습을 설명한 것으로 잘못된 것은? ( )

① 훈련은 현재의 직무와 관련된 학습으로 당장의 효과를 보고자 할 때 사용한다.
② 교육은 인간행동의 계획적인 변화이다.
③ 개발자는 조직 및 개인 성장을 위한 학습으로 효과가 가장 늦게 나타날 때 사용한다.
④ 학습은 성숙에 의해서 일어나는 일시적 지식, 기능, 태도의 변화이다.

4. 성인학습의 원리로 잘못된 것은? ( )

① 성인학습자는 다양하고 풍부한 경험을 가지고 있다.
② 성인학습자는 자신의 책임 하에 자신을 스스로 통제한다.
③ 성인학습자는 외적 자극에 의해서 동기가 더 잘 유발된다.
④ 학습은 성숙에 의해서 일어나는 일시적 지식, 기능, 태도의 변화이다.

5. Pedagogy와 Andragogy의 차이를 설명한 것으로 틀린 설명은? ( )

① 페다고지는 어린이를 가르치는 것이고 안드라고지는 성인학습자를 돕는 것이다.
② 페다고지의 학습풍토는 신뢰, 상호존중, 지원적이며 안드라고지는 긴장, 경쟁, 권위지향적이다.
③ 페다고지는 외적인 보상과 벌을 안드라고지는 내적인 인센티브나 호기심에 의해 더 자극받는다.
④ 페다고지는 Teacher 역할이 강하고 안드라고지는 Facilitator의 역할이 강하다.

6. 학습 성과의 법칙으로 잘못 설명된 것은? ( )

① 연습의 법칙은 한 번 연습하는 것보다 두 번 세 번 연습할 때 학습의 효과가 더 나타난다는 것이다.
② 준비성의 법칙은 강사가 강의를 잘 준비해야 학습의 효과가 잘 나타난다는 것이다.
③ 직접경험의 법칙은 학습자가 직접 체험하고 경험해 볼 때 학습효과가 더 나타난다는 것이다.
④ 자발성의 법칙은 본인이 하고 싶어서 공부할 때 효과가 더 크게 나타난다는 것이다.

7. 체제적인 수업설계 방법 중 가장 해야 할 것이 필요점 조사이다. 필요점 조사에서 해야 할 내용이 아닌 것은? ( )

① 교육목적 분석
② 학습대상자 분석
③ 학습장소 분석
④ 학습평가 분석

8. 학습목표를 진술할 때 Mager가 제시한 수업목표의 진술방법이 아닌 것은? ( )

① 수업과정에서 의도하고 있는 행동적 용어
② 행동을 수행하게 될 조건
③ 학습결과로 받아들일 수 있는 도달기준
④ 학습결과의 내용

9. Gagné가 제시한 강의 실행 방법의 단계를 설명한 것으로 맞는 것은? ( )

① 수업할 때 가장 먼저 해야 하는 것이 학습목표 제시이다.
② 수업할 때 가장 먼저 해야 하는 것이 주의집중이다.
③ 수업할 때 가장 먼저 해야 하는 것이 선수학습 회상자극이다.
④ 수업할 때 가장 먼저 해야 하는 것이 학습지침을 제공하는 것이다.

10. 교수-학습 상황에서 학습동시를 유발하고 유지시키기 위한 동기 설계 전략들을 제공하고자 하는 Keller의 ARCS이론의 요소로 옳지 않은 것은? ( )

① Attention - 주의
② Certainty - 확신
③ Relevance - 관련성
④ Satisfaction - 만족감

11. 교육평가의 궁극적 목적은 교육목표 달성 여부의 확인이다. ( )

12. 교육 준비 시 가장 먼저 해여 하는 것이 3P 분석이다. ( )

13. 체제적 수업설계의 마지막 단계는 교육평가 후 강의 수정하는 단계이다. ( )

14. Gagné에 의하면 교안을 작성할 때 제일 첫 단계는 주의집중 단계이고 제일 마지막 단계는 기억 및 전이 촉진이다. ( )

15. 강의 시 시선 처리는 강의 처음 할 때부터 골고루 맞추어야 한다. ( )

16. 질문을 할 때 처음에는 전체 질문 후 지명 질문을 하는 것이 바람직하다. ( )

17. 상의 시 전개를 해 나갈 때 매 15분마다 폭탄이 들어가는 것이 바람직하다. ( )

18. 강의 시 시간관리 방법으로 제시간에 시작하여 제 시간에 끝내는 것이 가장 바람직한 자세이다. ( )

19. 강의 시 강단연출은 한 곳에서만 강의하는 것이 아니라 강단을 넓게 활용하는 것이 바람직하다. ( )

20. 강의를 잘 하기 위해서는 철저한 준비를 해야 한다. ( )

6. 동기설계

동기설계는 수업을 얼마나 매력적으로 할 것인가?를 설계하는 것이다. 이 부분은 가네가 제시한 수업의 9단계에서도 언급이 되었다. 여기서는 켈러가 제시한 ARCS 모델을 중심으로 살펴본다. 프로그램 개발을 할 때 간과해서는 안 되는 부분이 학습자들의 동기유발요소이다. 학습자들은 동기유발이 될 때 수업목표를 효과적으로 달성할 수 있다. 프로그램 개발에서 가장 중요한 부분이 미시적인 수업설계이다. 이 미시적 수업설계에서 핵심적인 부분이 바로 동기설계이다. 켈러에 의하면 동기는 학습자의 학습과정을 이해하는 핵심적인 부분이라고 말한다. 켈러의 이론은 개인적인 특성과 환경이 노력과 수행과 결과에 미치는 영향을 설명해 주고 있다. 개인적인 특성은 우리가 통제할 수 있는 부분이 아니고 환경적인 특성은 교수설계자가 통제가능한 요인이다. 환경적인 특성이 바로 주의집중(Attention), 관련성(Relevance), 자신감(Confidence), 만족감(Satisfaction)이다.

첫째, 주의를 집중시키기 위한 전략으로 ① 지각적 주의환기 전략, ② 탐구적 주의환기 전략, ③ 다양성의 전략이 있다. 지각적 주의환기란 예를 들면 시청각 효과를 활용하는 것이다. 각종 애니메이션이나 그림, 소리, 일상적이지 않은 다양한 내용, 사건, 믿기 어려운 통계 등을 통하여 학습자들의 주의를 끄는 방법들을 강구한다는 의미이다. 탐구적 주의환기란 주의를 끌어서 그 내용의 변화를 주는 것으로 한 그림을 보여주면서 그림이 의미하는 바를 탐구하도록 유도한다는 의미이다. 다양성 전략이란 간결하고 다양한 교수형태의 사용을 의미한다.

둘째, 관련성이다. 관련성 전략으로 ① 친밀성 전략, ② 목적지향성 전략, ③ 필요나 동기와의 부합성 강조전략이 있다. 관련성이란 한 마디로 수업목표와 관련 있는 내용, 학습자의 특성과 관련 있는 내용으로 수업이 전개되면 동기유발이 더 잘 된다는 의미이다. 예를 들면 관련성 있는 수업의 경우 자격증 받는 교육, 학점과 관련 있는 교육, 내가 직접 수강료를 지불하면서 받는 부동산 강좌 등은 학습자와 관련 있는 교육이다. 반면 수강하기 싫은데 억지로 끌려와서 수업받을 경우 학습자와 관련이 없기 때문에 동기유발이 잘 안 된다. 이럴 경우 수업설계자는 가능한 학습자에게 수업내용이 관련 있다는 것을 끊임없이 강조하는 것이 중요한 전략이다.

셋째, 자신감을 위한 전략이다. 자신감 전략으로 ① 학습의 필요조건 제시 전략, ② 성공의 기회 제시 전략, ③ 개인적 조절감 증대의 전략이 있다. 자신감을 위한 전략은 수업 중 학습자 스스로 자신감을 가질 수 있도록 수업을 전개하는 것이다. 자신감을 갖도록 하기 위해 쉬운 것부터 가르치는 전략을 수립한다든지 시험이나 평가기준을 명확히 제시하여 스스로 자신감을 갖고 성취할 수 있도록 해 준다든지, 적정 수준의 난이도로 자신감을 회복할 수 있게 한다든지 하는 전략을 수립하는 것을 말한다. 즉, 스스로 어느 정도의 노력으로 수업목표를 달성할 수 있도록 수업을 전개하는 것이 필요하다.

넷째, 만족감을 위한 전략이다. 만족감 전략으로 ① 자연적 결과 강조 전략, ② 긍정적 결과 강조 전략, ③ 공정성 강조 전략이 있다. 만족감 전략은 학습자 스스로 수업에 대하여 만족할 수 있도록 동기유발 전략을 수립하는 것이다. 예를 들면 토의내용, 과제내용, 시험문제 내용 등이 수업에서 다루었던 내용을 토대로 전개되어야 하며 학습자에게 보상을 통한 만족감을 가질 수 있는 동기유발 전략이 있어야 한다는 것이다.

이상과 같은 내용을 좀 더 구체적으로 제시하면 〈표 12-11〉과 같다.

표 12-11 켈러(Keller)의 ARCS 모델(처방적 동기유발 전략)

1. 주의환기 및 집중을 위한 전략 (Attention) 호기심과 관심을 유발	1-1. 지각적 주의환기 전략	1-1-1. 시청각 효과의 사용 1-1-2. 비일상적인 내용이나 사건 제시 1-1-3. 주의 분산의 자극 지양
	1-2. 탐구적 주의 환기 전략	1-2-1. 능동적 반응 유도 1-2-2. 문제해결 활동의 구상 정리 1-2-3. 신비감의 제공
	1-3. 다양성의 전략	1-3-1. 간결하고 다양한 교수형태 사용 1-3-2. 일방적 교수와 상호작용적 교수의 혼합 1-3-3. 교수자료의 변화 추구 1-3-4. 목표, 내용, 방법이 기능적 통합
2. 관련성 증진을 위한 전략 (Relevance) 교수를 주요한 필요한 가치에 관련	2-1. 친밀성 전략	2-1-1. 친밀한 인물 혹은 사건 활용 2-1-2. 구체적이고 친숙한 그림 활용 2-1-3. 친밀한 예문 및 배경지식 활용
	2-2. 목적지향성 전략	2-2-1. 실용성에 중점을 둔 목표 제시 2-2-2. 목적지향적인 학습형태 활용 2-2-3. 목적의 선택가능성 부여
	2-3. 필요나 동기와의 부합성 강조 전략	2-3-1. 다양한 수준의 목적 제시 2-3-2. 학업성취 여부의 기록체제 활용 2-3-3. 비경쟁적 학습상황의 선택가능 2-3-4. 협동적 상호 학습 상황 제시
3. 자신감 수립을 위한 전략 (Confidence) 성공에 대한 자신감과 긍정적 기대를 갖게 함	3-1. 학습의 필요 조건 제시의 전략	3-1-1. 수업의 목표와 구조의 제시 3-1-2. 평가기준 및 피드백 제시 3-1-3. 선수학습능력의 판단 3-1-4. 시험의 조건 확인
	3-2. 성공의 기회 제시 전략	3-2-1. 쉬운 것에서 어려운 것으로 제시 3-2-2. 적정 수준의 난이도 유지 3-2-3. 다양한 수준의 시작점 제공 3-2-4. 무작위의 다양한 사건 제시 3-2-5. 다양한 수준의 난이도 제공
	3-3. 개인적 조절감 증대의 전략	3-3-1. 학습의 끝을 조절할 수 있는 기회 제공 3-3-2. 학습속도의 조절가능 3-3-3. 원하는 부분에로의 재빠른 회귀가능 3-3-4. 선택가능하고 다양한 과제의 난이도 제공 3-3-5. 노력이나 능력에 성공 귀착

4. 만족감 증대를 위한 전략 (Satisfaction) 강화를 관리하고 자기 통제가 가능하게 함	4-1. 자연적 결과 강조 전략	4-1-1. 연습 문제를 통한 적용기회 제공 4-1-2. 후속 학습을 통한 적용기회 제공 4-1-3. 모의 상황을 통한 적용기회 제공
	4-2. 긍정적 결과 강조 전략	4-2-1. 적절한 강화 계획의 활용 4-2-2. 의미있는 강화의 강조 4-2-3. 정답을 위한 보상 강조 4-2-4. 외적 보상의 사려깊은 사용 4-2-5. 선택적 보상체제 활용
	4-3. 공정성 강조 전략	4-3-1. 수업목표와 내용의 일관성 유지 4-3-2. 연습과 시험내용의 일치

변연계(2011). 교수・학습이론의 이해. 서울: 학지사. pp.295-296.

Chapter

13

개발(Development)단계

개 요

이 장에서는 평생교육 프로그램 개발방법 중 개발단계를 소개한다. 개발단계에서는 분석하고 설계한 내용을 실제 개발한다. 개발을 통해서 나와야 할 결과물은 프로그램 일정표, 각각의 모듈 안에 들어가야 할 구체적인 내용, 교재, 교안, 설문지, 시험문제, 동영상, 사례 등이다. 이 장에서는 이러한 구체적인 결과물을 만드는 방법에 대하여 소개한다.

학습목표

1. 교육과정개발 계획서 양식을 작성할 수 있다.

개발 단계에서는 분석하고 설계한 내용을 실제 개발한다. 개발을 통해서 나와야 할 결과물은 프로그램 일정표, 각각의 모듈 안에 들어가야 할 구체적인 내용, 교재, 교안, 설문지, 시험문제, 동영상, 사례 등이다. 결과물들이 나오기 전에 반드시 시범실시(pilot test)를 한다. 그 결과 수정할 내용은 수정하여 최종 결과물을 만든다. ADDIE모형에서 개발단계는 실제 개발해야 하는 단계이기 때문에 ADIE모형으로 부르기도 한다.

개발할 때에는 교수설계에서 검토한 학습목표, 내용 선정 및 배열, 교수방법, 교육매체의 각 항목을 정리하여 교육과정 개발 계획서를 아래 〈표 13-1〉과 같이 작성한다.

표 13-1 교육과정 개발 계획서 양식

모듈 구분	학습목표	학습내용	시간	교수방법	교육매체	강사

① 모듈 구분 : 요구분석과 직무과제 분석에서 도출된 학습내용을 적정한 모듈 단위로 구분한다.

② 학습목표 : 모듈 단위의 주제를 학습목표 설정방법 중 ABCD의 방식에 따라 행위동사를 사용하여 학습목표를 기술한다.

③ 학습내용 : 각 모듈에서 요구되는 학습내용을 구체화하여 계열화한다.

④ 학습시간 : 학습에 요구되는 시간을 기술한다.

⑤ 교수방법 : 모듈 또는 학습내용에 따라 교수방법을 선정하여 기술한다.

⑥ 교육매체 : 학습내용에 따라 적절하게 사용될 수 있는 교육매체를 선정 · 기술한다.

⑦ 강사 : 내용을 담당할 강사를 사외 강사와 사내 강사로 구분하여 기술한다.

개발단계에서는 각각의 상황에 따라 교육과정 개발 계획서 양식이 많이 달라질 수 있다. 하나의 사례를 제시하면 아래 〈표 13-2〉와 같다.

표 13-2 교육과정 개발 계획서 사례

<table>
<tr><th colspan="2">내 용</th><th>과정구분</th></tr>
<tr><td colspan="2">모 듈 명</td><td>ICE Breaking 및 Team Building</td></tr>
<tr><td colspan="2">과제영역</td><td>• 인지적 영역(지식과 적용)
• 정의적 영역(가치화, 조직화, 인격화)</td></tr>
<tr><td colspan="2">학습전략</td><td>• 학습과제영역이 정의적 영역에 해당되는 부분이 많으므로 학습자 상호 간의 친밀감을 형성하도록 노력한다.</td></tr>
<tr><td colspan="2">과정목표</td><td>• 강사를 소개한다.
• 공군 ACE 교육프로그램에 대하여 안내한다.
• 5일 교육과정에 대하여 설명한다.
• 학습자들 상호 자기소개 한다.
• 팀을 구성하여 팀 만들기를 수행한다.</td></tr>
<tr><td>교육 내용 및 시간</td><td>Ice Breaking 및 팀 빌딩 (2H)</td><td>• 강사 소개(5′)
• 과정 소개(공군 ACE)(5′)
• 주인님 모시기(5′)
• 팀 빌딩 1(10′)
– 그림 그리기 1, 2, 3
• 학습자 소개(25′)
– 피플 빙고 게임
• 팀 빌딩 2(50′)
– 모형 전투기 구입
– 전투기 만들기(신문 활용)
도전, 헌신, 전문성, 팀워크(신문, 풀, 가위, 잡지책 등)</td></tr>
<tr><td colspan="2">운영포인트</td><td>• 모형 전투기를 종류별로 구입하여 4대 핵심가치와 관련하여 1가지씩 선택
• 선택한 모형에 대하여 신문지를 활용하여 전투기를 실제로 만듦
• 초 · 중 · 고급별로 방식을 다르게 함</td></tr>
<tr><td colspan="2">성과물</td><td>• 팀 빌딩 그림
• 팀 빌딩 전투기</td></tr>
</table>

Chapter

14

실행(Implementation)단계

개 요

이 장에서는 평생교육 프로그램 개발방법 중 실행단계를 소개한다. 실행단계의 경우 개발된 내용을 실제 프로그램을 운영한다.

학습목표

1. 교육운영 체크리스트를 작성할 수 있다.
2. 교육과정 결과 정리 체크리스트를 작성할 수 있다.

실행단계의 경우 개발된 내용을 실제 프로그램을 운영하는 단계이다. 여기서 말하는 실행이란 실제 교육과정을 운영하는 방법에 초점을 맞춘다. 교육운영을 위하여 확인할 사항은 〈표 14-1〉과 같다.

표 14-1 교육운영 계획 체크리스트

항목	체크사항	확인
목적분석	1. 교육목적 : 단합, 성과, 결과물 추출, 교육, 팀워크 등	
환경분석	1. 강의장소 섭외 확인 2. 강의장소 관련 담당자 확인 3. 강의장소 약도 및 주소(소요시간) 4. 강의장 주변환경 확인 : 족구장, 축구장, 기타 위락시설 5. 강의장 내 환경 : 강의장 배치 형태 확인, 마이크, 빔프로젝트 인터넷, 진행실 여부 등	
대상자분석	1. 전체 참여인원 2. 남녀 구성비 3. 직급 형태(직급 형태, 학력, 경력, 연령 등) 4. 분임조 형태	
강사확인	1. 강사 사전 섭외 확인(강사 약력, 전문성 여부, 강의의뢰서 등) 2. 강사료 확인(교실운영방법, 매체 활용 여부, 숙박 유무) 3. 강사의 교재(교재 사전에 받아서 검토 확인)	
교육내용	1. 교육일정표(강의장 외, 강의장 내, 교재 내) 2. 교재 3. 교육보조자료 4. 교육평가자료(시험문제, 설문지, 분임토의 채점표 등) 5. 교육결과 준비(사진, 동영상 촬영 등)	
예산관련	1. 숙박비, 식비, 강의장 사용료 2. 강사료, 과정진행비, 3. 각종 문구비 4. 차량임차료 5. 교재비 6. 기타 : 보험료, 플래카드, 다과비, 간담회비 등	
기타 준비물	1. 문구류 : 볼펜, 전지, 컬러펜, 청테이프, 칼, A4용지 등 2. 교육매체 : 빔프로젝트, 노트북, VTR 등 3. 진행관련 : 명찰, 명패, 교육일정표, 교재, 출석부 등 4. 간식 : 커피, 음료수, 간식, 의약품	

교육과정 운영 후 과정운영에 대한 결과를 통해 개선점을 찾을 수 있도록 한다. 교육과정 평가결과 보고서에는 다음의 항목들이 포함되어야 한다. 과정 운영의 요약, 학습 평가 결과(사전과 사후를 비교하였다면 비교자료 포함), 과정 만족도 설문 결과의 요약, 과정의 개선방안, 과정 참가자 명단, 교육비 정산내역, 과정운영관련 사진 및 동영상 등을 중심으로 전체결과보고서를 작성한다. 교육과정 결과 체크리스트는 〈표 14-2〉와 같다.

표 14-2 교육과정 결과 정리 체크리스트

항 목	체크사항	비고
결과 보고	1. 수료자 명단 취합 2. 설문 취합 3. 설문 결과 분석 4. 학습평가 채점 5. 성적 집계 6. 설문결과 보고서 작성 −문제점 및 개선 사항 7. 종합결과보고서 작성 8. 사진 및 동영상 파일 정리	
행정업무	1. 강사 DB 정리 2. 강사료 산정 3. 경비 정산(영수증 등)	
과정 리뷰	1. 과정 리뷰 2. 개선점 파악	

Chapter

15

평가(Evaluation)단계

개 요

이 장에서는 평생교육 프로그램 개발방법 중 평가단계를 소개한다.

학습목표

1. 교육훈련 프로그램의 평가의 모형을 학자들에 따라 설명할 수 있다.
2. 교육평가의 여러 형태 중 교육이 이루어지는 시기별로 진단평가 · 형성평가 · 총괄평가를 비교하여 설명할 수 있다.
3. 산업교육현장에서 많이 사용하는 교육훈련 프로그램 평가모형 중 Kirkpatrick의 4단계 평가모형을 설명할 수 있다.
4. 교육만족도 평가(반응평가) 작성요령을 설명할 수 있다.

평가란 Webster 대사전(1966)에 의하면 ① 대상의 금전적 가치를 추정하거나 확인하는 일, ② 대상의 가치(worth), 질(quality), 중요성(significance), 금액(amount), 정도(degree), 또는 조건(condition)에 관하여 조사하고 판단하는 일을 말한다. 유사어로서 감정하기(appraise), 평정하기(rate), 가치부여하기(value) 등이 있다. 평가는 평가대상의 가치 또는 장점을 결정하는 일로서 어떤 주어진 준거에 관하여 평가대상의 가치, 질, 유용성, 효과성, 또는 중요성을 결정하기 위하여 비교 가능한 준거의 확인, 명료화, 그리고 적용하는 일이다. 평가와 유사한 개념으로 측정(measurement)이 있다. 측정은 어떤 현상, 속성, 혹은 특성을 관찰하여, 이들 관찰내용들을 일정한 법칙에 따라서 숫자로 기술해 내는 활동체제이다. 측정은 측정결과에 대한 가치 판단이 포함되지 않는다. 프로그램 개발과 관련하여 보면 프로그램의 가치나 장점을 기술 및 판단하는 측면과 프로그램의 효과 및 영향을 확인하는 측면, 프로그램에 관한 의사결정에 기여하는 측면이 있다.

1. 교육 · 훈련 프로그램 평가의 기능

교육 · 훈련 프로그램 평가의 기능에는 첫째, 학습목표의 달성도를 확인하고 학습부진을 처방하고 치료에 필요한 정보를 제공한다. 둘째, 학습자의 행동변화의 증거를 과학적 · 객관적으로 수집하고 해석하기 위한 방법을 모색한다. 셋째, 개인차를 파악하고 학습자를 이해하는 수단으로 생활지도와 상담의 자료를 제공한다. 넷째, 학습자의 학습동기 유발목적으로 평가를 하기도 한다. 다섯째, 교육 · 훈련 계획을 수정 · 보완 · 개선하기 위해서, 여섯째, 학습자의 성적 관리, 진급, 학급편성, 선발 등의 목적으로 활용된다.

2. 교육 · 훈련 프로그램 평가의 모형

교육 · 훈련 평가모형은 테일러(Tyler)가 제시한 교육목표 달성 정도를 확인하는 목표달성확인 모형, 스투플빔(Stufflebeam)이 제시한 맥락, 투입, 과정, 산출평가를 통한 의사결정지원 모형, 스크리븐(Scriven)이 제시한 탈목표 평가인 가치판단 모형, 파렛(Parlett)과 해밀턴(Hamilton)이 제시한 평가를 위한 실험 · 설계적 연구에는 무관심한 조명적 평가모형이 있다.

교육 · 훈련 프로그램 평가의 모형을 학자들에 따라 정리하면 아래 〈표 15-1〉과 같다.

표 15-1 교육 · 훈련 프로그램 평가의 모형

모형	평가의 정의	특징
Tyler의 목표달성확인 모형	• 교육과정 및 교수 · 학습 프로그램에 의해서 교육목표가 어느 정도나 실현되었는지를 밝히는 과정	• 교육목표의 달성 정도를 확인하는 과정 • 교육활동의 과정 혹은 부차적인 교육효과 측정에 어려움 • 평가활동의 단순화와 기계화에 대한 비판
Stufflebeam의 의사결정지원 모형	• 의사결정의 대안을 판단하는 데 필요한 적절한 정보를 획득하고, 기술하고 제공하는 과정	• 맥락－투입－과정－산출평가 • 관리지향적 평가로서 의사결정의 종류에 따른 정보와 자료 획득 가능 • 프로그램 개선을 위한 적절한 정보
Scriven의 가치판단 모형	• 다양한 교육적 수단이 갖는 장점, 진가, 가치 등에 대한 질문에 해답을 추구하는 일; 평가는 그 자체가 이러한 가치판단의 결정을 위한 방법론적 활동	• 탈목표(goal-free) 평가 • 교육 프로그램의 가치는 사용자나 수혜자의 입장에서 판단 • 형성적 · 총합적 역할
Parlett와 Hamilton의 조명적 평가모형	• 교육의 과정과 절차에 관련된 요소들을 명료화하여 보여줌으로써 교육의 개선을 가져오고자 노력하는 사람에게 도움을 주고 빛을 밝혀 주는 일	• 평가를 위한 실험 · 설계적 연구에는 무관심 • 설명과 해석이라는 사회 · 인류학적 접근에 따른 교육상황 이해

출처: 변창진 · 최승진 · 문수백 · 김진규 · 권대훈(1996). 『교육평가』. 서울: 학지사. pp.81-102.

테일러의 목표달성확인 모형의 경우 평가의 주 목적이 교육목표 달성 정도를 확인하는 것이다.

스투플빔의 의사결정지원 모형의 경우 평가를 하는 목적은 의사결정을 하기 위한 것이다. 관리지향적인 평가로서 평가를 통하여 프로그램을 개선하기 위한 적절한 정보를 얻기 위해 평가를 실시한다.

스크리븐의 경우 테일러의 목표달성확인 모형과 반대되는 평가모형으로 탈목표평가모형이라고도 한다. 교육 프로그램의 가치란 사용자나 수혜자의 입장에서 판단해야 하며, 다양한 교육적 수단이 갖는 장점, 가치 등에 대한 해답을 찾기 위해서 평가가 이루어진다.

파렛과 해밀턴의 조명적 평가모형은 우리가 그림을 감상하는 것처럼 설명과 해석이라는 사회인류학적 접근에 따라 교육상황을 이해하고자 하는 평가모형이다.

교육평가의 여러 형태 중 교육이 이루어지는 시기별로 진단평가 · 형성평가 · 총괄평가를 비교해 보면 아래 〈표 15-2〉와 같다.[1]

표 15-2 진단평가 · 형성평가 · 총괄평가의 유사점과 차이점

구분	진단평가	형성평가	총괄평가
기능	• 학습자의 배치 • 선행기능의 습득 유무 판단 • 학습전 성취수준의 결정 • 교수방법의 대안에 관련된 특성에 따른 학생의 분류 • 계속적 학습곤란의 원인 결정	• 학습단위에 관련된 학생의 진보 상태를 교사와 학생에게 피드백 • 학습단위의 구조에 따라 오류를 확인함으로써 대안 교수방법을 제시 가능	• 학습단위, 학기, 학년 말에 학생 성적의 판정 및 자격 부여
시간	• 학습, 학기, 학년의 시초에 배치를 위하여 • 정상 수업으로는 학생이 계속해서 도움을 못 받는 교수 도중에	• 교수 도중에	• 학습단위, 학기, 학년의 끝에

1) 박도순 · 홍후조(1999). **교육과정과 교육평가.** 서울: 문음사, pp.312-313.

구분	진단평가	형성평가	총괄평가
평가 에서의 강조점	• 지적 · 정의적 · 심리 운동적 행동 • 신체적 · 환경적 · 심리적 요인	• 지적 행동	• 일반적으로 지적 행동 • 교과에 따라 심리운동적 행동 • 때때로 정의적 행동
검사도구 형태	• 사전검사를 위한 형성 및 총괄평가의 도구 • 표준화 학력검사 • 표준화 진단검사 • 교사제작의 평가도구 (관찰 및 체크리스트 등)	• 학습목적에 맞게 특별히 고안된 형성평가 도구	• 종말 혹은 총괄평가 도구
교육목표 표집방법	• 각 선행기능 행동의 구체적 표본 • 비중을 둔 교과목표의 표본 • 특별한 교수형태에 관계 있다고 생각되는 학생변인의 표본 • 신체적 · 정서적 · 환경적 행동의 표본	• 학습단위의 위계에 포함된 모든 관련있는 과제의 구체적 표본	• 비중을 둔 교과목표의 표본
문항 난이도	• 선행기능 및 능력의 진단 : 대부분 쉬운 문항, 65% 이상의 난이도	• 미리 구체화할 수 없음	• 평균 난이도가 35~70%이고 대단히 쉬운 문항 또는 어려운 문항도 포함
채점	• 규준지향 및 목표지향 겸용	• 목표지향	• 일반적으로 규준지향이나 목표지향도 사용
점수의 보고방법	• 하위기능별 개인프로파일	• 학습위계에 포함된 각 과제에 대한 급락의 개인점수의 유형	• 목표에 비추어 본 총점 혹은 하위점수

CIPP 교육 · 훈련 프로그램의 평가모형의 경우, 상황평가(Context Evaluation), 투입평가(Input Evaluation), 과정평가(Process Evaluation), 산출평가(Product Evaluation)가 있다.

이 프로그램 평가모형은 산업교육현장에서 많이 활용되고 있는 평가모형으로 표로 제시하면 다음 〈표 15-3〉과 같다.[2]

2) 이성흠(2005). **교육훈련 프로그램 반응평가.** 파주: 교육과학사. p.39.

표 15-3 CIPP 프로그램 평가모형

평가모형	준거	내용
CIPP	1. 상황평가(Context Evaluation) 1-1. 학습자 특성 1-2. 프로그램 특성	프로그램 계획단계에서 추구할 목표를 설정하고 구성하는 결정내용과 관련된 것을 평가함
	상황평가 문항 예시	1. 이 프로그램은 학습자의 특성을 잘 반영하고 있다. 2. 이 프로그램은 기관이 추구하는 목표를 프로그램 특성에 잘 반영하고 있다.
	2. 투입평가(Input Evaluation) 2-1. 교육목표 2-2. 교수 학습	설정된 교육목표와 요구를 성취하는 데 필요한 수단을 구체화하기 위한 구조적 결정과 관련된 것을 평가함
	투입평가 문항 예시	1. 교육내용이 배우고자 하는 교육목표와 일치한다. 2. 교육내용이 현업에 도움이 된다. 3. 교수는 학습자의 학습의욕과 흥미를 유발한다. 4. 교수는 강의준비를 충실히 준비하였다.
	3. 과정평가(Process Evaluation) 3-1. 인간관계 3-2. 학습지원환경	설계한 대로 실천하기 위한 결정과 관련된 것을 평가함
	과정평가 문항 예시	1. 같은 반 학습자들은 상호 친하게 지내는 편이다. 2. 학습지원환경(식당, 휴게실 등) 편의시설이 잘 되어 있다.
	4. 산출평가(Product Evaluation) 4-1. 공익성 4-2. 학습자만족도 4-3. 학습성과	목표의 성취를 측정해석하고 프로그램을 존속시킬 것인지의 여부와 관련된 것을 평가함
	산출평가 문항예시	1. 이 프로그램은 자기개발향상에 도움이 된다. 2. 이 프로그램은 학습자들에게 만족감을 준다. 3. 이 프로그램은 학습성과를 높이는 데 도움이 된다.

CIPP모형은 프로그램을 개발할 때 의사결정의 틀을 제공할 뿐만 아니라 프로그램을 평가할 때 평가의 지표로 활용할 수 있다.

(1) 상황평가(Context Evaluation)

상황평가는 기획 의사결정을 위해서 필요하다. 이 단계에서 프로그램 개발에 필요한 요구와 기준자료에 관한 정보를 찾아낸다. 기획 의사결정은 프로그램의 목적과 목표의 선정에 영향을 준다. 프로그램 계획 단계에서 추구할 목표를 설정하고 구성하는 결정내용과 관련된 것을 평가할 수 있다.

(2) 투입평가(Input Evaluation)

투입평가는 구조 의사결정을 위해서 필요하다. 구조 의사결정은 기획 결정에서 나온 목표를 달성하는 데 필요한 전략과 절차를 설계하는 데 영향을 준다. 즉, 프로그램을 설계하고 개발하는 데 영향을 준다. 설정된 교육목표와 요구를 성취하는 데 필요한 수단을 구체화하기 위한 구조적 결정과 관련된 것을 평가할 수 있다.

(3) 과정평가(Process Evaluation)

실행 의사결정을 위해서 필요하다. 실행 의사결정은 이미 선정된 설계, 방법, 전략을 실행하고 개선하는 데 수단을 제공한다. 설계한 대로 실천하기 위한 결정과 관련된 것을 평가할 수 있다.

(4) 산출평가(Product Evaluation)

순환 의사결정은 어떤 활동이나 프로그램 자체를 계속하거나, 바꾸거나, 종료할지를 결정한다. 이 4단계는 프로그램 개발에 영향을 미칠 뿐만 아니라 개발된 프로그램을 평가할 때 기준으로 사용하기도 한다. 목표의 성취를 측정·해석하고 프로그램을 존속시킬 것인지의 여부와 관련된 것을 평가할 수 있다.

위의 평가모형 중 커크패트릭(Kirkpatrick)과 필립스(Phillips)의 모형을 좀 더 구체적으로 표현하면 다음 〈표 15-4〉와 같다.

표 15-4 커크패트릭(Kirkpatrick)의 4단계 평가모형과 필립스(Phillips)의 5단계 평가모형

Kirkpatrick의 4단계 평가		Phillips의 5단계 평가	
평가단계	평가내용	평가단계	평가내용
1 : 반응	참여자가 이 프로그램에 대해 느낀 바를 평가함	1 : 반응과 계획된 행동	프로그램에 대한 참가자의 반응 측정과 구체적인 실행계획을 수립
2 : 학습	참여자가 프로그램을 통하여 제시된 학습을 어느 정도 이해하는가를 평가함	2 : 학습	지식, 기능, 태도 변화의 정도를 측정
3 : 행동	학습결과로써 참여자의 행동 변화가 있는지를 평가함	3 : 현업적용	현업에서 행동변화와 배운 내용의 적용도 측정
4 : 결과	프로그램의 교육 결과 조직과 개인의 산출물의 변화 유무를 평가함	4 : 경영성과	프로그램의 사업에 미치는 영향 측정
		5 : 투자회수 효과	프로그램에 투입된 비용과 결과에 대한 금전적 가치 측정

1단계 평가는 반응평가이다. 교육 프로그램 평가는 프로그램의 유용성, 적절성, 내용, 방법, 자원 활용의 공헌도 등을 평가하기 위한 학습자의 만족도를 측정·평가하는 제1단계 '교육만족도'와 함께 시작하며 '반응평가'라고도 한다. 교육만족도 평가는 조직(학교)에서 교육 프로그램 수정·보완을 통한 프로그램 향상에 필요한 평가자료를 수집하는 형성평가로서 사용할 수 있으며, 교육 프로그램 담당자는 프로그램에 대한 의사결정을 위한 총괄평가의 방법으로도 반응평가가 사용가능하다. 반응평가는 프로그램에 대한 전반적인 만족도를 평가하는 것으로 교육환경(식사, 강의장, 주변 환경 등)에 대한 만족도, 강사(강의 진행, 내용의 전문성 등), 교육목표 달성 정도 등에 대한 학습자들의 만족도를 확인하는 평가이다. 이 평가는 주로 설문지를 통해서 이루어진다. 때로는 간담회를 통해 질적으로 만족도를 확인하는 경우도 있다. 경우에 따라서 교육담당자가 만족도를 판단하는 경우도 있다.

2단계 평가는 학습평가이다. 이 평가는 학습자가 지식, 기능, 태도 등의 교육목

표를 달성한 정도를 확인하는 평가이다. 이 평가는 '학업성취도평가'라고도 하며 프로그램 종료 후 전체적 교육효과를 목표달성을 중심으로 평가하기 때문에 보다 총괄적이라고 할 수 있다. 주로 시험을 통해서 이루어진다.

3단계 평가는 행동평가이다. 행동평가는 교육을 마친 후 학습자의 행동에 어떤 변화가 일어났는가를 확인하는 단계이다. 3단계 평가를 필립스는 현업적용성평가라고 한다. 현업적용성평가는 학습을 마친 후 3~6개월 지난 후 현업에 복귀했을 때 학습한 내용을 현업에 얼마만큼 적용했는지를 확인하는 것이다. 실제로 반응평가에서는 만족도가 높게 나왔지만 현업적용성평가에서는 만족도가 낮게 나올 확률이 있다. 학습한 내용을 일정기간 지난 후 얼마나 활용하느냐를 확인하는 평가가 3단계 평가이다. 이 평가는 주로 새로 도입하는 과정일 경우 행동평가를 해 볼 필요성이 있다.

4단계 평가는 결과평가이다. 필립스는 이 평가를 경영성과 기여도 평가라고 한다. 경영성과 기여도 평가 또는 결과 평가는 학습한 내용이 경영성과에 얼마나 기여했는지를 확인하는 평가이다. 기업가는 투자한 금액에 대하여 그 투자효과를 알고 싶어 한다. 이 프로그램을 통하여 학습자가 학습했다면 그 프로그램의 효과, 즉 그 프로그램이 경영성과에 얼마나 기여했는지를 확인하는 평가가 4단계 평가이다.

5단계 평가는 커크패트릭은 제시하지 않았다. 그의 제자인 필립스가 4단계 평가를 확대 발전시킨 평가가 5단계 평가인 투자회수율(return on investment: ROI) 평가이다. 예를 들면 한 프로그램을 운영하는 데 한 개인에게 직접비 500만 원, 간접비 300만 원, 기회비용 700만 원을 합하면 1,500만 원이 투자되었다고 한다면 1,500만 원 투자한 금액에 대한 경영성과기여도, 즉 회수율이 얼마 정도가 되는지를 확인하는 평가이다. 5단계 평가의 경우 여러 가지 상황적인 조건이나 회수율에 대한 비용분석 등이 매우 어렵기 때문에 실제로 기업현장에서 많이 이루어지지는 않고 있다.

3. 평가를 위한 자료수집 방법

교육프로그램 평가 시 자료수집방법으로는 필답고사, 질문지법, 관찰법, 면접법, 기록물 분석법, 사례연구, 작품분석, 투사법, 현장실습 등 다양하다. 여기서는 가장 많이 활용하고 있는 관찰법, 면접법, 질문지법 등에 대하여 좀 더 구체적으로 살펴본다. 대부분의 학습자만족도와 현업적용도 평가는 한 가지 자료수집 방법을 사용하고 있다. 평가목적에 타당하고 신뢰할 수 있는 평가자료를 수집하기 위해서는 자료수집방법을 혼합하여 사용할 필요가 있다. 교육 프로그램 평가를 위하여 선정되는 단일 자료수집방법 또는 방법들의 조합은 주로 3가지 요소-프로그램 평가의 종합적인 목적, 평가결과 사용자의 정보요구의 정도, 평가과정에서 예견되는 실무적인 제한점-의 주요 기능에 따라서 결정할 수 있다. 다음의 〈표 15-5〉는 교육프로그램 평가 자료수집 방법에 관한 간략한 요약이다.

표 15-5 교육 프로그램 평가 자료수집방법

방법	장점	제한점
관찰법	• 직접 접촉을 통한 신빙성 있는 자료수집의 가능성 • 프로그램 학습결과의 적용에 관한 전반적인 정보수집의 가능성 • 프로그램 현업적용도의 과정과 활동에 대한 방해의 최소화	• 관찰자의 존재 때문에 실제 상황에 대한 행동의 변경가능성 • 관찰도구 개발의 필요성 • 관찰자의 훈련 필요성과 자격을 갖춘 관찰자 선발의 어려움 • 충분한 관찰을 위한 시간의 필요성
면접법	• 교육 프로그램 참가자로부터 직접적인 현업적용도에 관한 반응을 수집 • 면접자에게 예상하지 않은 질문의 기회를 허용하는 융통성 • 응답자의 통찰과 느낌을 수집	• 시간 소비가 많음 • 자료 분석의 어려움 • 사려 깊은 준비의 필요성 • 익명성 보장의 문제 • 예견되지 않은 면접자 편견의 문제
질문지법	• 다양한 질문에 대한 대답의 제공 • 익명성 보장 • 자료 분석의 용이성 • 비용의 저렴성 • 평가자 훈련이 필요 없음	• 대답에 대한 융통성이 없음 • 양질의 질문지 개발의 어려움 • 회수율의 저조 • 반응에 대한 주관적 해석의 가능성

여러 가지 자료수집방법을 사용한다면, 전체적인 결과는 한 가지 자료수집방법으로 수집된 자료의 편견에서 발생하는 왜곡의 정도를 완화시킬 수 있다. 이러한 자료수집방법은 삼각법(triangulation)이라고 명명된다. 다양한 원천과 서로 다른 방법의 자료수집을 요구하는 삼각법은 사회과학에서 동일 현상을 여러 가지 다른 각도에서 조망함으로써 연구목적에 적합하고 타당한 자료수집을 위한 전략으로 사용되고 있다.

4. 바람직한 측정도구의 기준

바람직한 측정도구는 적어도 네 가지, 즉 타당도, 신뢰도, 객관도, 실용도를 갖추어야 한다.

① 타당도(validity) : 측정도구가 무엇을 재고 있느냐의 문제인 동시에 결과와 원래 평가하려는 목표와의 관련성이 얼마나 높으냐의 문제(측정의 내용)
② 신뢰도(reliability) : 측정하려는 것을 어떻게 안정적으로 일관성 있게 측정하느냐의 문제(일관성과 측정의 오차)
③ 객관도(objectivity) : 채점자가 주관에 이끌리지 않고 객관적인 입장에서 신뢰롭게 채점하느냐의 문제(채점자 신뢰도)
④ 실용도(usability) : 측정도구가 얼마나 경비, 시간, 노력을 적게 들이고 소기의 측정목적을 달성할 수 있느냐의 정도(경제원칙 적용)

5. 교육만족도 평가(반응평가) 작성요령

교육 프로그램 교육만족도 평가에 관한 연구 및 실제와 관련되는 광범위한 문헌조사 결과에 따르면, 교육만족도(반응) 평가를 위한 11가지 종류의 평가범주는 아래의 〈표 15-6〉과 같이 종합・요약될 수 있다.[3]

표 15-6 교육만족도 평가의 범주 분류와 목적

범 주	목 적
프로그램 목적과 내용	참가자의 기대, 적절성, 구조, 수준, 내용 최신성 등의 측면에서 프로그램 내용이 프로그램 목적 달성에 미치는 영향 평가
프로그램 자료	교육 프로그램에서 사용한 인쇄자료와 기타 학습 보조자료의 효과성, 효율성 및 유용성 판단 평가
교육방법과 매체 활용	프로그램 내용 교수・학습에 사용된 방법 및 매체 활용과 첨단기술에 기반한 수업의 적절성과 효과성 판단 평가
교(강)사, 또는 학습촉진자	프로그램을 주도한 교(강)사, 또는 학습촉진자의 능력, 준비 정도, 효과성 평가
교수・학습활동	교육 프로그램에서 전개된 교실내・외 활동의 적절성과 도움의 정도를 평가
프로그램 시기와 기간	프로그램 시기와 기간의 계획 변경과 고려사항을 위한 전체 교육 프로그램 기간, 또는 단위 강좌의 기간 평가
교육환경	교실, 식당, 숙박시설, 여가활동시설을 포함하는 물리적 교육환경의 적절성 평가
계획된 행동, 또는 전이에 관한 기대	교육에서 학습한 내용을 직무에서 활용하기 위한 참가자의 계획・기대와 전이를 위한 장애 요소 파악에 관한 평가
방법론적 전략과 행정지원사항	교육 프로그램을 위한 시간 계획, 등록, 기타 방법론적 전략과 행정사항의 유연성과 효과성 평가
종합평가	교육 프로그램에 관한 참가자의 만족과 느낌에 대한 종합평가
프로그램 개선을 위한 건의사항	장래 교육 프로그램 개선을 위한 건의 또는 제안사항을 수렴하는 평가

교육만족도 평가 범주별 구체적인 표본 평가 문항은 다음 〈표 15-7〉 교육만족도 평가 범주별 질문문항과 같다.[4]

3) 이성흠(2005). 전게서.

4) 이성흠(2005). 전게서.

표 15-7 교육만족도 평가 범주별 질문문항

범 주	표본 평가문항
프로그램 목적과 내용	☺ 교육프로그램 내용은 진술된 프로그램 목적과 합치하는가? ☺ 교육프로그램 내용은 최신의 자료를 사용하고 있는가? ☺ 프로그램 내용은 난이도에서 적절한 수준인가?
프로그램 자료	☻ 사용된 교수 · 학습 자료는 프로그램 목적에 합치되는가? ☻ 프로그램 자료는 수준 높은 양질의 것을 사용하였는가? ☻ 교수 · 학습을 위한 유인물의 내용은 이해하기 쉽게 구성되었는가?
교육방법과 매체활용	☺ 청각 교수 · 학습 보조물은 내용을 이해하는 데 도움이 되었는가? ☺ 시각 보조물은 프로그램 내용을 이해하는 데 도움이 되었는가? ☺ 복합다중매체(multimedia)는 프로그램 내용을 제시하는 데 유용한 방법이었는가?
교(강)사, 또는 학습촉진자	☻ 교(강)사는 프로그램 자료에 관하여 잘 알고 있었는가? ☻ 교(강)사는 참가자(학습자)의 질문에 적절한 반응(대답)을 하였는가? ☻ 교(강)사는 프로그램 내용에 대한 준비를 잘 하였는가?
교수 · 학습활동	☺ 수업과정에서 연습문제 풀이는 프로그램 목적과 관련이 있었는가? ☺ 집단 토론은 학습자들의 의견교환에 도움이 되었는가? ☺ 실무기반 연습문제는 프로그램 내용 이해의 증진에 도움이 되었는가?
프로그램 시기와 기간	☻ 교육프로그램의 기간은 프로그램 내용을 학습하는 데 충분하였는가? ☻ 프로그램의 기간은 프로그램 목표에 적절하였는가? ☻ 교육내용과 관련된 실험실 시간은 프로그램 목표 달성에 적절하였는가?
교육환경	☺ 교육 · 훈련을 위한 전체 환경은 학습을 위하여 적절하였는가? ☺ 교실환경 조건(예: 안락함, 온도, 소음 등)은 학습에 도움이 되었는가? ☺ 교수 · 학습을 위한 컴퓨터 시설은 충분했습니까?
계획된 행동, 또는 전이에 관한 기대	☻ 교육프로그램 내용은 직무와 관련이 있는가? ☻ 어떤 요소가 교육프로그램 내용을 현장 직무수행 전이를 지원합니까? ☻ 교육프로그램 내용을 직무에 전이하는 데 어떤 장애물이 있습니까?
방법론적 전략과 행정지원사항	☺ 이 프로그램(강좌)을 위한 등록과정은 쉽게 진행되었는가? ☺ 교육프로그램은 편리한 시간에 이용 가능하였는가? ☺ 프로그램에 관한 홍보용 설명서는 정보 획득에 유익하였는가?
종합평가	☻ 교육프로그램을 총괄적으로 평가한다면? ☻ 교육프로그램의 어떤 측면이 가장 도움이 되었습니까? ☻ 교육프로그램의 어떤 측면이 가장 도움이 되지 않았습니까?
프로그램 개선을 위한 건의사항	☺ 교육프로그램 개선에 필요한 제안사항이 있습니까? ☺ 교육프로그램 개선을 위하여 변경하여야 할 내용을 포함하여 건의사항을 기술해 주십시오.

현업적용도 평가 설문지 작성요령

현업적용도 평가는 '교육 · 훈련을 통하여 습득한 지식, 기능, 태도 등을 실제 직무현장에서 효과적으로 적용하는 과정'을 말하며, 행동평가(behavior evaluation), 또는 전이평가(transfer evaluation)라고 명명하기도 한다. 따라서 학습자만족도(반응) 평가와 학업성취도(학습) 평가와는 다르게 직무현장에서 평가가 이루어지기 때문에, 참가자가 학습한 지식 · 기능 · 태도 등을 구체적으로 적용할 수 있는 기회를 가질 충분한 시간, 일반적으로 3~6개월이 지난 후에 평가가 실시되어야 한다.[5]

현업적용도 평가를 통해 밝혀야 할 내용은 다음과 같은 내용이다.

현업적용도 평가는 '교육 · 훈련을 통하여 습득한 지식, 기능, 태도 등을 실제 직무현장에서 효과적으로 적용하는 과정'을 말하며, 행동평가(behavior evaluation), 또는 전이평가(transfer evaluation)라고 명명하기도 한다. 따라서 학습자만족도(반응)평가와 학업성취도(학습)평가와는 다르게 직무현장에서 평가가 이루어지기 때문에, 참가자가 학습한 지식 · 기능 · 태도 등을 구체적으로 적용할 수 있는 기회를 가질 충분한 시간, 일반적으로 3~12개월이 지난 후에 평가가 실시되어야 한다. 현업적용도 평가를 통해서 밝혀야 할 내용은 〈표 15-8〉과 같다.

표 15-8 현업적용도 평가를 통해 밝혀야 할 내용

- 참가자들은 학습한 지식 · 기능 · 태도를 현장에서 활용하는가?
- 직무환경이 이러한 지식 · 기능 · 태도를 활용하는 데 지원적인가?
- 교육의 현업적용도를 향상시키기 위해 프로그램을 어떻게 재구성할 수 있는가?
- 어떤 기능과 행동들이 현업에서 가장 자주 또는 적게 사용되는가?
- 학습된 기능과 행동이 현업에 적용되지 않는 이유는 무엇인가?
- 학습된 기능과 행동의 현업 적용 정도에 영향을 끼치는 요인은 무엇인가?
- 교육 프로그램을 향후 지속적으로 개설할 것인가?
- 직무수행에 있어 교육의 효과를 기타 영향으로부터 분리할 수 있는가?

5) 이성흠(2005). 전게서.

표 15-9 교육 프로그램 현업적용도 평가기준

영향 요인	구성 변수
교육참가자의 개인적 특성	자기효능감, 학습능력, 학습동기, 학습기대, 성격특성, 성취욕구, 선택의 기회
교육 프로그램 설계요인	교육내용, 교육설계, 교(강)사의 자질, 학습원리, 교육환경
조직환경 요인	상사의 지원, 동료의 지원, 조직의 지원, 지속적 학습문화, 관리자의 격려, 이용가능한 충분한 자원, 업무독창성에 대한 지원, 업무량에 대한 적은 부담 등

교육 프로그램 현업적용도 평가를 위한 평가기준은 교육참가자의 특성요인(자기효능감, 학습능력, 학습동기, 학습기대 등), 교육 프로그램 설계요인(교육내용, 교육설계, 교(강)사의 자질 등), 조직환경 요인(상사의 지원, 동료의 지원, 조직의 지원) 등으로 분류가 가능하다. 아래 〈표 15-10〉은 교육 프로그램 현업적용도 평가기준을 종합한 것이다.

표 15-10 교육 프로그램 현업적용도에 영향을 미치는 요인

범 주	요 인	
능력	• 전이를 위한 개인의 역량 • 전이 설계	• 인지된 내용 타당성 • 활용 기회
동기	• 전이 동기 • 수행–성과 기대	• 전이노력–수행기대
환경	• 긍정적 개인 성과 • 동료의 지원 • 관리자의 제재 • 수행지도(송환)	• 부정적 개인 성과 • 관리자의 지원 • 변화에 대한 저항(개방성)
이차적 영향	• 수행에 대한 자기효능감	• 학습자의 준비도

홀튼(Holton) 등이 제안한 교육내용의 전이에 영향을 미치는 16가지 요인들은 〈표 15-11〉 교육프로그램 현업적용도에 영향을 미치는 요인과 같이 4개의 집단으로 구분이 가능하다.

표 15-11 교육 프로그램 현업적용도 장애요인

- 직무에 활용을 위한 강화요인의 결핍
- 직무환경에서 발생하는 문제
- 비협조적인 조직문화
- 비실제적(impractical)인 교육 프로그램에 대한 교육참가자의 인식
- 변화와 이와 관련된 노력에 대한 교육참가자의 불만족
- 교수자원과 교육자의 계속적인 지원과의 분리된 업무환경
- 완벽하지 못한 교수설계와 학습내용 전달전략에 대한 교육참가자의 인식
- 교육내용의 현업 적용에 관한 부정적인 동료의 압박

〈표 15-11〉 교육프로그램 현업적용도 장애요인 때문에 교육프로그램에서 배운 내용을 직무환경 적용하는 과정에서 어려움에 직면할 수 있다.

설문지 예

1. 과정평가 설문 예

대인관계 향상과정 평가 설문지

안녕하십니까?

교육기간동안 여러분들의 적극적인 참여와 협조로 본 과정을 성공적으로 마칠 수 있게 되어 먼저 감사를 드립니다. 이제 본 교육을 마무리 지으면서 다음 설문서를 통해서 여러분들의 의견을 모으고자 합니다. 여러분들의 의견 하나하나가 교육평가의 자료로 유익하게 활용될 뿐만 아니라, 차기 교육 프로그램을 계획하는데 많은 도움이 될 것입니다. 잠시 마음을 가다듬고 교육기간 동안 느끼신 것을 솔직하게 기술하여 주시기 바랍니다.

감사합니다.

교육과정 전반

1. 입과 시 가졌던 여러분의 기대는 어느 정도 충족 되었다고 생각하십니까?
   1) 매우 미흡   2) 미흡   3) 보통   4) 충족   5) 매우 충족

2. 전체 교육인원은?
   1) 너무 적다   2) 적다   3) 보통   4) 많다   5) 매우 많다.

3. 본 과정 중 교육환경에 대한 귀하의 의견은?
   식 사: 1) 매우 불만   2) 불만   3) 보통   4) 만족   5) 매우 만족

교육장: 1) 매우 불만   2) 불만   3) 보통   4) 만족   5) 매우 만족

구분	설문항목	체크사항				
		전혀 그렇지 않다	그렇지 않다	보통	그렇다	매우 그렇다
교육효과	4. 본 과정을 통해 교육목표를 충실히 달성하였다고 생각한다.					
	5. 학습한 사항이 현업 적용도가 높을 것이라고 생각한다.					
교육내용	6. 본 교육과정에서 다룬 내용들에 대해서 대체로 만족한다.					
	7. 다루어진 내용은 이해하기에 적절한 수준으로 편성되어 있다.					
프로그램 구성	8. 본 과정에서 활용된 교육형태(방법)는 적절했다.					
	9. 할애한 시간은 설정된 과정목표를 달성하는 데 충분하였다.					
강사	10. 강사가 교육내용에 대해 충분한 지식을 갖고 있었다.					
	11. 강사의 수업방법과 수업 준비도는 충실하였다.					

12. 본 과정에서 유익했다고 생각하는 부분이 있다면 무엇입니까?

13. 그 밖의 의견이 있다면 기술해 주십시오.

끝까지 설문에 응해 주셔서 감사합니다.

2. 현업적용성 평가 설문 예

현업적용성 평가 설문지를 만들 때 참고사항은 아래 〈표 15-12〉 현업적용성 평가 설문작성 시 참고사항과 같다. 아래 내용을 모두 참고하여 현업적용성 평가 설문지를 만들 수 있지만 일반적으로 현업적용성 평가 시 전이효과 부분의 내용을 중심으로 설문지를 작성한다.

표 15-12 현업적용성 평가 설문작성 시 참고사항

변인	설문문항
상사 지원	교육훈련생(근로자)의 상사는 교육훈련생이 교육훈련에 참여하고 온 이후에 새롭게 배운 지식이나 기능을 활용하도록 지원한다.
	상사는 교육훈련생(근로자)이 교육훈련 프로그램에 참여한 이후에 새롭게 습득한 지식이나 기능을 적용하고 활용할 수 있는 기회를 갖도록 한다.
	상사는 교육훈련 프로그램에서 새롭게 습득한 능력을 사용하는 데 대해 교육훈련생(근로자)에게 적절한 보상을 한다.
조직 지원	교육훈련 종료 이후에 강사가 교육훈련생(근로자)과 만나는 시간이 있다.
	교육훈련생(근로자)이 교육훈련 프로그램을 통해 습득한 지식, 기능, 태도 등을 활용하는 데 필요한 자원(예: 도구, 기자재, 자료, 장비 등)을 구비하고 있다.
	우리 기업의 성과 평가 시스템은 교육훈련생(근로자)이 교육훈련을 통해 습득한 지식, 기능, 태도의 활용 정도와 연결되어 있다.
	교육훈련생(근로자)의 상사는 교육훈련생이 교육훈련 프로그램에 참여하기 전에 교육훈련생과 특정 능력의 증진에 초점을 두어 목적을 설정한다.
책무성	교육훈련생(근로자)은 교육훈련 프로그램에 참여한 이후에 교육훈련 보고서를 제출해야 한다.
	교육훈련생(근로자)은 참여한 교육훈련 프로그램의 추수 과정(follow-up part)으로서 인터뷰나 논의 과정에 참여해야 한다.
평가 및 피드백	교육훈련생(근로자)은 교육훈련 프로그램에서 습득한 능력을 활용하도록 교육훈련에 참여했던 사람들간에 피드백과 격려를 주고 받으며 서로간에 도움을 주고 받고 있다.
	교육훈련생(근로자)은 교육훈련 참여 이후에 새로 배운 지식이나 기능의 활용 정도에 대해 평가를 받는다.
	교육훈련생(근로자)은 교육훈련 종료 이후에 얼마나 배웠는지를 테스트하는 학습 정도를 평가 받는다.
전이 효과	**교육훈련에서 배운 내용들은 실제 업무에 많은 도움이 되고 있다.**
	교육훈련에서 배운 내용을 적극적으로 활용하고 있다.
	교육훈련에서 습득한 지식과 기술을 직무에 활용함으로써 직무성과가 향상되었습니까
	나는 교육훈련에서 배운 내용들이 업무에서 부딪치는 문제점들을 해결하는 데 큰 도움이 되었다고 생각한다.
	교육을 받고 나서 상사나 동료로부터 업무수행 능력이 더 향상 되었다는 얘기를 듣는다.

현업 적용성 평가 설문지

안녕하십니까?

본 과정에 적극적으로 참여해 주신 데 대해 진심으로 감사드립니다. 저희 인력개발팀에서는 교육과정을 이수한 후 현업에서 그 내용을 어느 정도 적용하고 있으며 현업 적용 시 애로사항이나 지원 사항이 있는지를 파악하여, 차기 교육과정 개선을 위해 여러분들의 의견을 수렴코자 본 설문지를 배부하오니 진지하고 솔직하게 작성해 주시면 대단히 감사하겠습니다. 여러분의 성의있는 설문작성이 차기 교육과정을 개발하는 데 큰 도움이 될 뿐만 아니라 회사 발전에도 큰 도움이 될 것입니다.

감사합니다.

※ 아래 해당 사항에 표시해 주십시오

직 종 : 관리직( ) 기술직( ) 근무지 : 본 사( ) 현 장( )

1. 귀하가 이수한 교육이 귀하의 업무향상에 어느 정도 도움이 되었습니까?
   가. 전혀 도움 안 됨 나. 도움 안 됨 다. 보통 라. 어느 정도 도움 마. 매우 도움

2. 귀하가 이수한 교육이 귀하의 자기개발에 어느 정도 도움이 되었습니까?
   가. 전혀 도움 안됨 나. 도움 안됨 다. 보통 라. 어느 정도 도움 마. 매우 도움

3. 귀하가 교육과정에서 배운 내용을 교육이수 후 업무에 적용하려고 어느 정도 노력하고 있습니까?
   가. 전혀 안함 나. 거의 안함 다. 보통 라. 어느 정도 노력 마. 매우 많이 노력

4. 귀하가 본 과정을 이수 후 현업에서 어느 정도 적용하고 있습니까?
   가. 전혀 적용 안함 나. 거의 적용 안함 다. 보통 라. 많이 적용 마. 매우 많이 적용

5. 귀하는 교육과정에서 습득한 내용을 실제 업무에 활용하여 어느 정도 성과를 보고 있습니까?
   가. 전혀 없음 나. 거의 없음 다. 보통 라. 어느 정도 성과 마. 많은 성과

• 성과가 있다면 구체적인 사례 :

• 성과가 없다면 구체적인 이유 :

6. 귀하가 본 과정을 이수 후 현업에서 배운 내용을 적용하고 있다면 어떤 내용을 어떤 방식으로 적용하고 있는지 구체적으로 기술해 주십시오.

• 적용내용 :

• 적용방법 :

교육받은 내용 중 현업에서 더 필요한 내용이 있거나 차기 교육 시 필요 없는 내용이 있다면 기술하여 주십시오.
(   )

7. 귀하가 현업에서 적용치 못하고 있다면 그 이유는?(1,2,3 세 가지 순위로 표시해 주십시오)

가. 교육내용에 대한 망각
나. 교육내용이 현업적용에 적절치 못함
다. 현재 본인의 직무와 관련이 적으므로 교육내용을 현업에 적용하기 힘듬
라. 업무의 연속성 결여/순환보직, 업무변동 등
마. 조직(부서,현장)의 분위기 미흡/조직의 경직화 및 기존관행 고집
바. 현업에 적용해 볼 시간적 여유가 부족함
사. 부하직원이 없음
아. 권한위임이 안됨
자. 조직의 경직화 및 기존관행의 고집
차. 본인의 고정관념

※ 위 해당 사항이 없으면 기타 란에 구체적으로 기술해 주십시오.
기타(   )

8. 귀하가 이수한 교육을 현업에 적용하기 위해 인력개발팀에서 지원할 사항이 있다면 자유롭게 기술해 주십시오.
(   )

9. 기타 교육받은 내용 중 하시고 싶은 말씀이 있으면 자유롭게 기술해 주십시오.
(   )

● 끝까지 설문에 응답해 주셔서 감사합니다.

연 구 과 제

1. PD-ADDIE모형의 절차에 따라 주제를 정하여 프로그램을 개발해 보시오.

(학습대상, 학습목적, 학습환경 등 모든 요구조사부터 시작해서 평가단계까지 개발단계를 무시하지 말고 모든 절차를 다 적용하여 개발)
예) KMU 회사 대리급에게 필요한 프로그램
예) 공공기관(교과부) 사무관들에게 필요한 프로그램
예) 평생학습관에서 필요한 프로그램
예) SS회사 간부들에게 필요한 리더십 프로그램
예) 필요한 프로그램 창출하는 입장에서 어떤 프로그램

Part 04

평생교육 프로그램 개발 3차원 모형·사례

개 요

제4부에서는 디자인 씽킹을 적용한 윤옥한의 3차원 교수체제 설계 모형과 ADDIE모형을 통해 프로그램을 개발한 사례를을 소개한다. 이 사례를 통하여 PD-PADDIE모형과 비교하여 잘된 점과 수정·보완해야 할 점을 찾아보도록 한다.

학습목표

1. 디자인 씽킹을 적용한 윤옥한의 3차원 교수체제 설계 모형을 통해 개발한 사례를 살펴보고 PD-ADDIE모형과 비교하여 잘된 부분과 수정·보완해 나가야 할 부분을 구분하여 설명할 수 있다.
2. ADDIE모형을 통해 개발한 사례를 살펴보고 PD-ADDIE모형과 비교하여 잘된 부분과 수정·보완해 나가야 할 부분을 구분하여 설명할 수 있다.

Chapter

16

디자인 씽킹을 적용한 윤옥한의 3차원 교수체제 설계 모형

개 요

이 장에서는 디자인 씽킹을 적용한 3차원 교수체제 설계 모형을 살펴본다. ADDIE 모형과 CPS 모형, DT모형을 어떻게 조화롭게 적용시킬 것인가를 구체적으로 살펴본다.

학습목표

1. CPS 모형을 설명할 수 있다.
2. D/T 모형을 설명할 수 있다.
3. 3차원 교수체제 설계 모형을 설명할 수 있다.

디자인 씽킹을 적용한 윤옥한의 3차원 교수체제 설계 모형을 그림으로 제시하면 아래 〈그림 16-1〉 디자인 씽킹을 적용한 윤옥한의 3차원 교수체제 설계 모형과 같다.

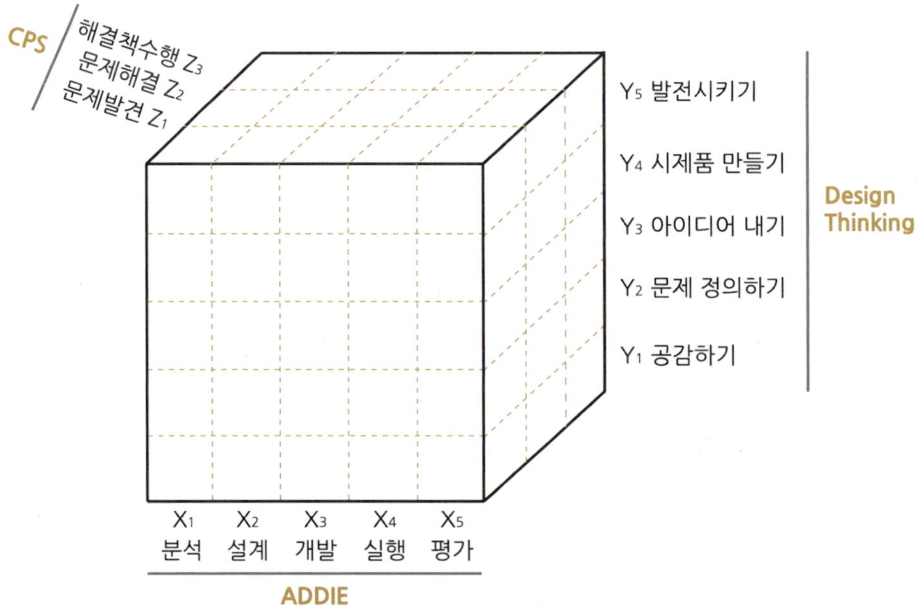

그림 16-1 디자인 씽킹을 적용한 윤옥한의 3차원 교수체제 설계 모형

이 모형은 전통적인 교수체제 설계 모형인 ADDIE모형의 한계인 선형성과 행동주의에 바탕을 둔 교수체제 설계 모형의 한계를 극복하고 융합교육과 같은 구체적인 상황에 적용할 수 있을 뿐만 아니라 구성주의 맥락하에서 이미 정해진 프로토콜을 따라 해결책을 제시하는 것이 아니라 복잡하고 산만한 정보를 가지고 분석적 사고와 직관적 사고를 번갈아 가면서 프로그램을 개발하는 것이 특징이다.

위 그림과 같이 Y축을 기준으로 X축과 Z축을 동시에 고려한 3차원적인 교수체제 설계 모형이다. Y축의 경우 디자인 씽킹을 중심으로 디자인 씽킹의 프로세스를 단계별로 공감하기, 문제 정의하기, 아이디어 내기, 시제품 만들기, 발전시키기, X축의 ADDIE모형에서 제시하는 각각의 단계인 분석, 설계, 개발, 실행, 평가가 이루어진다. 이때 Z축에 있는 CPS 모형인 문제발견, 문제해결, 해결책 기법이 각각의 단계에서 수행된다. 디자인 씽킹의 각각의 단계가 모두 이렇게 구성되며 각각의 단계에서 분석적 사고와 직관적 사고의 조화를 통해 문제를 해결해 나가는 것이다.

이 모형을 이해하기 위해서는 3가지 차원, 첫째, ADDIE모형에 대한 이해, 둘째, 창의적 문제해결 모형(CPS: Creative Problem Solving), 셋째, 디자인 씽킹(DT: Design Thinking)을 이해해야 한다. ADDIE모형은 앞에서 살펴보았다. 여기서는 CPS와 DT에 대하여 살펴본다.

1. 창의적 문제해결 모형

창의성에 대한 개념은 '새롭고·적절한 것을 생성해 낼 수 있는 개인의 능력'으로 볼 수 있다(Getzel & Jackson 1962; McKinnon, 1968; Barron, 1988; Perkins, 1994; Amabile, 1996, 1999). 창의성이란 문제를 발견하고 문제를 해결하며 해결책을 수행해 나가는 각각의 단계에서 개인에게 새롭고·적절한 것을 생성해 낼 수 있는 개인의 능력을 말한다. 창의성 과정은 간단하게 아래 [그림 16-2]와 같이 구성해 볼 수 있다.

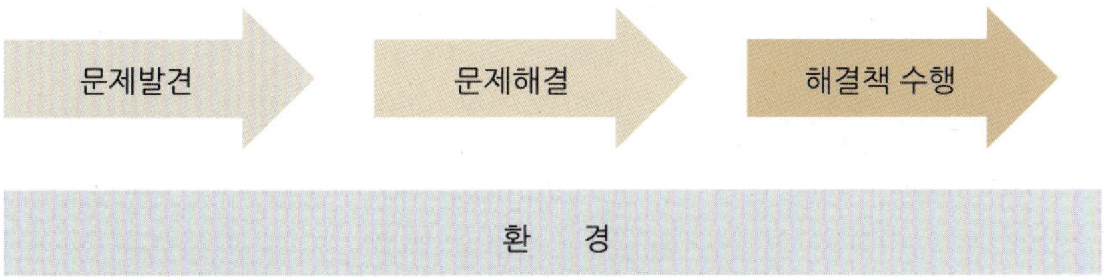

그림 16-2 창의성 과정

첫째, 문제를 발견한다는 것은 해결될 수 있는 새롭고 유용한 문제를 지속적으로 만들어 내고 발견하는 것을 의미한다. 조직의 경우 새로운 산출물을 만들어 내거나 새로운 고객의 욕구를 생각해서 서비스를 한다든지, 현재의 상품 · 서비스 · 절차 · 과정을 개선하는 방법을 찾는다든지, 조직 구성원이나 조직과 관련된 집단의 욕구를 만족시켜 줄 수 있는 방법을 개선하고자 하는 것이 바로 문제를 발견하는 것이다. 또한 새로운 문제와 기회를 창출해 내기 위해 복잡한 상황에서 정확하고 창의적으로 큰 그림을 시각화하는 것도 문제를 발견하는 것이다.

둘째, 문제를 해결한다는 것은 이러한 문제들에 대해서 새롭고 · 유용하고 · 많은 해결책을 개발해 내는 것이다. 즉, 다양한 아이디어를 많이 생산해 내어 과제를 해결하는 데 도움을 주는 단계이다.

셋째, 문제해결 수행에서 수행이란 이러한 해결책을 성공적으로 수행해 나가는 것이다. 이러한 수행된 해결책은 또한 새롭고 유용한 문제들을 야기할 수 있다. 따라서 이러한 것은 순환적인 과정이다.

1) 문제발견 단계에서 활용할 수 있는 기법

(1) Why? 왜?라는 질문을 다섯 번 활용법(Ask "Why" Five Times)

Chic Thompson의 『What a Great Idea』라는 책에서 Why를 다섯 번 활용하는 기법을 소개하고 있다. 즉 이 기법은 "왜" 문제가 발생했는지를 물어본 후 다시 "왜"라는 질문을 네 번 더 해보게 한다.

따라서 이 기법은 해결해야 할 문제의 본질을 규명하는 방법으로는 좋은 방법이다. 즉 문제의 근본적인 원인을 찾기 위해서는 우선 그 문제에 대해서 왜?라는 의문을 가지고 계속해서 네 번 더 "왜"라는 질문을 하면 그 문제의 원인이 스스로 찾아질 수도 있다는 것이다. 이 방법은 가장 정확한 문제 정의에 도달하기 위하여 문제를 세밀히 조사하는 기법이다. 즉, 근본적인 문제분석에 활용하면 도움이 된다. 주어진 문제에 대해서 계속해서 원인을 물어 가장 근본이 되는 원인을 찾는다.

이 방법을 활용하는 시점은
1. 문제해결 활동을 시작할 때,
2. 정확한 문제의 본질을 파악하고자 할 때,
3. 문제 진술문이 문제를 정확하게 표현하고 있는지 확인하고자 할 때

활용하는 절차는
1. 문제 진술문을 기술한다. 즉, 문제 진술문의 '현재 상태'를 구체적인 용어로 기술한다.
2. 왜?라고 이유와 원인을 질문한다. 즉, 왜 그것이 문제인가?, 왜? 그런 문제가 발생하였는가?, 그 원인이 나오면, 또 "그 원인은 어떤 이유에서 발생했는가?의 계속되는 질문으로 그 원인을 찾는다.
3. '왜'를 적어도 5번 한다. 더 이상 반응이 없을 때까지 질문한다. 즉, 문제의 원인을 끝까지 추적하면 저절로 해결책이 나온다는 것이다.

〈사례〉 1. "왜" 기계가 멈추었는가?: 과부하로 휴즈가 타 버렸기 때문이다.
2. "왜" 과부하가 걸렸는가?: 베어링에 윤활류를 충분히 치지 않았기 때문이다.
3. "왜" 윤활류가 충분히 없었는가?: 펌프가 잘 작동하지 않았기 때문이다.
4. "왜" 펌프가 잘 작동하지 않았는가?: 펌프 샤프트가 마모되어 떨렸기 때문이다.
5. "왜" 마모되었는가?: 필터가 없었기 때문이다.

결국 필터를 끼움으로써 문제는 해결된다.

이처럼 기계가 멈추게 된 원인을 다섯 번 정도의 "왜"라는 질문을 통해서 찾아낼 수가 있었다. 대부분의 문제는 문제가 추상적으로 대두되어 문제의 본질을 벗어나서 해결책을 찾는 경우가 많다. 그러므로 문제가 발생했을 때 반드시 "왜" 그 문제가 발생했는지 "왜"라는 질문을 다섯 번 정도 해보는 것이 문제해결에 결정적으로 도움을 줄 수 있다는 것이다.

당신은 부자가 되고 싶습니까?
"나는 부자가 되고 싶다."
"왜" 부자가 되고 싶습니까? 돈을 많이 벌어서 편안하게 살기 위해.
"왜" 편안하게 살려고 합니까? 편안한 것이 좋기 때문에.
"왜" 편안한 것이 좋습니까? 불편한 것을 해소할 수 있으므로.
"왜" 불편한 것을 해소하려고 합니까? 불편하면 고통스럽기 때문에.

이와 같이 "왜"라는 질문을 자주 해 봄으로써 문제의 본질을 규명해 내는 데 도움이 된다. 그러나 우리의 경우 "왜"라는 질문에 잘 익숙해 있지 않다. 그러므로 문제의 본질을 벗어나서 뜬구름을 잡는 경우가 종종 있다. 그러므로 반드시 어떤 해결해야 할 문제가 대두되었을 때에는 이 "왜"라는 질문을 몇 번이고 한 후에 문제를 해결해 나가는 습관을 갖는 것이 매우 중요하다.

(2) 특성요인도(Fishbone Diagram)

Fishbone Diagram은 흔히 어골도 또는 특성요인도라고 부르기도 한다. 이 기법은 특정 문제에 대하여 가능한 원인들을 확인해 보는 방법이다. 이 기법에는 다이어그램이 포함되어 있는데 팀 구성원의 지식을 조직화 하는 데 효과적이다. 어떤 일을 추진하는 데 있어서 여러 가지 문제에 부딪치게 되는데 거기에는 반드시 많은 원인이 있고 또 그 원인들은 서로 얽혀서 복잡하게 되어 있다. 따라서 문제를 해결하기 위해서는 그 원인을 찾아내야 한다. 그 문제의 원인을 찾아내는 데 있어서 유용하며, 문제해결 프로세스를 시작하려고 할 때, 문제해결 또는 실행계획 수립에 정보를 도출하거나 정리할 때 유용한 것이 바로 특성요인도이다.

절차

1. 특성이 되는 내용을 빈칸 안에 문제, 현재 상황을 적는다.
2. 문제 또는 상황의 잠재적인 원인을 브레인스토밍한다. 몇 개의 범주로 나누어

잠재적인 원인을 추가 분류한다. 예를 들면 4M(Methods, Machines, Materials, Man), 4P(Places, Procedures, People, Policies), 4S(Systems, Skills, Staffs), 7S(Structure, Strategy, Style, Staff, Skills, Systems, Shared Value)

3. 문제의 잠재적 원인을 브레인스토밍한다. 즉, "왜"라는 질문을 계속하여 추가적인 아이디어를 내도록 한다.
4. 항목을 검토한다. 나열한 항목 중에서 가장 가능성이 높은 원인을 선택한다. 이때 선택은 주로 참가자들의 합의 또는 투표를 통해서 결정한다.

특성요인도 예

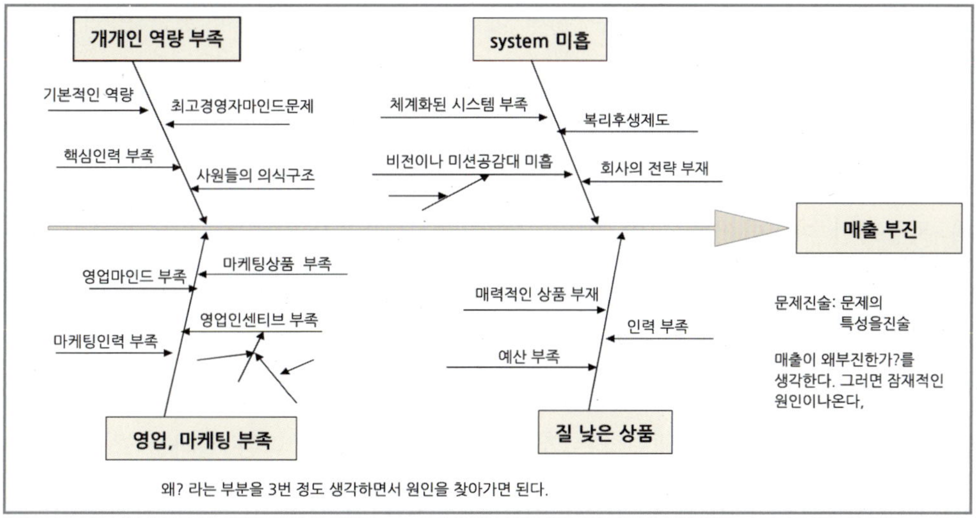

2) 문제해결 단계에서 활용할 수 있는 기법

(1) 브레인스토밍(Brain Storming)

브레인스토밍(Brain Storming: BS)은 미국의 광고대행회사인 BBDO의 사장이었던 Alex F. Osborn이 그의 저서 『창의력을 펴라』에서 광고에 관련된 아이디어를 내기 위한 회의 방식을 생각해 낸 것이 브레인스토밍이라고 불리어져 전 세계적으로 인정받고 있는 발상기법으로 1938년에 고안된 이래 세계에서 가장 널리 활용되고 있다. 브레인 스톰(Brain Storm)은 말 그대로 원래의 의미는 두뇌의 폭풍, 두뇌착란이라는 의미였으나 오즈본의 고안에 의해서 오늘날에 와서는 사전에서 "구성원이 자발적으로 제출하는 아이디어를 축적해서 어떤 구체적인 문제를 해결할 방법을 찾아내려는 그룹적인 시도이며, 실제적인 회의의 기법을 말한다."

두 가지 기본 원칙은 다음과 같다.

첫째, 양이 질을 낳는다. 처음부터 좋은 아이디어를 내려고 하기보다는 무조건 많은 아이디어를 내는 것이다. 이렇게 하면 그 가운데서 자연히 좋은 아이디어가 나온다.

둘째, 선 발상 후 판단이다. 여럿이 함께 생각할 때는 서로 간에 내는 아이디어를 비판하지 않는 것이다. 이렇게 하면 많은 아이디어가 나올 뿐 아니라, 비약적이며 독창적인 아이디어가 되어간다.

4가지 원칙은 다음과 같다.

첫째, 비판 금지(감정의 장벽 제거) 즉, 판단보류(Differed Judgement)이다. 아이디어를 내면서 그때마다 판단을 내린다는 것은 사고의 유창함을 막는 결과를 초래하므로 상대방이 낸 아이디어에 대해서 판단을 보류해야 한다.

둘째, 질보다 양 추구(Quantity Oriently)이다. 미국의 버팔로시 시장으로 항구에 세워진 새로운 다리의 이름을 의뢰받았을 때의 일이다. 오즈본은 BS를 통해 단 하나의 다리 이름을 붙이는 데에 실로 3,800가지의 아이디어가 나왔다. 100가지나 200가지라면 모르되 3,800가지나 된다면 다음은 그 가운데서 가장 좋은 것을 선택하기만 하면 된다. 또한 여러분이 만약 미스코리아를 뽑는 심사위원이라면 눈앞에 있는 10명의 미녀를 놓고 뽑는 것보다는 100명이나 1,000명 또는 10,000명으로 늘어난다면 더욱더 만족스럽게 뽑을 수 있을 것이다. 또는 서투른 총 솜씨라도 많이 쏘면

한 발로 명중시키려고 노력하는 것보다는 많이 맞출 수 있을 것이다.

이처럼 성공할 확률이 낮다고 해서 단념할 것이 아니라 확률이 낮더라도 수많은 것 가운데에는 반드시 진귀한 보물이 있으리라는 적극적인 사고방식이 BS에서는 대 원칙이다.

셋째, 자유분방(문화의 장벽 제거)(Free-Wheeling)이다.

- 자유롭게 마음껏 아이디어를 제시하라
- 상식 외의 아이디어를 대환영
- 아무런 제약도 존재하지 않음

넷째, 결합과 개선(편승환영)(Cross-Fertilize)이다. BS는 그룹으로 행하기 때문에 회의 중 다른 구성원들로부터 많은 아이디어가 제시된다. 따라서 다른 사람이 제기한 아이디어에 자극을 받아서 별개의 아이디어를 많이 내는 것이 중요하다. 즉 다른 사람이 낸 아이디어라도 개선하거나 수정하거나 조합해서 새로운 아이디어로 만들어 낼 수 있다.

BS를 실제로 할 경우 다음과 같은 방식으로 이끌어 나가는 것이 효과적이다. 즉 브레인스토밍을 하더라도 말을 잘 하지 않을 수 있기 때문에 첫 단계에서는 Free Wheeling 방식으로 토의 초기에 순서에 상관없이 자발적으로 아이디어를 발표하고 그대로 기록하는 방식이다. 자발적으로 아이디어가 나오지 않을 경우 Round Robin 방식으로 앉은 순서대로 고스톱 방향으로 발표하고 몇 번씩 아이디어를 계속 발표하게 한다. 다음으로는 Slip Method 방식으로 아이디어를 포스트 잇에 무기명으로 기록하여 아이디어를 제출하여 수집하는 방식을 사용할 수 있다.

- **토론주제** : 어느 정도 제한된 주제가 좋다
- **도전하기** 〈예〉 경영혁신을 성공적으로 추진하는 방법
  기업의 홍보를 효과적으로 하는 방법
  광고를 효율적으로 하는 방법

사람의 이름을 쉽게 외우는 방법
세상에 없는 신형 오토바이를 만드는 방법
교통사고를 줄이는 방법
회의 시간을 단축하는 방법

2. 디자인 씽킹 모형

디자인 씽킹(Design Thinking)은 디자인을 제공하는 것이 아니다. 디자인 씽킹은 사고방식(way of thinking)을 의미하며, 체계적인 문제해결 과정이다. 디자인 씽킹은 디자이너의 자세, 문제에 대한 접근방식과 문제해결 방식을 통해 창조적 가치를 추구하는 동시에 모호한 문제를 풀어 나가는 대안을 제시하는 '생각하는 방법'이고, 혁신을 이끌어내는 '방법론'이며, 교육과 경영의 '새로운 패러다임'이라고 할 수 있다(김도현, 장영중, 2014). 디자인 씽킹이란 용어는 다양한 분야에서 쓰이고 있다. 형태나 외관을 꾸미는 디자인 인공물에서부터 정치, 경제, 비즈니스, 생태환경, 교육 등 인간의 삶에 전반적으로 영향력이 확대되고 있다. 이러한 디자인 영역의 확대는 디자인 개념의 변화를 바탕으로 제품, 서비스, 정보, 환경, 교육 등에 적용되는 디자인 사고에 대한 관심을 급증시켰다. 전 세계 디자인 기업 중 가장 혁신적인 기업 5위 안에 있는 아이데오(IDEO)의 CEO인 팀 브라운(Tim Brown)과 스탠포드 대학의 d-school의 설립자인 데이비드 켈리(David Kelly)가 디자인 사고를 확장하고 있다(이정열, 이주영, 2010; Tim Brown, 2009).

IDEO에서 말하는 디자인 씽킹의 경우 로저 마틴이 말하는 '통합적 사고'를 받아들이고 있다. 통합적 사고는 새로운 해결책을 위해 상반되는 아이디어와 조건을 활용하는 능력을 통하여 사용자들의 긍정적인 반응을 이끌어 내고 호감도와 실현 가능한 기술적 가능성을 찾아가는 것을 말한다. 제품을 개발할 때 상이한 배경을 지닌 디자이너들로 팀을 구성한다. MBA 이수자, 사회학, 심리학, 건축 전문가, 시인 등이 한 곳에 팀으로 구성되어 업무를 실행한다. 각 전문분야들이 참여할 때 다양한 관점에서 의견들을 얻을 수 있다(팀 브라운 저, 고성연 역, 2010). 디자인 전공자만이 디자인을 할 수 있다는 생각에서 벗어난다. 인력 구성뿐만 아니라 '관찰(observation)'과 '프로토타이핑(prototyping)'도 중요하게 생각한다. IDEO에서 말하는 디자인 씽킹도 제품을 개발하거나 복잡한 문제를 다학제적인 또는 각각의 전문가들이 함께 상호작용해서 창의성과 혁신성을 갖춘 해결방안을 찾는 문제해결 과정으로 보고 있다.

디자인 씽킹 프로세스의 단계는 다양하게 제안되고 있다. 대중적인 모형은 아이디오의 디자인 프로세스 모델인 3I(영감: Inspiration, 발상: Ideation, 실행: Implementation)과 스탠포드 디자인대학과 하소-플래트너 연구소가 제시한 이해-관찰-관점-아이디어 창출-프로토타입-테스트로 구성된 6단계 모형이 있다(강미정, 이수진, 2014). 창의적 문제해결 과정에 비해 디자인 씽킹은 프로토타입 제작과 같은 실증적인 검증을 시도한다는 차이점이 있다. 여기서는 아이디오의 디자인 씽킹 프로세스 모델을 구체화한 디자인 씽킹의 과정 5단계로 구성하였다. IDEO사의 Design Thinking for Educators에 소개된 5단계를 중심으로 살펴보면 〈표 16-1〉과 같다(Riverdale, IDEO 저, 정의철, 김은정 역, 2014).

표 16-1 디자인 씽킹 모형

단계	중요 포인트	사고기법
공감하기	현장에 직접 방문하여 관찰, 경청, 질문	각각의 단계에 분석적 사고와 직관적 사고를 적절히 조화롭게 사용하면서 문제해결해 나감
문제 정의하기	분명하고 간결한 문장으로 진술	
아이디어 내기	브레인스토밍, 바디스토밍, 브레인라이팅, SCAMPER, 희망점열거법, 결점열거법, 마인드맵, 특성열거법, 초점법 등	
시제품 만들기	형태(모양), 기능(작동), 느낌(경험)을 고려하여 시제품을 만들고 만든 내용에 대하여 잘된 점, 잘 안 된 점, 개선할 점, 향후 계획을 피드백 받음	
발전시키기	피드백 받은 내용을 중심으로 새로운 시제품을 만듦	

첫째, 공감하기 단계이다. 이 단계에서는 자세히 관찰하고 상대방에게 경청하고 질문을 통하여 사용자(user)들이 무엇을 원하는지 파악하는 것이 중요하다. 여기서 공감한다는 의미는 미안한 마음이나, 비슷한 감정을 가지거나, 동정하는 것이 아니다. 상대방이 고객이 원하는 것이 무엇인지 정확히 알기 위하여 민속방법론적인 접근으로 문제를 파악하는 것이다. 즉, 참여관찰을 통하여 먼저 고객이 원하는 것이 무엇인지 정확히 알기 위한 공감이다. 공감하기 위해서 일정기간 동안 프로그램을 개발하기 전에 무엇을 원하는지 참여하여 관찰하고 경청하여 모든 것을 기록한다는 의미이다. 공감하기 위한 분석, 설계, 개발, 실행, 평가의 단계를 거치면서 창의적 문제해결에서 활용할 수 있는 기법들을 적용해 본다. 예를 들면 요구분석, 기관분석, 현존자료분석, 학습자분석, 환경분석, 목표분석, 직무분석을 할 때 공감하기를 적용하는 것이다. 이때 창의적 문제해결 기법인 문제발견기법들, 문제해결기법들, 해결책 수행기법들을 적용한다.

둘째, 문제를 정의하는 단계이다. 문제를 정의하는 단계에서도 마찬가지이다. 이 단계에서는 공감하기 단계에서 추출한 내용을 중심으로 간결한 문장으로 문제를 진술한다. 문제를 진술할 때에는 '~~는 ~~하기 때문에 ~~할 수 있는 방법이 필요하다'의 형태로 문제를 정의한다(Anthony Di Mari, Nara Yoo, 2013). 예를 들면 중학교 2학년 서울에 있는 남자학생들 20명은 스스로 학교 성적을 따라갈 수 없기 때문에 이런 학생들을 돕기 위한 방과 후 프로그램이 필요하다.

셋째, 아이디어 내기 단계이다. 이 단계에서는 정의된 문제를 해결하기 위하여 아이디어를 내는 단계이다. 여기서는 아이디어 발상기법들을 적용하여 문제를 해결하는 데 필요한 아이디어를 낸다. 중요한 것은 오감을 많이 작용시켜 아이디어들을 생성하기 위한 방법을 생각해 보는 것이 중요하다. 예를 들면 브레인스토밍할 때 온몸을 활용하는 바디스토밍을 함께 적용하는 것이 중요하다. 이 단계에서는 창의적 문제해결 기법을 활용한다. 예를 들면 목표설계, 평가설계, 교수설계, 내용설계 할 때 적용해 본다. 특히 교수설계나 내용설계 할 때 다양한 아이디어 발상기법들 적용하여 어떻게 해결해 나갈 것이지 결정한다.

넷째, 시제품 만들기 단계이다. 이 단계에서는 문제를 완벽하게 해결하는 것이 아니다. 우선 제안된 아이디어들을 중심으로 시제품을 만들어 보는 단계이다. 시제품을 만들 때 완벽성보다는 시제품의 형태 즉, 모양(디자인)과 기능성(작동), 느낌(경험)이 고려된 시제품을 만든다. 시제품을 만든 후 Pilot 과정을 거친다. 시제품을 만들 때 외형적으로 보기 좋아야 할 뿐만 아니라 실행할 때 제대로 실행되는지 기능이 중요하며, 사람들이 접했을 경우 사용자들의 느낌도 중요하다. 디자인 씽킹에서 강조하는 좌뇌적 사고와 우뇌적 사고를 적용해 보는 것이다. 이러한 점을 고려하여 시제품을 만든다. 시제품에 대해서는 잘된 점과 잘 안된 점, 개선해야 할 점과 향후 계획을 중심으로 피드백을 받는다. 형식과 내용 모두 중요하게 생각해야 한다.

다섯째, 발전시키기 단계이다. 이 단계에서는 시제품에서 만든 내용에 대하여 피드백을 받은 후 그 내용을 중심으로 새로운 제품을 만드는 단계이다. 발전시키기 단계에서 분석, 설계, 개발, 실행, 평가의 과정이 제대로 수행되었는지, 그리고 창의적 문제해결 기법에서 제시한 문제발견, 문제해결, 해결책 수행기법을 잘 적용했는지 검토한다. 중요한 것은 각각의 단계에서 분석적 사고와 직관적 사고를 조화롭게 사용하여 문제를 해결하는 것이 핵심이다.

Chapter

17

ADDIE모형을 통한 교육프로그램 개발 사례

개 요

이 장에서는 ADDIE모형을 통해 프로그램을 개발한 사례를 소개한다. 이 사례를 통하여 PD-PADDIE모형과 비교하여 잘된 점과 수정·보완해야 할 점을 찾아보도록 한다.

학습목표

1. ADDIE모형을 통해 개발한 사례를 살펴보고 PD-ADDIE모형과 비교하여 잘된 부분과 수정·보완해 나가야 할 부분을 구분하여 설명할 수 있다.

표 17-1 기업교육 프로그램 개요

프로그램명	'상사의 유혹' – 직장부하와 통(通)하였느냐?		
교육대상	기업체 내 과장급 인사		
교육시간	5시간 (1일)	교육시간대	오후 1~6시
교육목적	1. 역지사지(易地思之) 정신의 함양 2. 기업 내 소통의 문화 조성을 통한 조직 팀워크 향상 3. 창의적인 아이디어 수용을 통한 기업 효율성 및 이윤 증대		
학습목표	1. 역할극의 참여를 통해 상대방에게 줄 수 있는 긍정적인 말과 부정적인 말의 차이를 이해할 수 있다. 2. 조직 구성원과의 원활환 소통의 방안으로 SNS를 적극 활용할 수 있다. 3. 리더로서 부하 직원들의 창의적인 아이디어를 이끌어 내기 위한 방법을 말할 수 있다.		
주요 학습내용	1. 조직을 건강하게 하는 말과 행동 2. SNS 활용한 소통 교육 3. 좋은 리더를 위한 실천 행동 강령 선포		
교재·보조자료	PPT, 유인물		
교육방법	1. TBL(Team Based Learning)을 통한 학습 2. AL(Action Learning) 학습의 일환으로써 역할극 참여 학습 3. 구성주의 학습에 기반한 상호 의사소통이 원활한 학습		
선수학습조건	직장 부하 직원 대상으로 한 설문조사 요구		

1. 기본 계획

1) 개발 배경

(1) 기업교육 프로그램 개발 배경

본 기업교육 프로그램은 직장 내 부하의 고충에 대한 이해를 증진시켜 직장인 스트레스 중에 하나로 높은 비율을 차지하는 '직장 상사와의 어려움'을 해결하여 수직적이고 경직된 기업 분위기를 벗어나 수평적이고 활기찬 기업 분위기를 만들기 위해 개발되었다. 하이트진로 위스키 '킹덤'은 최근 3040 남녀 직장인 650명을 대상으로 지난 2월 20일부터 3월 18일까지 직장인 스트레스에 대한 온라인 설문조사를 벌인 결과, 이와 같은 결과가 나왔다고 밝혔다. 스트레스의 원인으로는 야근이나 휴일근무 같은 초과 업무 발생(42%)이 1위를 차지했다. 이어 상사의 잔소리(32%), 아래 직원이 잘 따라오지 않거나 무시당할 때(12%)가 뒤를 이었다.[1]

취업포털 인크루트가 상사와 부하직원이 모두 있는 직장인 211명을 대상으로 설문조사를 실시했다. 우선 지난 해 상사에 대한 만족도를 묻자 불만족(49.3%), 만족(28.9%), 보통(21.8%) 순으로 나타났다.

그렇다면 부하직원이 올해 직장상사에게 바라는 점은 무엇이었을까? '업무지시가 명확했으면'(52.1%) 하는 바람이 절반 이상을 차지했다. 또한 업무적인 측면 외에도 '부하직원들을 잘 챙겨주고 격려해 줬으면'(47.4%) 하고 바라는 직장인도 많았다. '독단적으로 업무 처리하지 말고 의견을 경청했으면'(36.0%) 하는 답변에서 보듯 상사와의 소통을 희망하거나, '업무지시보다 본인 업무부터 제대로 해냈으면'(28.4%)처럼 업무에 대한 책임감을 강조하는 의견도 상당수였다.[2]

이와 같이 직장인이 상사에 대해 만족하는 비율이 낮고(28.9%) 직장상사에게 바라는 점으로 업무적인 부분 외에 상사와 부하직원 간의 원만한 관계와 원활한 소통을 원하고 있는 것을 알 수 있다. 이런 요구를 인지하고 해결하기 위하여서는 상사가 먼저 부하직원을 이해하고 소통할 준비를 하여야 하며, 이를 통해 기업 내 상사와 부하 간의 활발한 소통과 수평적 관계를 이루어 세계화 시장에서 기업의 경쟁력을 높일 수 있다고 생각하였다. 이에 본 기업교육 프로그램의 필요성을 느끼고 개발하게 되었다.

1) 직장인 스트레스 1위는 '야근·휴일근무', 해소법은?, <코리안스피릿>, 2013.03.24
http://www.ikoreanspirit.com/news/articleView.html?idxno=37777

2) 새해 직장인들, 상사나 부하 "OOO 해줬으면 좋겠다", <노컷뉴스>, 2013.01.08
http://www.nocutnews.co.kr/Show.asp?IDX=2368018

(2) 프로그램 추진전략

- 급변하는 시장의 흐름과 세계화로 인한 빠른 사회 변화와 흐름에 대처하기 위해 신속한 결정을 내릴 수 있는 기업 내 활발하고 민주적인 분위기를 조성한다.
- 기업 내 직원의 수평적 관계를 통해 개개인의 사원이 자신의 생각과 능력을 열린 분위기에서 마음껏 펼칠 수 있도록 하여 기업의 생산성과 경쟁력을 높인다.
- 직장 내 어려움 중 하나인 상사와의 관계를 개선하여 부하 직원이 기업에 적응하고 만족하며 일에 집중할 수 있도록 기업 복지 측면에서 제공한다.
- 상사는 부하 직원의 마음을 이해하여 효과적인 리더십을 발휘할 수 있다.
- 외국 시장에서의 경쟁력을 높이기 위해 사원들의 활발한 소통으로 인해 창의성을 도출한다.

표 17-2 프로그램 추진전략

구분	내용
추진 전략	1. 부하직원에 대한 이해를 높여 경직되고 수직적인 상하 분위기를 개선한다. • 사전 설문조사를 통해 실제로 부하 직원이 가지고 있는 고충에 대해 조사하여 이를 상사가 알고 이해할 수 있도록 함. • 역할극을 통해 부하 직원의 입장이 되어 생각해보고 그들의 입장을 진심으로 느끼고 이해함.
	2. 기업 내 창의적이고 다양한 아이디어를 지속적으로 도출한다. • 페이스북 '팀 페이지' 개설을 통해 기업 내 활발한 소통이 지속될 수 있도록 함. • 이를 활용하여 기업 내 경직된 분위기를 없애고 다양한 아이디어 회의를 가능하게 함.
	3. 과장급 인사들의 리더십을 향상시킨다. • 과장급 인사를 학습 대상으로 하여 부하 직원에 대한 이해를 높이는 동시에 효율적인 리더십을 배우고 이를 발휘
	4. 프로그램의 결과로 세계 시장에서의 빠른 대처와 효율적인 결정으로 기업이 경쟁력을 가질 수 있도록 한다. • 상사와 부하 간의 활발한 소통을 할 수 있는 민주적인 분위기 조성을 통해 세계 시장의 요구에 빠르게 대처하고 부응함.
	5. 평가를 통해 잘못된 점을 개선하고 프로그램의 효과가 지속될 수 있도록 한다. • 설문지와 피드백을 통해 프로그램의 문제점을 발견하고 이를 해결하며 프로그램의 효과가 유지될 수 있도록 개선 · 보완함.

(3) 프로그램 개발 절차

표 17-3 프로그램 개발 절차

<table>
<tr><td>요구분석</td><td colspan="2">SWOT 분석과 3C 분석 및 FAW 분석을 통해 기업인재의 효과적인 활용과 변화하는 시대적 흐름에 맞는 수평적 기업문화를 통해 세계 시장에서의 경쟁력을 향상시키기 위한 프로그램의 필요성을 느끼고 프로그램을 개발함.</td></tr>
<tr><td rowspan="3">설계·개발</td><td>학습목표</td><td>1. 역할극의 참여를 통해 상대방에게 줄 수 있는 긍정적인 말과 부정적인 말의 차이를 이해
2. 페이스북 팀 페이지 운영 교육을 통해 조직 구성원의 원활한 소통을 위한 다양한 창구 마련
3. 기업 내 건강한 조직 문화를 만들기 위해 리더에게 필요한 자질 알기</td></tr>
<tr><td>학습내용</td><td>1. 사전에 부하직원을 대상으로 한 설문지를 바탕으로 '상사가 부하 직원에게 해야 할 말과 해서는 안 될 말'을 인지
2. 역할극을 통해 과장이 부하직원의 역할을 맡아 그들의 불편과 어려움을 이해함
3. 페이스북을 통해 팀 페이지를 구성하여 상사와 부하 간의 소통이 원활하게 되도록 함
4. 좋은 리더가 되기 위한 실천행동 강령을 선포</td></tr>
<tr><td>교수-학습 방법</td><td>가네의 9가지 수업사태와 ARCS모형을 기반으로 학습동기, 몰입, 상호작용, 매체활용을 고려하여 학습방법개발</td></tr>
<tr><td rowspan="2">운영·평가</td><td>운영</td><td>1. 과장급을 대상으로 하여 프로그램의 중요성과 필요성을 알리고 승진 교육의 일환으로 적용하여 반드시 참여하도록 유도함
2. 시간대를 다양하게 하여 가능한 시간에 참여하도록 하며 활동중심의 프로그램을 진행
3. 큰 강의실과 PC 등의 전자시설이 잘 갖추어진 곳에서 인사팀을 중심으로 심리전문가, SNS 분야의 전문 강사를 초빙하여 운영</td></tr>
<tr><td>평가</td><td>1. 설문지법으로 사전평가, 사후평가를 실시하여 효과성을 측정
2. 타일러 목표지향모형을 바탕으로 목표달성 정도를 파악</td></tr>
</table>

2) 요구분석

프로그램의 적용대상은 특정 기업을 대상으로 하는 것이 아닌 포괄적으로 보다 다양한 기업을 상대로 하였다. 교육대상이 되는 학습자는 기업 내 과장급의 계급에 해당하는 사원으로 하였다. 이는 프로그램의 학습목표가 '부하직원 마음 헤아리기'

라는 내용을 포함하므로 관리 규모나 범위가 너무 좁거나 넓다면 학습 내용을 적용하는 데 어려움이 따른다.

다시 말해 학습내용을 적용 및 활용하는 빈도를 높이기 위해서는 관리 규모나 범위가 적절한 계급을 대상으로 하는 것이 옳다고 생각했기에 과장급을 학습대상자로 선정했다. 하지만 국내 기업의 규모와 사원수가 다양하므로 직급과는 무관하게 적절한 수의 사원을 관리하는 담당자를 대상으로 프로그램을 운영해도 크게 무리가 없을 것으로 예상된다.

프로그램을 구성하기 전, 국내 기업에 대한 이해가 바탕이 되어야 개발에 착수할 수 있기에 이를 토대로 요구분석을 수행하였다. 국내 기업분석 및 요구분석은 SWOT 분석과 3C 분석 및 FAW 분석을 통해 이루어졌다.

(1) 국내 기업의 SWOT 분석

표 17-4 국내 기업의 SWOT 분석

구분	내용	대처/해결방안
S (내적강점)	창의적이고 젊고 우수한 인력의 보유, 효율적인 인사관리, 높은 생산성, 변화하는 시대적 흐름을 기업에 반영하려는 기업혁신 욕구	기업의 인재를 효과적으로 활용할 수 있는 방안 마련이 시급
W (내적약점)	수직적 관계로 자유로운 의사소통 방해, 타 부서와의 협력능력 부족, 노동자의 과한 업무 스트레스, 수평적이고 민주적이지 않은 관계로 개개인의 창의성 발현의 어려움	소통이 원활하고 개개인의 능력을 충분히 발현할 수 있는 기업문화 육성의 필요
O (외적기회)	세계화시대, 수평적 관계에 대한 시대적 흐름과 필요성, 우수한 젊은 인재의 효율적 사용의 필요성, 창의적 아이디어 공유 필요, 빠르게 변화하는 시대에 맞춘 발빠른 대처와 신속한 판단이 기업에 필요	변화하는 시대적 흐름과 시장에 발맞추어 기업문화의 변화의 필요
T (위협)	우리나라의 오랜 유교문화로 철저한 상하관계 관료제에 익숙한 한국 기업문화, 보수적인 기업문화, 변화에 대한 두려움, 보다 선진화된 모습의 다양한 경쟁 기업들의 출현	기업 내 보수적인 기업분위기를 바꾸고 변화에 대한 두려움을 없애 준다. 또한 기업문화 혁신의 필요성을 인식시킨다.

앞선 국내 기업의 내부적 강점과 약점, 외부적 기회와 위기를 각각 분석한 자료를 바탕으로 SWOT 분석에 다시 적용하였다.

표 17-5 SWOT 분석의 적용

	S	W
O	급변하는 시대적 흐름과 기업에 시장변화에 따른 발 빠른 대처와 신속한 판단의 필요. 국내기업의 필요한 창의적이고 우수한 인적자원을 보유 현황. 기업의 인사의 효율적 이용과 혁신요구	급변하는 시장, 다양한 인재를 효율적이게 이용하고 창의적인 대안마련의 필요, 국내 기업 내 부서들 간의 협력능력 부족, 사원들의 수직적 관계로 인한 민주적인 기업문화 구축실패, 소통의 부재와 개개인의 창의성 발현에 어려움.
T	우리나라의 오랜 유교문화로 철저한 상하관계 관료제에 익숙한 보수적인 국내 기업문화, 변화에 대한 두려움, 창의적이고 젊고 우수한 인력의 보유함에도 이를 효율적으로 사용하지 못함, 세계화로 기업은 국제적 기업과 경쟁을 피할 수 없어짐.	폐쇄적인 형태의 국내 기업문화, 수직적인 관계, 자유로운 의사소통을 방해, 개개인의 능력발휘 어려움, 각 부서 간의 협력 부재, 세계화로 인한 국내기업이 외국시장에서 타 외국 기업들과 비교하여 경쟁력을 가지는 데 어려움.

- **SO** : 급변하는 시대적 흐름에 따라 기업은 시장변화에 따른 발 빠른 대처와 신속한 판단이 필요하다. 국내기업은 이미 창의적이고 우수한 인적자원을 보유하고 있으며, 기업은 이들을 효율적으로 이용해 기업혁신에 활용하고자 하는 요구를 지니고 있다.
- **WO** : 급변하는 시장에 대응하기 위해 기업은 자사가 보유한 다양한 인재를 효율적으로 이용해 창의적인 대안을 마련해야 하나, 국내 기업 내 부서들 간의 협력능력 부족과 수직적 조직문화로 인해 민주적인 기업문화를 구축하지 못하고 있다. 이는 곧 소통의 부재를 야기하고 개개인의 창의성 발현에 어려움을 주어 기업 발전을 저지하는 요인이 될 수 있다.
- **ST** : 우리나라의 오랜 유교문화로 철저한 상하관계의 관료제에 익숙한 보수적인 국내 기업문화는 변화에 대한 두려움을 지니고 있으며, 창의적이고 우수한 인력을 보유하고 있음에도 불구하고 이를 효율적으로 사용하지 못하고 있다. 반면 세계화로 인해 국내 기업은 국제적 기업과의 경쟁을 피할 수 없는

상황에 놓여 있다.

- **WS** : 폐쇄적인 국내 기업문화는 자유로운 의사소통을 방해하며 개개인의 능력 발휘를 어렵게 하고, 더 나아가 각 부서간의 협력을 어렵게 한다. 이는 세계화로 인한 경쟁에서 국내기업이 외국시장에서 타 외국 기업들과 비교하여 경쟁력을 갖추는 데 가장 큰 장애요인으로 작용하고 있다.

(2) 국내 기업의 3C 분석 및 FAW 분석

표 17-6 국내 기업의 3C 분석 및 FAW 분석

구분	내용
기회/위협 FAW	한국사회에서 세계화는 피할 수 없는 현상이다. 국내에서의 세계화는 경제와 문화, 정치 영역에서 종합적으로 진행되어 왔다. 먼저 경제 영역에서의 세계화는 1990년대부터 무한경쟁과 국가경쟁력을 부각시킴으로써 한국경제의 탈국가화를 가져 왔으며, 특히 1997년 외환위기를 계기로 국내 기업들은 미국식 기업운영으로 대표되는 글로벌 스탠더드가 될 것을 요구받고 있다. 반면 한국 기업은 과거 한국의 유교적 문화의 영향을 받아 수직적이고 폐쇄적인 형태의 기업들이 대다수를 이루고 있다.
고객분석 (Client)	세계화라는 시대적 흐름과 소규모인 국내시장의 특성상 한국의 많은 기업들은 국내 시장만이 아닌 세계적 시장을 대상으로 활동하고 있다. 이러한 외국 시장들은 그 다양성만큼이나 다양한 요구와 문제들을 제기하고 있으며 이를 위한 한국 기업의 신속한 대응과 발전을 요구하고 있다.
자사 (Company)	수직적 관료제 문화와 변화에 대한 두려움, 폐쇄적인 기업문화로 사원들 간에 소통이 원활하지 않고 분위기가 민주적이지 않다. 이는 개개인의 능력을 최대한으로 발현하지 못하도록 하며 창의적 인재들의 효율적 이용을 불가능하게 한다. 하지만 한국 기업들도 창의적이고 능력 있는 인력을 다수 보유하고 있고 사원들의 능력개발에 힘쓰며, 그들이 자신들의 역량을 최대한 발휘 할 수 있는 기업문화의 발전을 위한 욕구와 필요성을 인식하고 있다.
경쟁사 (Competition)	국내 시장은 물론 국외 다양한 시장을 타깃으로 활동하는 현대의 기업들은 선진화된 모습의 다양한 외국 기업들과 경쟁을 하여야 한다. 그들은 보다 좋은 복지혜택과 개인의 능력을 인정하고 민주적인 기업문화를 가지고 있으며 소통과 서로에 대한 존중을 중시하여 모든 사원들의 능력을 최대한으로 발휘할 수 있는 기업문화를 위해 노력하고 있다.

위와 같은 분석을 통해 세계화의 물결 속에 급변하는 시대적 흐름, 그리고 시장 변화에 따라 기업은 사회와 시장의 변화하는 요구에 대한 발 빠른 대처와 신속한 판단이 필요하다는 점을 인식하였다. 또한 이를 위해선 수직적이고 폐쇄적인 형태의 기업문화를 원활한 소통과 상호 존중, 민주적인 분위기로 바꾸어 개개 사원이 자신의 능력을 최대한으로 발현할 수 있는 기업 분위기를 조성할 필요성이 있음을 인식했다. 따라서 이러한 국내의 폐쇄적인 관료제 문화를 보다 민주적이고 소통하는 형태의 기업문화로 변화시키려는 취지 아래 교육 프로그램을 구성하였다.

3) 학습자 분석

표 17-7 학습자 분석

구분	내용	대처/해결방안
S (내적 강점)	기업문화에 충분히 적응, 리더십, 부하사원 관리 능력, 효율적 업무활동, 변화의 필요성 인식, 애사심	기업문화에 충분히 적응하고 부하직원을 관리하는 능력이 탁월하므로 이를 이용
W (내적 약점)	수직적 관계에 길들여짐, 창의성 부족, 젊은 사원과의 의사소통에 어려움, 타 부서와의 협력능력 부족, 과한 업무 스트레스, 변화에 대한 두려움, 현실 안주성	수직적 관계에 길들여져 새로운 사원들과 의사소통에 어려움이 있고 변화에 두려워하므로 거부감을 최소한으로 하되 변화의 필요성을 인식시켜야 한다.
O (외적 기회)	세계화시대, 수평적 관계에 대한 시대적 흐름과 필요성, 우수한 젊은 인재의 효율적 사용의 필요성, 창의적 아이디어 공유 필요, 빠르게 변화하는 시대에 맞춘 발 빠른 대처와 신속한 판단이 기업에 필요, 기업 자체가 변화와 혁신의 필요성 인식	변화하는 시대적 흐름과 시장에 발맞추어 기업 자체가 변화와 혁신의 필요성을 인식하고 학습자로 하여금 사원관리능력 개발을 요구하는 사실을 동기로 사용
T (위협)	우리나라의 오랜 유교문화로 철저한 상하관계 관료제에 익숙한 한국 기업문화, 보수적인 기업문화, 변화에 대한 두려움, 보다 선진화된 모습의 다양한 경쟁 기업들의 출현	기업문화 혁신의 필요성을 인식시키고 변화에 대한 두려움을 달랜다. 학습을 통한 사원들 간 소통의 중요성과 장점을 부각시킨다.

2. 설계 · 개발

1) 학습목표

개방적이고 수평적인 의사소통이 이루어지는 외국계 기업과 달리, 한국의 대다수 기업은 여전히 폐쇄적이고 수직적인 의사소통 체계에서 벗어나지 못하고 있다. 하지만 최근 SNS의 빠른 확산과 소통에 대한 시대적 요구에 의해 한국의 기업들 또한 기업 차원의 다양한 의사소통 방안을 마련하고 있다.

원활한 의사소통이 요구되는 기업 내 다양한 집단 가운데에서도, 특히 직장 상사와 부하 직원이라는 관계에 초점을 맞출 필요가 있다. 상명하복과 수직적인 업무 체계가 관행으로 이어져오던 기존의 기업 문화 속에서는, 상사와 부하 직원 간의 원활한 의사소통을 기대하기 힘들다. 업무의 효율성 제고와 창의적 아이디어의 확산을 위해서라도 상사와 부하 직원 간의 다양한 채널을 통한 의사소통은 꼭 이루어져야만 하는 것이다.

위와 같은 요구에 의해 개설된 다음의 프로그램을 통해 팀워크 향상과 업무의 효율성 제고를 기대할 수 있을 것이며, 상사와 부하직원 간의 원활한 의사소통을 통해 보다 창의적인 아이디어 창출 효과를 기대할 수 있다.

학습 대상

직장 부하들의 마음을 헤아리는 프로그램이므로 관리자급의 인사들을 학습 대상으로 한다. 다양한 관리자급 가운데에서도 과장급 인사를 학습 대상으로 선정했는데, 그 이유는 크게 두 가지를 꼽을 수 있다.

① 여러 관리자급 인사들을 한데 모아놓으면 프로그램 안에서 다시 계급이 분화되는 양상을 띠게 될 우려가 있다. 다시 말해 다양한 계급의 관리자들이 함께 참여한다면, 기업 내 특유의 상하관계가 프로그램 내부에서도 지속될 가능성

이 있다. 직장 상사 눈치 보기 같은 행태가 반복되어 프로그램 학습을 방해할 우려가 있다. 직장 부하의 마음을 헤아려 본인이 속한 조직의 운영을 원활히 하는 데 초점이 맞추어져 있는 프로그램의 특성상, 특정 계급인 과장급 인사만을 상대로 시범 운영한 뒤 순차적으로 전 계층에 교육 범위를 넓혀가는 것이 바람직하다고 판단했다.

② 여러 관리자 계층 중에서도 과장급 인사를 선택한 데에는 계급의 관리 범위를 고려했다. 대리급 인사는 팀 규모 내지 관리 범위가 좁고, 부장급 이상의 인사는 팀의 규모나 관리 범위가 상대적으로 넓은 편이다. 반면 과장급 인사의 위치는 담당 조직의 규모나 범위가 타 계층에 비해 매우 좁거나 넓지 않은 적절한 수준이라고 판단했다. 담당 조직의 규모나 범위가 고려된 데에는 프로그램 이수를 통해 익힌 내용을 실제 상황에 적용해보며 가시적인 성과를 내기에 적당하다는 점에 그 이유가 있다고 할 수 있다. 그렇기에 과장급 인사를 학습 대상으로 선정했다.

학습목표

교육목적을 바탕으로 세 가지의 학습목표를 수립할 수 있다.

① 역할극의 참여를 통해 상대방에게 줄 수 있는 긍정적인 말과 부정적인 말의 차이를 이해할 수 있다.

② 조직 구성원과의 원활한 소통의 방안으로 SNS를 적극 활용할 수 있다.

③ 리더로서 부하 직원들의 창의적인 아이디어를 이끌어 내기 위한 방법을 말할 수 있다.

위에서 제시한 세 가지 학습목표가 결국 프로그램에 참여한 수강생들이 꼭 얻어가야 하는 주요 내용들이며, 이를 바탕으로 전체적인 프로그램을 개발했다.

예상 학습결과

그림 17-1 학습과정 이후 기대되어지는 학습결과

프로그램의 이수를 통해 기대되어지는 학습결과는 크게 세 가지 측면으로 나누어 생각해 볼 수 있다.

① 직장 상사에 대한 부하 직원들의 스트레스가 감소되어 조직 내 분위기를 개선시킬 수 있다. 엄격한 위계질서는 경직된 조직 분위기를 형성하고, 경직된 분위기 속에서 조직원들의 사고와 업무 능력 또한 경직될 수 있다. 또한 상사를 대하는 일을 까다롭게 여기는 부하 직원의 수가 많으면 많을수록 구성원 간 업무와 관련한 의사소통이 어려워질 수 있다. 이러한 경직된 조직 분위기가 만들어 낸 의사소통 장애는 결국 조직 생산성에도 악영향을 미칠 수 있다. 그렇기에 부하 직원을 향한 상사의 배려와 칭찬 한 마디를 통해 조직 내 경직된 분위기를 보다 유연하게 만들기 위한 노력이 필요하며, 이러한 노력의 결과 화기애애한 조직 분위기의 토대 위에서 직장 상사와 부하를 막론하고 업무 능력을 최대한으로 발휘할 수 있을 것이다.

② 기업 내 구성원들의 창의적이고 다양한 아이디어를 자극할 수 있을 것이다. 프로그램 이수 이후 직장 상사들의 노력으로 직장 내 원활한 소통의 분위기가 형성이 된다면, 기존의 수직적이고 폐쇄적이었던 구조에서 수평적이고 개방적인 사내 분위기를 형성하는 데 일조할 수 있을 것이다. 이러한 분위기 속에서 사내 우수한 인재들에게서 기업 발전을 위한 창의적인 아이디어 창출을 비롯해 효율적인 구조로의 변모를 꾀할 수 있을 것이다.

③ 기업의 생산성 향상을 꾀할 수 있다. 원활한 소통이 가능한 분위기의 토대 위에서 생성된 창의적인 아이디어는 조직과 기업의 발전을 도모할 수 있는 교

두보가 된다. 즉, 창의적 아이디어의 발현은 그것 자체가 결국 기업의 자산이 되는 것이며, 이를 통해 기업은 이윤을 창출할 수 있다.

정리하면, 결국 프로그램의 이수는 개인과 기업 모두에게 위와 같은 세 가지 측면의 긍정적인 결과를 안겨줄 수 있음을 이야기하고 있다고 볼 수 있다.

2) 학습내용

표 17-8 단원의 주요 학습내용

단원명	주요 학습내용
1. Ice breaking	• 프로그램 참여자 간의 자기소개 및 프로그램 설명 • 팀 구성 및 팀명 정하기, 게임 진행
2. '말춤 프로젝트' ; 부하직원 말로 춤추게 하기	• 회사 내 신입사원을 포함한 과장급 미만 직원들을 대상으로 '나의 상사! 이런 말은 삼가주세요!', '나의 상사! 이런 말은 힘이 되었어요!' 등의 질문을 통한 설문조사 • 사전 설문조사 바탕으로 팀별 순위 맞추기 게임 진행
3. 상사의 상상을 더하는, '상상극장'	• 사전 설문조사 결과를 바탕으로 역할극 진행 • 상사&부하 직원 역할로
4. '뒷북 말고, 페북!' ; 페이스북 활용 교육	• 페이스북 팀 페이지 개설 방법 교육 • 페이스북 팀 페이지 활용해 부서별 소통의 공간으로 활용하기 위한 아이디어 회의 및 실습
5. '나는 리더다!' ; 선포식 및 마무리	• 좋은 리더가 되기 위한 실천행동 강령 제정 및 선포식 • 팀별 포인트 합산 결과 발표 및 상품 제공

(1) Ice breaking

1. 게임 실시
- 업그레이드 3,6,9
- 웃음 바이러스

2. 수업 안내
- 강사 소개
- 활동 내용 소개

3. 팀 구성
- 팀 구성
- 팀명&팀 구호
- 팀 소개

그림 17-2 Ice breaking 진행 순서

Ice breaking은 수업의 도입부분에 해당한다. 본격적인 수업에 들어가기에 앞서 간단한 게임이나 퀴즈 같은 활동을 통해 수강생들의 긴장을 풀어주며 집중도를 높이는 작업이 우선시 되어야 한다.

예를 들어 제한 시간 안에 가장 많은 사람과 악수를 나눈 사람에게 상품을 지급하는 방안, 숫자 '3, 6, 9'가 나올 때와 10의 배수에서 박수를 치는 방식의 업그레이드 '3, 6, 9'게임을 진행하는 방안, 웃음의 여러 가지 종류(파안대소, 박장대소, 요절복통, 기절초풍 등)를 알려주고 이를 단계별로 실시하는 등의 다양한 방법을 이용할 수 있다. 이러한 방법들은 결국 수강생들의 얼어붙은 마음을 녹여 강의실의 분위기를 화기애애하게 만들 수 있고, 더불어 본격적으로 진행될 수업에 앞서 집중력을 높일 수 있는 효과가 있을 것으로 예상된다.

게임과 퀴즈를 통한 Ice breaking이 어느 정도 진행된 이후에는 프로그램의 전체적인 진행 순서와 방향, 수업 목표를 수강생에게 공지한다. 공지가 끝난 이후에는 프로그램 진행을 위한 팀 구성 작업에 착수한다. 차후 진행될 역할극과 SNS 활용 교육 등에서 팀 단위의 수업이 진행되므로 강사 임의로 앉은 자리 기준 5명씩 묶어 팀을 꾸리는 방식으로 팀을 구성할 수 있다.

이렇게 꾸려진 팀별로 책상을 붙여 앉게 한 뒤 자기소개를 통해 안면을 틀 수 있는 시간을 준다. 자기소개가 끝난 이후에 팀명과 팀 구호를 제작하도록 요구하고, 이렇게 제작된 팀명과 팀 구호는 프로그램이 종료되기 직전까지 유효하다는 사실을 알려주어 팀 단위로 일체감을 느낄 수 있도록 한다.

(2) '말춤 프로젝트'; 부하직원 말로 춤추게 하기

2013년 3월 22일, '직장인 스트레스 1위 야근 휴일근무, 2위는 직장상사 잔소리'라는 제목의 기사가 나왔다.[3] 또한 2013년 1월 22일에는 '밝다가도 출근만 하면 우

3) http://news.chosun.com/site/data/html_dir/2013/03/22/2013032200991.html

울, 직장인 74% 회사 우울증'이라는 기사[4]가 나왔고, 기사 내용 가운데 회사 우울증의 여러 원인 가운데 직장 상사와의 껄끄러운 관계가 15% 정도의 수치를 기록하고 있었다.

물론 스트레스와 우울의 모든 원인이 직장상사로부터 비롯된다고 말하는 것은 사실이 아닐뿐더러 동시에 지나친 비약일 것이다. 개인적인 문제와 함께 과도한 업무 및 회사 내부의 분위기, 직장상사와의 관계 부적응 등 다양하고 복합적인 요인에 의해 스트레스와 우울증이 유발되는 것으로 보는 것이 합당할 것이다.

직장인이 받는 여러 스트레스 요인 가운데 우리가 프로그램 개발 측면에서 주목한 점은 직장상사와의 관계 부적응 측면이다. 이러한 관계 부적응을 해소하기 위해 직장상사가 열린 마음으로 부하 직원에게 먼저 다가가면 문제를 보다 쉽게 해결할 수 있을 것으로 예상했다.

1. 과장급 미만 부하 직원 대상 설문조사 실시	2. 설문조사 결과 바탕으로 게임 진행
<예> 당신은 상사의 어떤 말에 가장 상처를 받았습니까? <예> 당신은 상사의 어떤 행동에 가장 스트레스를 받습니까? <예> 당신은 상사로부터 어떤 말을 듣기를 원합니까?	–각 문항별 순위 알아맞히기 –부하 직원 답변의 빈 칸 알아맞히기 –게임 통해 팀별 포인트 부여 –포인트 합산해 추후 상품 지급

그림 17–3 '말춤 프로젝트' 진행 내용

"말 한 마디에 천 냥 빚을 갚는다."라는 옛말이 있다. 이는 인간관계에서 말이 지니는 중요성을 역설하고 있는 것으로 볼 수 있다. 이러한 점에서 착안해 관계 부적응 문제 해소의 걸음을 직장상사의 어떤 말에 부하 직원들이 상처를 받았는지, 또는 어떤 말에 힘이 나서 열심히 일하게 되었는지를 조사하는 것으로 시작한다.

4) http://news.heraldcorp.com/view.php?ud=20130122000790&md=20130125004300_AP

이를 위해 사전에 과장급 인사 미만의 직원들을 대상으로 무기명 설문조사를 진행하고, 설문조사의 내용은 직장 상사와의 평상시 관계에 대한 내용을 솔직하게 답할 수 있도록 구성한다.

표 17-9 설문조사 문항의 예

1. 본인은 직장상사와의 관계가 어떻다고 생각하십니까?
   ① 매우 안 좋다 ② 안 좋다 ③ 보통 ④ 좋다 ⑤ 매우 좋다

2. 직장상사와의 관계에 문제가 있다면, 무엇 때문이라고 생각하십니까? (중복체크 가능)
   ① 상사의 무능력 ② 업무 이외의 잔업 요구
   ③ 과도한 업무로 인한 스트레스 ④ 상사의 잔소리 ⑤ 대화 단절

3. 직장상사로부터 들은 말 가운데, 가장 상처가 됐던 말을 무엇입니까?
   ① "능력도 없는 게..." ② "관둬!" ③ "밑에 후임 보기 부끄럽지도 않아?"
   ④ "다시 해 와!" ⑤ 기타

4. 직장상사로부터 들은 말 가운데, 가장 힘이 됐던 말은 무엇입니까?
   ① "역시 자네가 일을 잘해~" ② 오늘 하루도 파이팅!" ③ "퇴근합시다!"
   ④ 친절하게 틀린 업무 세세하게 알려줄 때 ⑤ 기타

위의 설문조사 결과를 바탕으로 통계를 내어, 문항별 순위를 매기고 이를 게임에 활용한다. 게임 진행방법은 아래와 같다.

〈1〉 '나를 힘들게 했던 상사의 행동, Best 5' 알아맞히기
- 팀별 구호 먼저 외치는 팀에게 답변할 기회를 우선 제공
- 정답 맞힐 시에 판넬에 있는 답변 내용 공개하고 수강생들 박수 유도

〈2〉 '내게 힘이 되었던 상사의 말, Best 5' 순서 구성하기
- 결과를 순위에 맞게 순서대로 맞혀야 한다는 점에서는 앞선 게임과 다름
- 팀별로 상의할 시간 잠시 준 뒤, 팀별 구호 외친 뒤 답변하도록 유도

– 정답 맞힐 시에 판넬에 있는 결과를 순서대로 공개하고, 포인트 부여

〈3〉 '상사는 ○○○이다.' 빈 칸 맞추기

– 직장 부하들의 답변을 게임화시킴
– 사전 설문조사에서 '상사는 ○○○이다.'라는 질문에 답변한 부하 직원의 생각을 알아맞혀야 하는 게임으로써, 여러 다양한 답변 나오도록 유도하는 것이 관건임. 각 팀별로 모두 답할 수 있도록 기회를 부여
– 각 팀별 의견 모두 들어보고 그렇게 생각한 이유에 대해 질문
– 정답 공개 후, 정답 맞춘 팀에게 포인트 부여

'나를 힘들게 했던 상사의 행동, Best 5'를 구성한 뒤, 각 팀별로 내용을 맞히는 게임을 진행한다. 이 외에도 '내게 힘이 되었던 상사의 말, Best 5'와 같이 다양하게 설문조사 결과를 구성할 수 있고, 각각의 질문에 대한 답변을 판넬 형태로 제작해 게임을 진행하기에 수월하게 구성한다.

설문조사 결과를 알아맞히기 위해서는 팀 구호를 적극적으로 외치는 팀에게 답변할 우선 기회를 부여하고, 정답을 맞힐 시에 포인트를 부여한다. 포인트는 누적되며, 강의 종료 직전 높은 누적 포인트를 기록한 팀에게 상품을 지급하는 용도로 사용하게 된다.

(3) 상사의 상상을 더하는, '상상극장'

앞선 수업에서는 설문조사 결과를 게임을 통해 모든 수강생들이 함께 알아보았다. 이번 차시에서는 설문조사 결과를 토대로 역할극을 실시한다. 역할극은 평상시와 유사한 업무 환경을 가정하고, 직장상사와 부하 간에 일어날 수 있는 갈등 사례를 바탕으로 한다. 갈등 사례를 구성할 때에는 설문조사로 드러난 '나를 힘들게 했던 상사의 행동과 말'이 적절히 들어갈 수 있도록 구성하는 것이 효과적일 것으로 예상된다. 역할극의 순서와 구성은 다음 [그림 17–4]와 같다.

1. 설문조사 결과 정리 –상대에게 부정적인 말과 행동 –상대에게 긍정적인 말과 행동	2. 팀별 8컷 만화로 대본 짜기 –팀별 역할극 대본 짜기 –팀 자체적으로 역할 배분 (과장, 대리, 사원 등) –2~3분의 역할극 준비
3. 역할극 실시 –실제 회사 생활을 떠올리며, 역할에 충실하도록 유도 –상사와 부하직원 역할을 바꿔가며 경험할 수 있도록 유도	4. 정리 –어떠한 느낌이었는지를 질문 –대본에 있는 부정적인 말을 어떠한 긍정적인 말로 바꿀 수 있을지를 질문

그림 17–4 역할극 순서와 구성

한 팀당 5명으로 구성되어 있기에 역할극을 위해서는 적절한 역할 배분이 우선시 되어야 한다. 5명으로 구성된 부서로 가정하고 한 명의 과장, 한 명의 대리, 한 명의 계장 내지 주임, 두 명의 사원으로 역할을 배분한다. 역할 배분 이후에는 사전에 구성한 다양한 갈등사례를 팀별로 나누어주고, 각 팀에서는 갈등사례를 토대로 2~3분 내외의 짧은 연극을 준비한다.

팀별로 갈등사례를 토대로 역할극을 각각 실시한 이후, 팀별로 돌아가며 어떤 말과 행동이 상대에게 상처가 될 수 있었는지를 이야기해보는 시간을 가진다. 이에 더해 상처가 되는 말과 행동을 어떤 식으로 바꾸면 좋을지에 대한 견해를 팀별로 발표하게끔 유도한다.

역지사지(易地思之)의 마음이 중요하다는 점은 그 누구나 쉽게 공감하지만, 정작 행동으로 이를 실천하는 일은 어렵다. 역할극을 통해 과장급 인사들이 본인 부서의 부하 직원들이 받았을 스트레스를 짐작할 수 있을 것으로 기대할 수 있다. 또한 일상생활에서 무심결에 내뱉은 말과 행동이 상대에게 얼마나 큰 부담과 스트레스를 줄 수 있는지, 반대로 어떠한 말이 상대에게 힘과 용기를 주어 조직 분위기를 긍정적인 방향으로 이끌 수 있는지를 알 수 있을 것이다.

역할극을 통한 간접 체험이야말로 분명 관리자들에게 부서 관리 방향에 대한 성찰과 지침을 이끌어 내는 나침반 역할을 할 수 있을 것으로 예상된다.

(4) '뒷북 말고, 페북!'; 페이스북 활용 교육

최근 트위터, 페이스북, 카카오톡 등 SNS를 통한 소통과 교류가 시대적 화두이다. SNS 없는 삶을 생각하기 힘들 정도로 파급력과 영향력이 엄청나다. 물론 이에 따른 부정적인 측면도 없지 않지만, 이를 잘만 활용하면 개인과 개인 내지 조직의 소통을 보다 원활하게 돕는 유용한 도구로 활용할 수 있을 것이다. 이러한 점에서 착안해 페이스 북을 이용한 조직 내 소통의 창구를 마련하는 방안을 생각해보았다.

그림 17-5 삼성그룹 페이스북 활용 사례

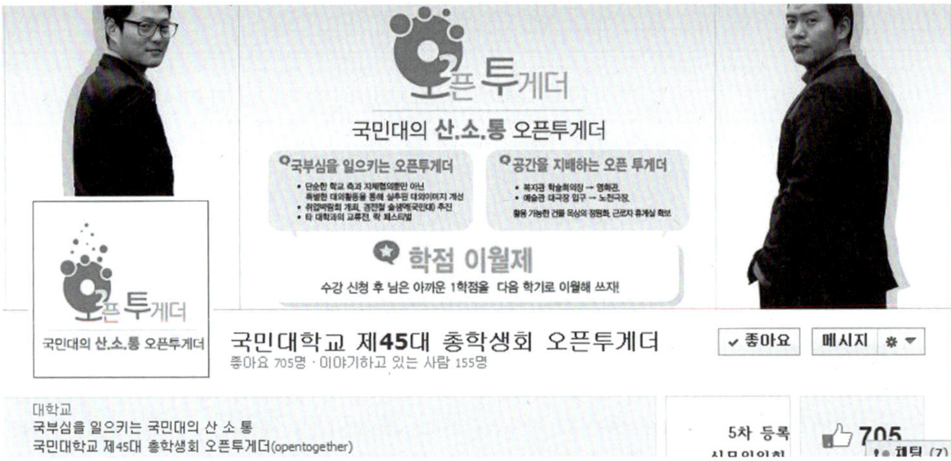

그림 17-6 국민대학교 총학생회 페이스북 활용사례

페이스북에는 팀 페이지를 개설해 운영하고 있는 많은 기업과 단체들이 있다. 예를 들어, 삼성과 현대와 같은 기업들은 이미 페이스북을 이용해 적극적으로 기업의 이미지와 상품을 홍보하는 창구 역할로 페이스 북을 활용하고 있다.

비단 기업뿐만이 아니라 많은 젊은 층이 타인과 교류하는 소통의 창구로 페이스북을 활용하고 있는 가운데, 페이스북이 직장상사와 부하 직원 간의 친목을 다지고 소통의 창구 역할을 담당하는 데 일조할 수 있을 것으로 기대할 수 있다. 페이스북을 활용한 교육 절차는 아래의 〈표 17-10〉과 같다.

표 17-10 페이스북 교육 절차

1. '페이스북' 이란? 2. 프로그램 대표 페이스북 페이지 개설 3. 개인별 페이스북 계정 개설 교육 및 실습 4. 개설된 페이스북을 통한 팀별 게임 5. 차후 페이스북 활용 방안 안내

① '페이스북'이란?

첫 번째 교육 절차는 페이스북에 대해 간략히 설명하는 것이다. 타 기업의 페이스북 활용방안 사례를 사진을 통해 소개하고, 운영원리와 방법적인 측면에 대한 설명을 더한다. 과장급 인사 가운데에 페이스북 이외에도 SNS활용에 능통한 자가 있는지 여부를 묻고 손을 들어 답하게 한다. 손을 드는 사람에게는 어떠한 방식으로 SNS를 활용하고 있는지 질문한다. 이를 통해 수강생들의 주의를 집중시킨다.

② **프로그램 대표 페이스북 페이지 개설**

두 번째 교육 절차는 프로그램 참여자들의 수강과정과 수강 이후의 결과물들을 함께 공유할 프로그램 대표 페이스북 페이지를 만드는 것이다. 큰 스크린을 통해 페이스북에 프로그램 대표 페이지를 만드는 과정을 보여주고, 수강하는 모든 인원들이 함께 이용하게 될 페이지임을 각인시킨다.

개설된 페이지는 관리자에 의해 다양한 글이 업로드 될 수 있고, 수강생들은 이 페이지를 방문해 프로그램 이수 이후의 과정들을 개인적으로 업로드 할 수도 있다. 이는 곧 변화과정을 다른 수강생들과 함께 나눈다는 의미로서 굉장한 의미를 지니는 것이라고 볼 수 있고, 더불어 프로그램의 지속성을 보장하는 방안이 될 수 있을 것이다.

	1. 페이스북 하단의 '페이지 만들기' 버튼을 누른다.
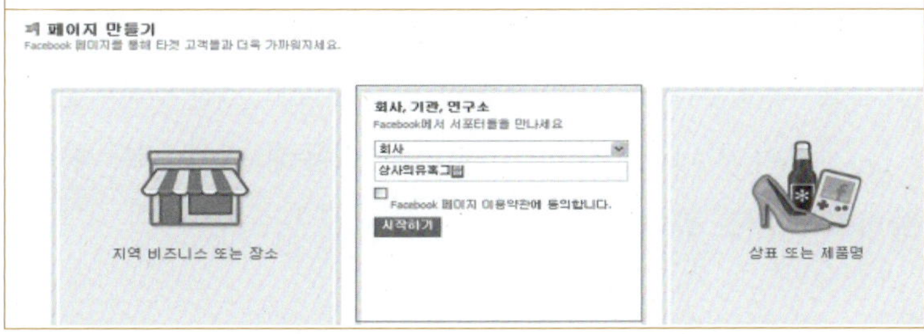	2. '회사, 기관, 연구소'를 선택한 뒤, 회사명을 적는다. (예 : 상사의유혹 그룹)

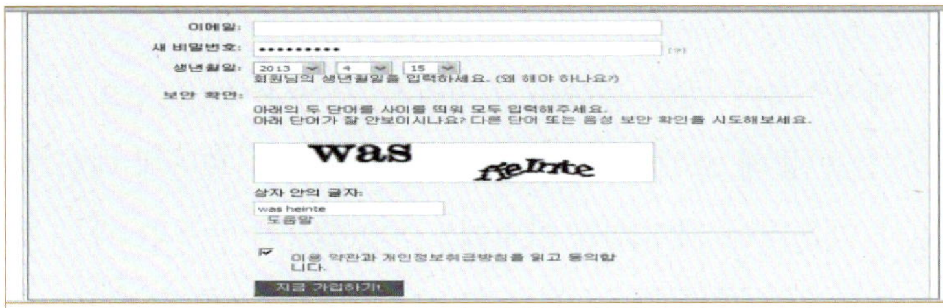

3. 가입 절차를 따른 뒤, 간단한 인증 절차를 거친다.

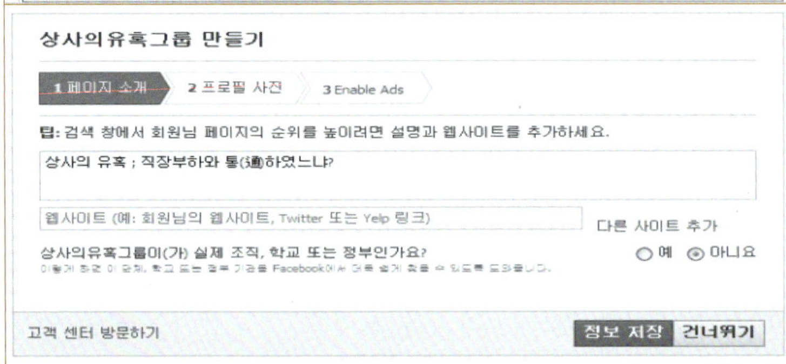

4. 페이지 소개를 적고 정보를 저장한다.

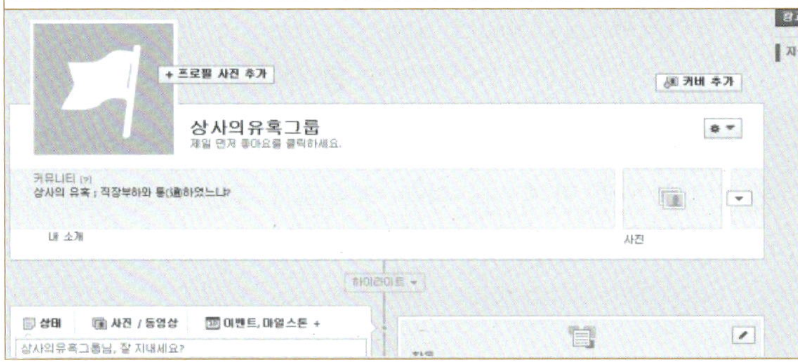

5. 메일을 통한 인증 절차가 완료되면, 실제로 페이지를 좌측처럼 개설할 수 있다.

③ 개인별 페이스북 계정 개설 교육

페이스북을 이미 활발히 사용하고 있는 사람도 있을 수 있지만, 페이스북과 거리가 먼 수강생들이 있을 수 있다. 또한 팀 페이지를 개설하는 일은 페이스북에 가입하는 일과는 다른 일이므로, 단계별로 팀 페이지 개설하는 방법을 알려준다. 앞선 2단계 과정에서 프로그램 대표 페이지 개설과정을 보여주었고, 3단계에서는 팀별로 지급된 노트북 또는 개인이 지니고 있는 스마트폰을 이용해 페이스북 계정을 그 자리에서 직접 개설하도록 유도한다.

중요한 점은 이러한 과정이 개인을 위한 페이지 개설이 아니라, 본인이 속한 부서를 위한 팀 페이지를 만드는 과정임을 주지시켜야 한다는 것이다. 부서별 팀 페이지의 개설은, 결국 부서 전체의 단합과 수평적인 의사소통이 원활히 이루어지기 위한 장치임을 끊임없이 알려주어야 한다.

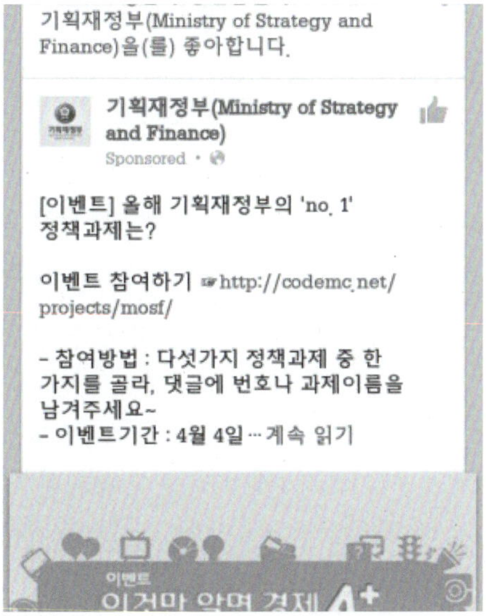

그림 17-7 기획재정부 페이스북 페이지, '좋아요' 누른 모습

④ 개설된 페이스북을 통한 팀별 게임

페이스북에서 중요한 것은 페이지 개설 이후에 보다 많은 '좋아요'를 확보하는 것이다. 개인 내지 팀 페이지를 '좋아요' 할 경우, 뉴스피드를 통해 업로드 되는 정보를 자연스럽게 받아볼 수 있는 시스템이기 때문이다.

자연스럽게 페이스북 활용 및 실습을 유도하기 위해 팀별로 페이스북을 통한 게임을 진행한다. 게임 진행 방법은 아래의 절차와 같다.

〈1〉 '상사의 유혹' 명으로 개설된 프로그램 대표 페이지 '좋아요' 클릭

〈2〉 '상사의 유혹' 페이지에 문제 게시

- 문제의 예 : '얼굴은 6개인데, 눈은 21개인 것은?'

〈3〉 문제에 대한 답을 댓글로 게시

〈4〉 정답을 가장 먼저 댓글로 게시한 팀에게 포인트 부여

이와 같이 게임을 통해 수강생들의 흥미를 유도하고, 자연스레 배운 내용을 실습할 수 있는 기회를 부여한다.

⑤ **추후 페이스북 활용 방안 안내**

페이스북의 계정 개설 방법, 사용법, 실습 등의 과정을 통해 수강생들이 SNS에 친숙해질 수 있는 기회를 가졌다. 중요한 것은 추후에도 개설한 페이스북을 상사와 부하 직원 간의 의사소통을 돕는 도구로서 활발히 활용할 수 있는 방안에 대해 고민해야 한다는 것이다.

개설된 팀별 내지 부서별 페이스북 페이지가 구성원간의 원활한 의사소통을 위한 창구 역할을 담당하기 위해서는 적극적인 홍보가 뒤따라야 한다. 실제 수강생들이 속한 부서 직원 모두가 동참 가능하도록 페이스북 페이지를 홍보한 뒤, '좋아요'를 누를 수 있도록 유도한다.

'좋아요'를 누른 개개 사원들은 페이지에 자유롭게 글을 게재할 수 있고, 이 페이지의 실질 담당자인 과장급 인사들은 주기적으로 글을 게재해 다른 사원과 부하 직원들과의 소통에 적극 참여해야 한다.

예를 들어 하루에 한 번 특정 부하 직원의 좋은 점을 칭찬하는 '칭찬 릴레이' 글을 게재할 수 있도록 한다. 상대방의 좋은 면과 칭찬할 점을 발견하기 위한 노력을 통해 상사 또는 직장 동료들은 은연중에 다른 직원에게 긍정적인 마음을 지닐 수 있다. 반대로 칭찬을 들은 부하 직원들은 상사 또는 동료에 대한 믿음이 증대되고 사기를 진작시킬 수 있는 효과를 기대할 수 있다. 바로 이러한 점이 얼굴을 마주한 본래의 방식을 벗어난 새로움 흐름, 즉 SNS를 통한 소통과 교류의 새로운 방법이

될 수 있다.

이 외에도 게재된 글에 상사와 부하 직원이 자유롭게 댓글을 달며 소통하고, 아이디어 수렴이나 건의사항과 같은 문제들 또한 페이스북 팀별 페이지를 적극적으로 이용할 수 있을 것이다.

(5) '나는 리더다!'; 선포식 및 마무리

마지막 차시에서는 직장 상사임과 동시에 한 부서의 리더인 과장급 인사들이 앞으로도 부하 직원들의 고충을 이해하고 대화로 문제를 해결해, 보다 건강한 조직을 만들겠다는 의지를 선포식의 형태로 마무리 짓고자 한다. 강의를 통해 습득한 다양한 내용(긍정적인 행동과 말의 종류, 부정적인 행동과 말의 종류, 다양한 대화의 소통 창구 마련 방법 등)을 실제 직장생활 가운데에서 실천으로 옮기겠다는 다짐을 많은 이들 앞에서 선포하게 된다면, 입으로 읊조린 말에 책임감을 부여해 실천으로 옮길 가능성을 증가시키고 더불어 리더에게 진정으로 필요한 가치가 무엇인지를 생각할 수 있는 기회를 부여할 수 있다.

물론 선포식에서 나열한 몇 마디 말들은 단순한 외마디 외침으로 그칠 수도 있다. 즉, 일회성 이벤트에 그치지 않고 부하 직원이 느끼는 고통의 무게를 덜어주기 위한 상사의 구체적인 실천행동이 가시적인 성과로 나타나야 의미가 있을 것이다. 이를 위해서 상사가 부하 직원의 마음을 헤아리기 위한 수칙을 다섯 가지 내외로 제정하고, 이를 수첩에 기입할 수 있도록 한다. 이를 사무실 책상 눈에 띄는 곳에 놓거나 지갑에 소지하고 다니며 틈날 때마다 되새긴다면, 반복 학습을 통해 긍정적인 결과를 기대할 수 있을 것이다.

이것이 별것 아닌 종이 한 장으로 치부될 수도 있지만, 달리 보면 별 것 아닌 종이 한 장이 한 개인의 구체적 실천행동을 이끌어내는 도구가 될 가능성도 있다. 구체적인 행동의 변화를 이끌어 낼 수 있으리라는 믿음으로 프로그램을 진행하는 것이야말로 기업교육 프로그램의 운영에 있어서 가장 중요한 부분이라고 생각한다. 그렇기에 마지막 차시에서 상사 내지 리더에게 필요한 자질을 스스로 말하게끔 하고 이를 하나의 글로 정리해 소지할 수 있게끔 한다면, 프로그램 참여를 통해 개인의 변화를 도모한다는 궁극적인 목표를 달성할 수 있을 것이다.

이러한 선포식이 모두 끝난 뒤, 전체 프로그램 진행 중 실시한 게임을 통해 각 팀별로 부여한 점수를 합산해 우수 팀을 선정한다. 해당 팀에게는 소정의 상품을 지급한다. 점수를 합산한 뒤 상품을 주는 일련의 과정들은 수강생들을 프로그램에 적극 참여시키기 위한 동기유발 과정일 것이며, 이를 통해 높은 교육적 효과를 기대할 수 있게끔 하는 장치가 될 것이다.

3) 교수-학습 방법

(1) 학습 동기유발

교수-학습 방법적인 측면에 있어서 가장 많이 참고한 이론이 Gagné의 9가지 수업사태와 관련한 내용이다. 수업 진행에 있어서 가장 우선시 되어야 하는 부분이 학습자의 주의력 획득 과정인데, 이는 학습동기 유발이라는 측면과 밀접하게 연관되어 있는 부분이기에 프로그램의 성공 여부를 가늠할 수 있는 중요한 부분이다. 그래서 학습자의 동기를 유발하기 위해 ARCS모형[5]을 응용하기로 했다.

주의집중을 위해서 동원한 방법은 다양한 스팟 게임의 응용이다. 프로그램 도입부분과 진행과정상에서 틈틈이 다양한 스팟 게임을 준비해 수강생들의 주의를 환기시키고 집중을 유도하도록 한다. 예를 들어, Ice breaking에서 '업그레이드 3, 6, 9 게임' 내지 '웃음 종류별로 웃어보기' 등의 방법을 통해 수강생들의 주의 집중을 유도한다. 또한 프로그램 진행 도중 집중도가 떨어질 경우를 대비해 스크린을 통해 '인기 아이돌 그룹 맞추기' 게임 등을 통해 주의를 환기시킬 필요가 있다. 이러한

5) ARCS모형 : A(주의집중), R(관련성), C(자신감), S(만족감)

과정이 결국 학습자의 동기를 유발시키는 좋은 전략이 될 수 있을 것이다.

(2) 학습 몰입

학습 몰입은 앞선 동기 유발과도 밀접한 연관성을 지니고 있다. 다양한 스팟 게임 등을 통해 유발시킨 동기를 학습에 몰입할 수 있도록 전이시키기 위해서는, 탄탄한 교수 학습 전략과 내용도 중요하겠지만 이전에 본인 스스로가 교육받아야 하는 이유를 자각할 수 있게끔 하는 것이 중요하다. 이는 ARCS 모형의 하위구성 요소 가운데 관련성에 해당하는 작업이라고 볼 수 있다. 학습자 스스로에게 교육 내용이 필요하다는 느낌을 주기 위해서는 프로그램에 보다 친밀성을 느껴야 할 것이며, 학습목표를 통해 달성이 기대되어지는 행동을 예측해 목적지향성을 강조해야 한다.

프로그램 가운데 부하 직원이 직장 상사로부터 받은 상처가 되는 말과 행동이 무엇인지를 알아보는 프로그램이 있다. 팀별로 순위에 해당하는 내용을 게임을 통해 맞추게 되는데, 이렇게 공개된 설문조사 결과는 상사들로 하여금 부하 직원들을 대하는 본인의 평상시 모습을 반추할 수 있게끔 할 수 있다.

다시 말해 부하 직원들이 상사에 대해 느끼는 불쾌한 감정의 종류를 인지함과 동시에 평상시 본인의 행동을 반추하는 기회의 제공을 통해, 이번 프로그램의 수강이 어떠한 이유에서 본인에게 필요한 지에 대한 이유를 곱씹어볼 수 있게 해줄 것이다. 이는 곧 수강생과 학습 목표의 관련성을 높여 학습자들을 프로그램에 보다 몰입할 수 있도록 도울 것이다.

(3) 상호작용

상호작용 과정은 프로그램 진행 전 과정에 있어서 매우 중요하다. 끊임없는 질문과 대답의 과정을 통해 강사와 수강생의 상호작용을 유도해야 하고, 더불어 적절한 강화와 피드백을 통해 수강생의 동기와 집중도가 지속될 수 있도록 해야 한다.

이는 비단 강사와 수강생만의 문제는 아니다. 함께 프로그램에 참여하고 있는 팀 단위의 수강생들, 더 나아가 프로그램에 참여한 모든 인원들이 상호간에 영향을 주고받을 수 있도록 해야 한다. 상호작용이 원활하게 이루어져야 수강생들은 본인 스스로를 프로그램의 주체자로 인식할 수 있으며, 이를 통해 프로그램에 적극 참여하도록 유도할 수 있을 것이다. 이러한 상호작용은 질문과 대답의 과정, 문제 해결을 위한 팀별 회의, 팀별 게임 등을 통해 만들 수 있을 것이다.

(4) 매체 활용

이번 프로그램에서 활용될 주요 매체는 프로젝터 빔과 스크린, 팀별 한 대 가량의 노트북 내지 스마트폰 등이 있을 수 있다. 프로젝터 빔과 대형 스크린은 주의집중을 유도하기 위한 스팟 게임을 실시하는 용도로 활용할 수 있고, 이외에도 사진 또는 동영상 시청을 통해 수강자들의 주의 집중을 유도하기 위한 자료를 제시하는 방법으로 활용이 가능하다.

하지만 비단 수강자들의 주의 집중을 유도하기 위한 용도로만 프로젝터 빔과 스크린이 활용되는 것은 아니다. SNS활용 교육은 스크린을 통해 개설 절차를 사진자료와 함께 제시하며 이루어지기 때문에 프로그램 내용을 구성하는 측면에 있어서 빠져서는 안 되는 필수적인 매체라고 말할 수 있다.

이 외에도 페이스북 팀 페이지 개설 실습을 위해 팀별로 노트북을 한 대씩 지급하고, 이를 활용해 팀 페이지 개설과 관련한 아이디어를 나눌 수 있도록 유도할 수 있다. 이는 곧 수업을 통해 배운 내용을 즉시 실습하도록 함으로써 기억의 망각을 막고, 수업 내용의 장기간 지속을 가능하게끔 하는 주요한 매체가 될 수 있다.

3. 운영 · 평가 계획

1) 운영 계획

(1) 프로그램 운영

① 프로그램 특성

본 프로그램은 현 시대까지도 뿌리 깊게 박힌 폐쇄적인 관료제 문화를 보다 민주적인 형태로 소통하는 기업문화로 변화시키고자 개발했다. 그리하여 프로그램을 구성함에 있어서 다음과 같은 특성들을 고려해 보았다.

첫째, 독립성이다. 학습은 교수자나 강사에 의해서 일방적으로 지식을 전달받는 것만으로는 한계가 있기 마련이다. 즉, 강사는 학습자가 스스로 학습을 잘할 수 있도록 촉진자일 뿐이다. 지나친 간섭은 오히려 학습자의 독립성을 방해할 수 있다.

둘째, 적극성이다. 학습자의 적극적인 수업참여는 프로그램의 진행에 활력을 불어넣을 뿐만 아니라 학습자가 학습목표를 달성하는 데 도와줄 것이다. 즉, 학습자가 적극적인 형태로 수업에 참여할 수 있다면 교수자 역시 촉진자로서의 역할을 수행하는 데 훨씬 용이할 것이다.

셋째, 전문성이다. 학습자의 참여만을 이끌어낸다고 한다면 그 프로그램은 단순히 단편적인 지식으로 구성된 오락 프로그램일 수밖에 없을 것이다. 그러므로 학습자의 적극적인 참여뿐만 아니라 전문적인 지식과 정보를 기반으로 했을 때 강사와 학습내용에 대한 학습자의 신뢰성이 높아질 수 있을 것이다.

넷째, 다양성이다. 이는 Ice Breaking, 역할극 참여, SNS를 이용한 소통 학습 그리고 다양한 게임 등을 통해서 수업 참여율과 학습목표 달성을 높이고자 하는 것이다.

다섯째, 시대적 흐름과의 적합성이다. 현 시대는 정보화 시대로서, 사이버 공간에서의 활동은 점점 더 활발해지고 우리의 삶 속으로 스며들어와 있다. 따라서 시대적 흐름에 편승하여 효율적인 프로그램이 되기 위해서는 이러한 특성이 고려되어야 할 것으로 예상된다.

② 학습자 선발기준과 방법

본 프로그램은 직장부하의 마음을 이해하는 데 주요 목적이 있다. 따라서 본 프로그램의 선발기준에 해당되는 대상은 신입사원을 제외한 모든 사람이 대상이 될 수 있다. 그러나 여러 직급의 대상들이 모이게 되면 프로그램 진행 도중에 계급의 분화가 나타날 수 있다. 즉, 직장상사와 부하 간의 상하관계가 프로그램 내부에서도 지속될 가능성이 있으며 본 프로그램의 취지와는 다르게 엉뚱한 방향으로 프로그램이 진행될 수도 있다.

그러므로 본 프로그램은 직장 부하의 마음을 헤아려서 그룹의 운영과 더불어 기업의 운영을 활성화하는 데 초점을 두었기 때문에 특정 계급인 과장급 인사를 상대로 시범 운영을 하여 순차적으로 전 계층에 교육 범위를 넓힐 계획이다. 그리고 과장급 인사를 본 프로그램으로 선정한 이유는 조직 규모 대비 관리자의 관리 범위를 비교해 봤을 때, 대리는 상대적으로 범위가 좁고, 부장은 넓기 때문에 과장이 조정자로서 가장 적합하다고 판단되어서 과장급 인사를 본 프로그램의 대상으로 선정했다.

③ 출결관리

본 프로그램은 여러 차시가 아닌 일 차시로 구성되어 있으므로 출결은 한 차례로 구성된다. 출결을 높이기 위해서는 본 프로그램을 기업 내에 반드시 필요한 프로그램으로 인식시켜야 하고, 이를 위해서는 본 프로그램이 승진교육의 일환으로써 과장급을 상대로 시범운영이 되어야 한다. 조직 내의 모든 과장들은 무조건 참여해야 하고, 참여하지 않을 시 인사에 불이익을 줌으로써 출결을 관리한다. 그리고 출장, 파견 등 회사 주요 업무로 인해 참석할 수 없는 인원이 발생할 수 있으므로 프로그램 편성표를 1일에 그칠 것이 아니라 한 달 안에 다양한 시간대를 배치하여 그들로 하여금 프로그램 스케줄의 선택권을 줌으로써 출결의 불공정을 없애도록 한다.

④ 학습촉진

- Ice Breaking : 학습자가 수업에 주의집중하기 위한 프로그램으로써 수업 시작 동시에 수업 진행 도중에도 간간이 하여 학습자의 학습촉진을 돕도록 한다.
- 팀 기반 학습(TBL) : 학습이 개인이 아닌 그룹으로 학습하도록 하여 협동과 의사소통을 통해서 학습이 더욱 촉진되도록 돕는다.
- 게임 & 퀴즈 : 학습자의 수업에 대한 흥미와 호기심을 높이고 더불어 효과적 학습을 하도록 촉진할 수 있다.
- '말춤 프로젝트'(부하직원 말로 춤추게 하기) : 본 프로그램의 학습 취지를 알 수 있는 기회의 장으로써 학습자가 학습의 필요성을 인식하고 신뢰성을 높여 학습자의 학습촉진을 돕는다.
- 상사의 상상을 더하는, '상상극장'(Action Learning) : 강사의 일방적인 주입식 강의에서 탈피하여 학습자 스스로가 적극적인 수업참여를 통해 학습의 필요성과 심각성을 체감하고 학습목표를 달성하는 데 돕는다.
- '뒷북 말고, 페북!'–페이스북 활용 교육 : 페이스북 팀 페이지를 개설한 뒤, 부서별 소통의 공간으로 활용하기 위한 아이디어 회의 및 실습을 통해서 학습자로 하여금 이론을 배우는 데 그치지 않고 실천을 통해서 학습자의 학습을 촉진하고 학습의 지속성을 높이는 데 의의가 있다.

⑤ 부적응자 관리

프로그램이 진행되다보면 학습에 부적응하는 사람이 발생할 수도 있으므로 프로그램 운영 도중 부적응자 발생 시에는 학습이 이뤄지지 않는 쉬는 시간에 부적응자를 따로 호출하여 상담을 하도록 한다. 만일 수업시간에 상담을 하게 된다면 오히려 수업 진행에 방해가 될 것이고, 타 학습자의 학습촉진에 해가 될 수 있다. 그러므로 강사는 촉진자로서 부적응자의 적응을 위해 부적응자가 프로그램을 이수하기 싫어하는 이유와 문제점을 분석을 한다.

⑥ 멘토-멘티제도

처음 시행하는 본 프로그램에서 멘토-멘티제도를 운영하기에는 제약이 있을 수밖에 없으므로 현 프로그램이 활성화되어 성황리에 끝난다면 전 계층으로 확대될 수 있으므로 지금 현 프로그램을 학습하고 있는 과장급 인사들을 멘토로 하고, 다음 차시에 학습할 인사들을 멘티로 하여 운영한다면 본 프로그램은 더 나은 효과를 볼 수 있다고 예상된다.

(2) 교육시설 및 장비

① 강의실

강의실의 규모는 약 30~40명을 수용할 수 있는 크기가 되어야 한다. 그리고 팀 기반 학습이 이루어져야 하므로 강의식 구성의 책상 배열이 아닌 팀별 학습이 가능한 책상으로 배열이 되어야 한다. 즉, 일자 형태의 책상 배열이 아니라 다섯 개의 책상을 모아 둔 형태의 책상 배열이 되어야 한다. 게다가 역할극 참여 학습이 이뤄지기 위해서는 강의실 앞에는 무대와 조명이 설치되어 있어야 한다.

② 장비

테크놀로지를 기반으로 프로그램이 진행될 것으로 예상되므로 전자칠판, 빔프로젝터, 스크린, 컴퓨터 그리고 레이저 포인트 등의 테크놀로지 기자재가 구비되어 있어야 한다. 그리고 팀 기반 학습을 하기 위해서 팀 구성 및 팀 소개 시간에 필요한 학습도구로 전지, 매직, 색연필, 잡지, 가위, 풀, 테이프 등을 제공해야 한다. 게다가 역할극 참여 학습을 위해서 의자와 직장 부하의 역할임을 알려주는 네임 택을 준비해야 한다.

(3) 예산 운영 및 관리 계획안

예산 계획안은 프로그램의 관리 운영자격인 인사 부서에서 편성하여 총무부의 승인을 받아서 예산을 집행하도록 한다. 예산계획안은 다음 〈표 17-11〉과 같다.

표 17-11 예산계획안

항목	비용	내역	비고
강의실 임대료	0		
학습보조도구 지원비	300,000 ~ 400,000	• 유인물 1부 : 2,000 • 전지, 매직, 색연필, 잡지, 가위, 풀, 테이프, 네임 택 : 8,000	
강사료	270,000	• 웃음 치료사(1명) : 30,000 • 심리 상담사 , 심리 치료사 (최소 3명, 1인당) : 50,000 • SNS 강사(1명) : 30,000	1시간당 1인 강사료 ×시간
식비 및 교통비	525,000 ~ 675,000	• 식비 : 10,000 • 교통비 : 5,000	
총 합계	1,095,000 ~ 1,345,000		

2) 평가 계획

(1) 학습자의 학업성취도평가

학업성취도를 평가하기 위해서는 사전 설문지 조사와 사후 설문지 조사를 통해서 학습자의 프로그램 이수 전후의 변화 추이를 분석해야 한다. 본 프로그램의 목적에 부합하여 직장 내에서 상사와 부하의 관계 개선을 위한 첫 단계는 직장 상사의 어떤 말에 부하 직원들이 상처를 받았는지, 또는 어떤 말에 힘이 나서 열심히 일하게 되었는지를 조사하는 것으로 시작한다. 이를 위해 프로그램이 진행되기 전에 과장급 인사 미만의 직원들을 대상으로 무기명 설문조사를 진행하고, 설문조사의 내용은 직장상사와의 평상시 관계에 대한 내용을 솔직하게 답할 수 있도록 구성한다. 그리하여 사전 설문조사의 결과를 바탕으로 통계를 내어 순위를 매긴다. 예를 들어 '나를 힘들게 했던 상사의 행동 Best 5, 내게 힘이 되었던 상사의 말 Best 5'와 같이 다양하게 설문조사 결과를 구성하여 각각의 질문에 대한 답변을 판넬 형태로 제작해 게임을 진행하기에 수월하게 구성한다. 끝으로, 타일러의 목표성취평가 모형을 기반으로 학습자의 학업성취도가 제대로 이루어졌는지 평가한다.

① 목표 선정 : 학습자는 프로그램 이수를 통해서 직장 부하의 마음을 이해할 수 있다.

② 목표 명시

– 역할극의 참여를 통해 상대방에게 줄 수 있는 긍정적인 말과 부정적인 말의 차이를 이해할 수 있다.

– 페이스북 팀 페이지 운영 교육을 통해 조직 구성원의 원활한 소통을 위한 다양한 창구 마련의 필요성을 이해할 수 있다.

– 일련의 활동을 통해 기업 내 건강한 조직 문화형성을 위해 리더에게 필요한 자질이 무엇인지를 세 가지 이상 말할 수 있다.

③ 도구 제작 : 평가도구로 설문지를 만드는데, 프로그램을 이수 전과 이후의 설문지로 구분하여 평가를 실시한다.

④ 자료 수집 : 사전 설문지와 사후 설문지를 통해서 자료를 수집한다.

⑤ 가치판단 : 수집한 자료결과를 바탕으로 학습자기 목표에 도달했는지를 결정한다. 즉, 학습자의 학업성취가 제대로 이루어졌는지를 평가할 수 있다.

(2) 피드백

가장 먼저, 학습자가 학업성취도 평가를 통해서 프로그램의 효과를 얻었는지, 그렇지 못했는지를 파악한다. 그리하여 프로그램의 효과를 보지 못한 학습자들을 대상으로 파악하기 위해서 회사 내 감사를 담당하는 부서와의 협조한다. 그리고 나서 메일, SNS로 Q&A를 실시하여 문제점을 파악하고 그에 맞는 해결책을 제시해준다.

(3) 학습자 만족도 조사와 피드백 방법

학습자 만족도 조사는 프로그램이 끝난 직후와 약 2주 정도의 시간이 흐른 뒤, 총 2회 실시함으로써 정확성과 신뢰도를 높인다. 조사 방법은 설문지로 조사하여 정확하게 그들의 만족도와 요구를 파악할 수 있도록 한다.

※ 위 사례는 K대학교 평생교육프로그램개발 수업시간에 학생들이 한 과제 내용을 정리한 것임

참고문헌

강순희, 김승택, 김주섭, 유경준, 전병유(2001). 중소기업의 인적자원개발 지원방안. 한국노동연구원, 7.

교육과학기술부, 평생교육진흥원(2008). 평생교육백서, 48.

교육과학기술부, 한국교육개발원(2008). 2008 평생교육통계 자료집. 서울: 한국교육개발원.

교육부(1998). 평생교육기관 편람.

교육부(2013). 행복교육, 창의인재 양성. 교육부 2013년 국정과제 실천계획 발표. 3월 28일자 보도자료.

구병모, 김기호, 김종규(2010). 역량과 역량모형의 연구 : 역량모형 연구의 현 주소. 인적자원개발학회, 13(1), 131-154.

구병모, 김기호, 김종규(2010). 역량과 역량모형의 연구 : 역량모형 연구의 현 주소. 인적자원개발학회, 13(1), 131-154.

구혜정(2002). 사회적 자본을 형성하는 대안적 평생교육 탐색. 고려대학교 대학원 박사학위논문.

국민대학교요람(2013). 76-77.

권대봉, 김재현, 김정주, 허선주(2010). 평생학습도시의 사회경제적 의미. HRD연구, 12(2), 19-44.

기영화(2002). 평생교육 프로그램 개발 매뉴얼. 서울: 학지사.

기영화(2011). 평생교육 프로그램개발. 서울: 학지사.

김동위 편저(2000). 평생교육개론. 서울: 교육과학사.

김신자(2000). 효과적 교수설계. 서울: 문음사.

김오차(2006). 고령화사회에서 평생교육역할에 관한 연구. 부모교육연구, 3(1), 5-25.

김용현, 김종표, 문종철, 이복희(2010). 평생교육프로그램개발론. 파주: 양서원.

김종표, 이복희(2010). 평생교육방법론. 파주: 양서원.

김진화(2010). 한국 평생교육 프로그램 분류체제 개발 연구. 평생교육학연구, 16(3), 211-236.

김진화(2012). 평생교육프로그램개발론. 파주: 교육과학사.

김창엽, 성난돈(2010). 평생교육 프로그램의 시장성 평가 방법에 대한 시론적 접근. 열린교육실행연구, 1(10), 3-28.

김한별(2010). 평생교육론. 서울: 학지사.

김현주, 전상길(2006). 역량기반 인적자원관리의 적용에 관한 연구: 한국 기업을 위한 상황론적 접근. 인사·조직연구, 14, 107-139.
대림산업(1997). 교육담당자 양성과정. 연수교재.
민병모, 박동건, 박종구, 정재창(1998). 핵심역량모델의 개발과 활용. PSI 컨설팅.
박도순, 홍후조(1999). 교육과정과 교육평가. 서울: 문음사. 312-313.
박동건(2001). 역량과 역량모형화의 정체와 활용. 한국인사관리학회 발표논문집.
박우성(2002). 역량중심의 인적자원관리 혁신 방안에 대한 연구. 기업경영연구, 6(1), 115-137.
변창진, 최승진, 문수백, 김진규, 권대훈(1996). 교육평가. 서울: 학지사.
소방방재청(2010). 소방방재청 교육체계 수립 연구자료집.
손준종(2001). 평생교육담론의 세계적 수렴현상에 대한 비판적 논의. 평생교육연구, 7(2), 177-199.
안희정, 최은석(2003). 역량모델의 개념과 구축방법론에 대한 개관. 사회과학연구, 42, 43- 59.
오혁진(2011). 1990년대 말 평생교육법 제정 과정 분석을 통한 평생교육 개념 혼란의 기원과 논리 검토. 평생교육연구, 17(1), 119-142.
오현석(2007). 역량중심 인적자원개발의 비판과 쟁점 분석. 기업교육연구, 9(1), 191-213.
원형희, 안정선, 배진형(2010). 사회복지사의 역량모델링에 근거한 교과과정 발전 방향 모색. 한국사회복지교육, 13, 189-215.
유성우, 임형택, 권충훈, 이성주, 이순덕, 전희정 공저(2013). 교육방법 및 교육공학. 파주: 양서원.
유영만(1996). 교수체제설계(ISD). 서울: 한국인력개발.
윤여순(1998). 기업교육에서 competency-Based curriculum의 활용과 그 의의. 기업교육연구, 1(1), 103-123.
윤옥한(2008). 명강의 교수법. 서울: 학지사.
이규영(2004). 대학 부설 평생교육원 프로그램 평가 도구 개발. 평생교육학연구, 10(1), 43-76.
이복희(2012). 평생교육에 관한 법적 문제 연구. 토지공법연구, 57, 425-457.
이성흠(2005). 교육·훈련 프로그램 반응평가. 서울: 교육과학사.
이성흠, 이준(2009). 교육방법 및 교육공학. 파주: 교육과학사.
이신동, 조형정, 장선영, 정종원(2012). 교육방법 및 교육공학. 서울: 양서원.
이재경(1997). 기업교육요구분석과 교수외적 상황요인에 관한 연구, 13(1), 81-97.
이재범(2009). 중소기업의 직무능력 향상을 위한 맞춤형 교육프로그램 개발과 활성화 방안. 한국경영교육학회, 53, 77-102.
이재영, 최혜미(2009). 역량모델링을 통한 건설기술자 역량 분석 연구. 대한건설학회논문집, 25, 193-200.

이지훈, 이종구(2004). 교육, 훈련, 개발 중심이 HRD실행전략에 관한 연구. 직업능력개발연구, 7, 31-62.

이홍민, 김종인(2003). 핵심역량 핵심인재: 인적 자원 핵심역량 모델의 개발과 역량 평가. 서울: 한국능률협회.

이화정, 양병찬, 변종임(2011). 평생교육 프로그램 개발의 실제. 서울: 학지사.

전영욱, 김진모(2005). 기업체 인적자원개발 담당자의 핵심직무역량모델 개발. 농업교육과 인적자원개발, 37, 111-137.

정재삼(1998). 교수설계 이론과 모형의 새로운 접근－기업교육을 위한 시사점. 기업교육연구, 1(1).

정재삼(1998). 교육 프로그램 개발 모형의 분석 : 프로그램 평가를 위한 시사점 논의. 교과교육학연구, 2(2), 80-97.

주경필(2007). 대학평생교육 프로그램의 모니터링(monitoring)을 위한 평가준거체제 개발. 고려대학교 석사학위논문.

중앙공무원교육원. 교육훈련 운영 매뉴얼.

최욱(1998). 과제분석의 실천적 통합모평. 기업교육연구, 1(1).

최욱(2002). 기업교육체계수립 개발사례 : DACUM과 CBC 비교. 교육공학연구, 18(2), 91-121.

최운실(2006). 사회교육전문요원 재교육 연수교재.

한국교육개발원(2012). 2012 평생교육통계자료집. 교육과학기술부.

한국능률협회(2001). 교육담당자 전문가과정. 연수교재.

한국생산성본부(2003). 교육담당자 양성과정. 연수교재.

허혜경, 박성열, 구병두(2007). 평생교육학개론. 서울: 장지사.

황인수, 배응환, 강주현(2004). 고위공무원단 핵심역량 강화를 위한 교육훈련 프로그램 개발. 서울: 한국행정연구원.

PSI컨설팅, 교육훈련체계수립 자료집.

Robert A. Reiser, Walter Dick 저. 양영선 옮김(1999). 체제적 수업설계. 서울: 교육과학사.

Walter Dick, Lou Carey 저. 김형립 · 김동식 · 양용칠 편역(1995). 체제적 교수설계. 서울: 교육과학사.

Abraham, S. E., Karns, L. A., Shaw, K., & Mena, M. A. (2001). Managerial competencies and managerial performance appraisal process. *Journal of Management Development, 20*(10), 842-852.

Ashworth, P. D. & Saxton, J. (1999). On competence. *Journal of Further and Higher Education, 14*(2), 3-25.

Athey. T. R. & Orth, M. S. (1999). Emerging competency methods for the future. *Human Resource Management, 38*(3), 15-226.

Barney, J. B. (1995). Looking Inside for Competitive Advantage. *Academy of Management Executive, 9*(4), 49-61.

Barrett, G. & Depinet, R. (1991). A reconsideration of testing for competence rather than intelligence. *American Psychologist, 46*(10), 1012-1024.

Boone, E. J. (1985). *Developing programs in adult education*. Englewood Cliffs, NJ: Prentice-Hill.

Boyatzis, R. E. (1982). *The Competent Manager: A Model for Effective Performance*. New York: John Wiley & Sons.

Boyle, P. G. (1981). *Planning Better Programs*. McGraw-Hill Book Company.

Burgoyne, J. (1993). The competence movement: Issues, Stakeholders and prospects. *Personnel Review, 22*(6), 6-13.

Caffarella, R. S. (1994). *Planning programs for adult learners*. San Francisco: Jossey- Bass.

Cervero, R. M. (2000). Trends and issues in continuing professional education. In V. W. Mott & B. J. Daley(Eds.), *Charting a course for continuing professional education: Reframing professional practice* (pp. 3-12). New Directions for Adult and Continuing Education No. 86. San Francisco: Jossey-Bass.

Collin, A. (1989). Managers' competence: rethoric, reality and research. *Personnel Review, 28*(6), 20-25.

Collins, M. (1983). Manager's competence: A clitical analysis of competence-based systems in adult education. *Adult Education Quarterly, 33*(3), 174-183.

Davies, I. (1997). Padigms and conceptual ISD systems. In C. Dills & A Romiszowski(Eds.), Instructional development: The state of art, Ⅲ. The paradigms, models, metaphors & viewpoints. Englewood Cliffs, NJ: Educational Technology Publications.

Dick, W. & Carey, L. (1996). *The systematic design of instruction*(4th ed.). New York: HarperCollins.

Drasgow, F. (2002). The work ahead: A psychometric infrastructure for computerized adaptive testing. In Mills, C. N., Potenza, M. T., Fremer, J. J., & Wards, W. C. (Eds.), *Compurter-based testing. Building the foundation for future assessments*. New Jersey: Erlbaum, 1-35.

Edmonds, T. (1992). Management development and the management charter initiative 'competence' approach to management development. *Education and Training Technology International, 29*(3), 206-215.

Flanagan, J. C. (1954). The critical technique. *Psychological Bulletin, 51*(4), 327-359.

Gagne, R., Briggs, L., & Wager, W. (1992). *Principle of instructional design*(4th ed.). Fort Worth, TX: Jovanovich.

Garavan, T. N. & McGuire, D. (2001). Competencies and workplace learning: Some reflections on the rhetoric and the reality. *Journal of Workplace Learning, 13*(4), 144-163.

Gentry, C. (1994). *Introduction to instructional development Belmont*. CA: adsworth.

Goldstein, I. L. & Ford, J. K. (2002). *Training in Organization*(4th ed.). Belmont, CA: Wadsworth.

Grinffin, C. (1987). *Adult Education: As Social Policy*. London: Croom Helem.

Grzeda, M. M. (2005). "In competence we trust?: Addressing conceptual ambiguity". *Journal of management development, 24*(6), 530-543.

Hamel. G. & Prahalad, C. K. (1990). The core competence of the corporation. *Harvard Business Review*, May/June, 79-91.

Herriot, P. (1995). The changing context of assessment and its implication. *International Journal of Selection and assessment*, 3(3), 197-204.

Hoffmann, T. (1999). The meaning of competency. *Journal of European Industrial Training, 23*(6), 275-285.

Houle, C. O. (1992). *The Literature of Adult Education*. Jossey-Bass Publishers: San Francisco.

Jecklin, M. J. (1982). *An examination of the administrator's and the program planner's roles in program development in adult education* (ERIC Document Production Service No. ED 226 175).

Kirkpatrick, D. (1994). *Evaluating training programs: The four levels*. San Francisco: Berrett-Koehler.

Knowles, Malcolm S. (1980). *Modern Practice of adult education*. Chicago: Follett Publishing Company.

Kowalski, T. J. (1998). *The Organization and Planning of Adult Education*. State University of New York Press.

Lengrand, P. (1989). Lifelong education: growth of the concept. *Lifelong education for adults: an international handbook*, In Colin J. Titmus(Eds.). Oxford: Pergamon Press., London: Croom Helm.

Long, H. B. (1983). *Adult and Continuing Education: Responding to Change*. New York and London: Teachers College Press.

Massey, O. (1996). *Evaluating human resource development programs*. Boston, MA: Allyn & Bacon.

Merram, S. B., & Brockett, R. G. (1997). *The profession and practice of adult education: An introduction*. San Francisco: Jossey-Bass.

Molenda, M, Pershing, J., & Reigeluth, C. (1996). Designing instructional systems. In R. Craig(Ed.), *Training and development handbook*(4th ed.). New York: McGraw-Hill.

Newby, T. (1992). *Training evaluation handbook*. San Diego: CA: Pfeiffer.

Phillips, J. (1997). *Handbook of training evaluation and measurement methods*. Houston, TX: Gulf.

Posavac, E. & Carey, R. (1997). *Program evaluation methods and case studies*(5th ed.). Upper Saddle River, NY: Prentice Hall.

Schrodeder, W. (1980). Typology of Adult Learning Systems. in J. Perers and Associates. *Building an Effective Adult Education Enterprise*. New York: Jossey-Bass.

Schuller, T. & Bamford, C. (2000). “A Social Capital Approach to the Analysis of Continuing Education: evidence from the UK Learning Society research programme”. *Oxford Review of Education, 26*(1), pp.4-19.

Stolovitch, H. & Keeps, E. (1992). *Handbook of human performance technology*. San Francisco: Jossey-Bass.

Stufflebeam, D. (1983). The CIPP model for program evaluation. In G. Madaus, M. Scriven, & D. Stufflebeam(Eds.), *Evaluation models*. Boston, MA: Kluwer-Nijhoff.

찾아보기

인 명

내 용

ㄱ

기타

저/자/소/개

윤옥한(尹玉漢) 교육학 박사 (국민대학교 교육학과 교수)

〈주요 저서〉

- 괜찮은 나 만들기(AIM, 1996)
- 대인관계 Q(새로운 사람들, 1997)
- 능력 있는 나 만들기(새로운 사람들, 1999)
- 자신 있게 만나라(새로운 사람들, 2003)
- 명강의 교수법(학지사, 2008)
- 괜찮은 나 우리 만들기(교육과학사, 2012)
- 평생교육프로그램개발론(2014)
- 삶은 교육사회학(2015)
- 평생교육방법론(2017)
- 삶은 교육학개론(2018)
- 삶은 현대 교육과정론(2021) 外

평생교육 프로그램 개발 -이론과 실제-

1판 1쇄 발행 2017년 3월 2일
1판 3쇄 발행 2023년 8월 30일

지 은 이 | 윤옥한
발 행 인 | 박철용
발 행 처 | 양서원
주 소 | 경기도 파주시 직지길 522 파주출판도시
전 화 | 031-955-8000(代)
팩 스 | 031-955-8005
홈페이지 | www.yswpub.co.kr
이 메 일 | yswgroup@naver.com
출판등록 | 1987년 11월 24일 제 406-2003-037 호

ISBN 978-89-994-0585-3

정가 19,000원